Stephen Beck
mit Tina Tschage

Mit Gott auf den Geschmack kommen
Eine Entdeckungsreise zum christlichen Glauben

Über die Autoren

Dr. Stephen Beck wurde 1955 in New York geboren, wuchs in Deutschland und Österreich auf und war nach seiner theologischen Ausbildung (Ph.D./Theologie) Pastor und Gemeindegründer in den USA und Kanada. Seit 2005 ist er Dozent für Praktische Theologie an der Freien Theologischen Akademie in Gießen und Mentor für Gemeindegründungsprojekte in deutschen Großstädten. Er ist mit Susan verheiratet und hat vier Kinder.

Tina Tschage wurde 1982 in Berlin geboren. Nach dem Abitur studierte sie fünf Jahre in Kanada, dann in Gießen (FTA) Theologie. Von 2006-2008 war sie im Leitungsteam einer Gemeindegründung in Frankfurt/Main (Frankfurt CityChurch) tätig. Seit Sommer 2008 arbeitet sie für Bibel TV, Hamburg.

Stephen Beck
mit Tina Tschage

Mit Gott auf den Geschmack kommen

Eine Entdeckungsreise zum christlichen Glauben

GerthMedien

Für meinen Vater William Beck.
Er kannte Gott und erlebte ihn.

© 2008 by Gerth Medien GmbH, Asslar,
in der Verlagsgruppe Random House GmbH, München

Wenn nicht anders angegeben, wurden die Bibelangaben der
Bibelübersetzung „Hoffnung für alle" entnommen. © 1986, 1996, 2002
International Bible Society. Übersetzung, Herausgeber und Verlag:
Brunnen Verlag, Basel und Gießen

1. Auflage 2008
Bestell-Nr. 816 349
ISBN 978-3-86591-349-4
Überarbeitung: Nicole Schol
Umschlaggestaltung: Olaf Johannson
Satz: Typostudio Rücker
Druck und Verarbeitung: CPI Moravia

Inhalt

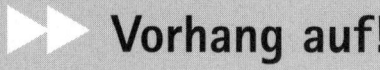

Vorhang auf!

Dieses Buch ist unser Geschenk an „Carolin". Denn um sie geht es in diesem Buch.

Carolin ist eine deutschsprachige Europäerin zwischen zwanzig und dreißig. Sie stammt aus einem gutbürgerlichen Elternhaus, wo das Thema „Gott" niemals erwähnt wurde. Carolins Eltern wollen sie nämlich nicht in eine bestimmte Richtung drängen, sondern dass sie sich frei entfalten kann. Religiöse Sentimentalitäten, die den Blick für die Realität vernebeln, haben im aufgeklärten Denken der Eltern keinen Platz.

Doch als Carolin älter wird, geschieht etwas Eigenartiges: Sie spürt irgendwo tief in sich eine Art geistlichen Hunger. Aber Hunger nach was? Nach einem ihr bislang unbekannten, undefinierbaren Gott? Woher kommt dieser Gedanke überhaupt? Oder ist es vielleicht sogar mehr als nur ein Gedanke? Gibt es überhaupt einen Gott? Wenn nein, woher kommt dann dieses Etwas in ihrer Seele, dieses Gefühl, das sie zunehmend beschäftigt, die Erkenntnis, dass es etwas Größeres gibt? Wenn ja, was ist dieses Etwas? Etwas Übernatürliches, das außerhalb der menschlichen Natur liegt? Oder liegt es tief verborgen im Inneren des Menschen?

Unzählige Fragen schwirren auf einmal durch Carolins Verstand.

Dann begegnet sie einem Christen, einem alten Schulfreund, der sie in seine Gemeinde einlädt. Carolin geht mit, schüchtern und zögerlich zwar, aber sie will ihren Freund ja nicht enttäuschen. Und außerdem könnte das Ganze ja schiefgehen. Diese Kirchengemeinde könnte ein kalter Ort mit langweiligen Ritualen sein, die nur wenige verstaubte fromme Leute mitmachen. Oder es könnte eine Subkultur sein, in der sich Menschen seltsam benehmen.

Carolin hat Glück. Die Menschen, die sie in der Gemeinde ihres Freundes trifft, sind ungewöhnlich normal. Und echt. Viele sind jung und, wie sich herausstellt, an einem ähnlichen Punkt auf ihrer geistlichen Reise: Sie suchen, sie fragen – und das alles sehr vorsichtig. Die Botschaft, die in dieser Gemeinde verbreitet wird, ist ihr fremd, an manchen Stellen klingt sie sogar radikal, aber irgendwie logisch. Carolin hört von einem Gott, der in den Alltag dieser Welt eingedrungen ist. Das hört sich für sie erst einmal etwas bedrohlich an, denn ihre persönliche Freiheit bedeutet ihr viel. Sie hört dann aber auch von der Liebe dieses Gottes, der Mensch geworden ist. Ein bisschen, so meint sie, kann sie diese Liebe sogar spüren. Und das Ganze wirkt ausgesprochen anziehend auf sie. Aber dennoch bleibt ein Rest Skepsis: Versucht man, sie in eine Falle zu locken?

Fragen um Fragen schwirren durch Carolins Kopf. Sie muss mit ihrem Verstand an diese neue Sache herangehen und ihre Gefühle vor impulsiven Entscheidungen schützen. Sie will etwas erleben, ja, aber als Europäerin, die stark von der Aufklärung geprägt ist, muss sie alles erst einmal rational durchdenken. Bevor sie sich darauf einlässt, muss sie Antworten auf ihre Fragen finden. Zumindest ein paar. Und sie muss wissen, wie es ist, wenn man Gott erlebt.

Auch uns begegnen Fragen, wie Carolin sie stellt, immer wieder. Mir, Stephen, begegnen sie, wenn ich mich mit intellektuellen Erklärungen der christlichen Spiritualität beschäftige, was ich ständig tue. Und ich, Tina, werde mit solchen Fragen konfrontiert, wenn ich in Frankfurt mit Menschen zu tun habe, die zum ersten Mal in ihrem Leben dem lebendigen Gott begegnen.

Wir sind uns daher bewusst, dass es Leser gibt, die in diesem Buch vor allem eine intellektuelle Auseinandersetzung mit dem christlichen Glauben erwarten. Und es gibt Leser, die die Geschichten von Menschen lesen wollen, die Gott hautnah erleben.

In diesem Buch gibt es beides. Wir erklären wesentliche Prinzipien der christlichen Spiritualität anhand der Lebensgeschichten von Menschen, die mit dem unbekannten Gott bestimmte Erfahrungen machen. Es geht um Franz aus Österreich, um Torsten, Hannes, Gerhard und Dorothea aus Deutschland, es geht um George aus England, Alberto aus Kuba, um eine Türkin namens Merjem und ein Mammut namens Ellie. Ja, Sie haben richtig gelesen: ein Mammut.

Und jede Geschichte ist anders, weil die Geschichte Gottes mit jedem Menschen unterschiedlich ist. Aber gleichgültig, wie die spirituelle Reise jedes Einzelnen aussieht: Wir zeigen, dass man auch in der Postmoderne und in einer multireligiösen Gesellschaft aus ganz rationalen Gründen an einen Gott glauben kann; an den Gott, der die Welt erschaffen hat, der sich in das Leben von Menschen einmischt, ohne sie einzuengen, der Menschenleben individuell verändert, gestaltet und prägt, ohne Fanatiker oder seltsame Typen hervorzubringen.

Er ist der Gott, der frei macht.

Wir möchten Sie einladen, die folgenden Kapitel zu lesen und auf eine Entdeckungsreise in die christliche Spiritualität zu gehen. Prüfen Sie alles rational. Suchen Sie sich selbst in den Geschichten dieser ganz normalen, vernünftig denkenden Menschen. Und wenn Sie am Ende Ihrer acht Kapitel dauernden Reise dort angekommen sind, wo auch Königin Orual aus einem Buch von C. S. Lewis das lang ersehnte Ziel erreicht, dann haben Sie die Möglichkeit, noch tiefer in das Thema einzusteigen. Die Fragen und Anregungen am Ende des Buches sollen Ihnen dabei helfen.

Es wird sich lohnen, mit Gott auf den Geschmack zu kommen!

Stephen Beck · Tina Tschage

Kapitel 1

Gott ist der Schöpfer

„Ich heiße Truman und ich steige aus dieser Show aus!"

> *„Ich habe von Dingen geredet, die ich nicht begreife, sie sind zu hoch für mich und übersteigen meinen Verstand. Du hast gesagt: ‚Hör mir zu, jetzt rede ich, ich will dich fragen, und du sollst mir antworten!' Herr, ich kannte dich nur vom Hörensagen, jetzt aber habe ich dich mit eigenen Augen gesehen! Darum widerrufe ich meine Worte, ich bereue in Staub und Asche!"*
>
> **Hiob**
> (Ein Mann, der im tiefen Leid mit Gott über seine Erlebnisse mit ihm sprach. Wahrscheinlich zwischen 1.000-1.500 v. Chr.)

Seit dreißig Jahren läuft im Fernsehen die „Truman-Show". Von Beginn an sind die Einschaltquoten dieser Reality-Show hoch, ein Garant ihres schon so lange andauernden Erfolges. Alle Personen, die in dieser Show auftreten, sind eigens dafür engagierte Schauspieler – alle, mit Ausnahme des Hauptdarstellers Truman Burbank. Er ist der Einzige, der nicht weiß, dass alles nur eine Show ist.

▶▶ **Truman ist der Einzige, der nicht weiß, dass alles nur eine Show ist.**

Truman geht tagsüber seiner Arbeit als Versicherungsvertreter nach, seinen Feierabend verbringt er mit Freunden oder mit seiner Ehefrau Meryl. Für ihn ist sein Leben Realität. Zumindest *seine* Realität. Für alle anderen ist sein Leben nur eine Show, aber eine erfolgreiche Show, die viele Fernsehzuschauer begeistert.

Dreißig Jahre lang weiß Truman nichts von alledem, bis auf einmal ein großer Scheinwerfer vom „Himmel" genau vor seine Füße fällt. In diesem Moment beginnt er zu ahnen, dass mit seinem Leben etwas nicht stimmt, und er beschließt, der Sache nachzugehen. Dabei findet er mehr und mehr Indizien, die darauf hindeuten, dass er lediglich in einer Scheinwelt lebt. Letztendlich fasst er dann den Entschluss, dieser Welt zu entfliehen. Obwohl er Angst hat, alles zu verlieren, begibt Truman sich auf die Suche nach dem Ende seiner Realität. Nachdem er vergeblich versucht hat, seinen Heimatort auf dem Landweg zu verlassen, steigt er schließlich in sein Boot und sucht auf dem Wasserweg nach dem Ausgang. In der Tasche hat er das Bild einer Frau, in die er verliebt ist, die aber eines Tages mitten auf der Straße aus seinen Armen gerissen wurde. Er hat sie seitdem nie mehr wiedergesehen. Truman kann nicht wissen, dass sie in diesem Augenblick zu Hause vor ihrem Fernseher sitzt und gespannt Trumans Suche nach dem Ausweg aus seiner unwahren Realität verfolgt.

Der Regisseur der Show ahnt, dass durch diese Entscheidung sein Lebenswerk vernichtet werden könnte, und will daher unbedingt verhindern, dass Truman die wahre Realität und den Ausgang aus seiner Show findet. Während Truman mit seinem Boot auf dem künstlichen Meer unterwegs ist, inszeniert der Regisseur daher einen Orkan, um das Boot zum Kentern zu bringen. Aber Truman kämpft verbissen und hält sich über Wasser. Überall an den Bildschirmen verfolgen die Zuschauer diesen Kampf – die Sicherheitsmänner, zwei Witwen, ein Mann in der Badewanne, Gäste in einem Restaurant, die Geliebte in ihrer Wohnung. Alle halten den Atem an.

Dann passiert es: Das Schiffswrack rammt mitten am „Horizont" eine Wand. Truman versteht sofort: Er ist am Ende angelangt! Hier ist das Ende der ganzen Illusion! Er findet eine schmale Treppe, steigt diese hinauf und steht plötzlich vor einer Tür. Langsam öffnet er sie.

In diesem Augenblick vernimmt Truman eine Stimme: „Truman, ich bin der Schöpfer deiner Fernsehserie, die Millionen von Menschen Freude bringt. Du bist der Star!"

Truman fragt nach: „War gar nichts echt?"

„Du warst echt", erklärt der Regisseur über die Lautsprecher. „Wenn du durch diese Tür gehst, findest du nicht mehr Wahrheit, als ich dir geschaffen habe. Bleib hier! In meiner Welt hast du nichts zu befürchten. Ich beobachte dich schon dein ganzes Leben lang. Ich habe gesehen, wie du geboren wurdest, wie du deine ersten Schritte gemacht hast. Du kannst nicht weggehen. Du gehörst hierher, in diese Welt, zu dieser Show!"

Die Frau, die Truman liebt, sitzt gespannt vor ihrem Fernseher und flüstert: „Du kannst es!"

„Sag etwas, verdammt noch mal, sag etwas, Truman", schreit der Regisseur über die Lautsprecher.

Ein Lächeln tritt auf Trumans Gesicht: „Guten Tag, guten Abend und gute Nacht." Er verbeugt sich und geht durch die Tür an diesem vermeintlichen Horizont. Mit viel Mut steigt Truman aus seiner eigenen Show aus und begibt sich in die Realität.

Meine eigene Show

▶▶ **Als ich das erste Mal vor Neugier regelrecht platzte, war ich neun Jahre alt.**

Als ich das erste Mal vor Neugier regelrecht platzte, war ich neun Jahre alt. Ich stellte meinem Biologielehrer Herrn Niemenstaler die Frage, wo der Mensch eigentlich herkomme und wie die Welt entstanden sei. Für meinen Lehrer war die Antwort klar: Sie war nur innerhalb der Naturgesetze zu finden. Nach seiner Überzeugung gab es außerhalb des Systems der Evolution für solche oder ähnliche Fragen keine Antwort. Alles habe sich aus einem ersten Einzeller entwickelt, so lehrte es Charles Darwin. Die Menschen lebten innerhalb des Natürlichen, und über das, was sich außerhalb davon befindet, können sie nichts wissen. Darüber hinaus seien die Menschen schon seit den großen Philosophen wie Immanuel Kant „aufgeklärt". Mein Lehrer erwähnte noch, dass die traditionelle Lehre des Christentums etwas anderes verbreite, nach dem Motto: „Am Anfang schuf Gott Himmel und Erde." Diese Auffassung könne man jedoch völlig links liegen lassen. Ich erinnere mich zwar noch, dass sich tief in mir etwas regte, als mein Lehrer mir dies alles erzählte. Irgendein Zweifel wollte sich zu Wort melden, doch mein Religionslehrer erklärte mir, diese christliche Ansicht sei altmodisch, unwissenschaftlich und fundamentalistisch. Dank genialer Wissenschaftler und Philosophen wisse man mittlerweile doch besser Bescheid.

▶▶ **Mein Freund Franz zum Beispiel musste zu Hause die Gewalttätigkeiten seines häufig betrunkenen Vaters ertragen, seine Schwester sogar sexuellen Missbrauch. Aufgrund dieser Erfahrungen kam es für mich überhaupt nicht mehr infrage, dass Gott existierte.**

Mit vierzehn Jahren war ich schließlich Atheist. Zum Teil war dies sicher auf das zurückzuführen, was ich in der Schule gelernt hatte. Andererseits hatte ich aber in der Zwischenzeit auch einige sehr schlimme und schmerzhafte Dinge erleben müssen. Mein Freund Franz zum Beispiel musste zu Hause die Gewalttätigkeiten seines häufig betrunkenen Vaters ertragen, seine Schwester sogar sexuellen Missbrauch. Aufgrund dieser Erfahrungen kam es für mich überhaupt nicht mehr infrage, dass Gott existierte.

Mein großer Bruder nahm meine jugendlichen Gedanken zu alldem nicht ernst. Er lebte nicht mehr bei uns zu Hause in Wiener Neustadt, und wenn wir uns dann unterhielten, sagte er immer nur: „Du kleiner Trottel, willst ein moderner Atheist sein wie der große Richard Dawkins, eh?" Darin lag wahrscheinlich mehr Wahrheit, als ich zu dieser Zeit gedacht hätte. Aber damals fand ich es irgendwie cool und erwachsen, mich zu meinem Atheismus zu bekennen.

Mein Bruder wurde dann aber für mich zu einer Art „Augenöffner". Das gebe ich allerdings nicht gerne zu, denn eigentlich hatten wir uns nie besonders gut verstanden. Ich bin acht Jahre jünger als er und wir stritten uns damals oft. Weil ich ihn genervt habe, sagt er heute. Ich sehe das etwas anders. Eigentlich hat er nämlich mich genervt! Er war immer viel sportlicher als ich und ein absolutes Genie in der Schule – im Gegensatz zu mir. Ich musste mir dann im Gymnasium immer anhören, warum ich nicht so sein könne wie mein Bruder gewesen war. Das war wahrscheinlich der primäre Grund, warum ich meinen Bruder nicht so recht mochte. Warum mussten wir auch dieselbe Schule besuchen!? Das alles motivierte mich mehr und mehr, mich auf andere Weise intellektuell zu beweisen. Als Atheist zum Beispiel. Diese Rolle gefiel mir!

Mittlerweile sind wir erwachsen geworden. Mein Bruder ist jetzt Doktor und Professor der Philosophie. Als ich dann zum Studium nach Boston ging, begann ich, meinen großen Bruder als Genie zu schätzen. Und er half mir auch weiter. Es war mein Bruder, der mir die Scheinwerfer erklärte, die während der Jahre vom Himmel vor meine Füße fielen.

Scheinwerfer Nr. 1:
Du glaubst an Dinge, die du nicht sehen kannst

An einem Nachmittag saß ich mit meinem Bruder, dem Philosophen, zusammen, als er sagte: „Du glaubst an vieles, das wir Menschen auf dieser Erde erleben, obwohl wir es nicht sehen können und seine Ursache nicht erklären oder beweisen können."

„Wie meinst du das?", entgegnete ich verwirrt.

Er erklärte: „Wissenschaftler, die sagen, man könne nur das als Fakt akzeptieren, was man beobachten kann – und dass es außerhalb unserer Beobachtungen keine Realität gibt –, begehen einen sehr großen Fehler. Sie setzen nämlich voraus, dass der Verstand der einzige Teil des Menschen ist, der sich mit Wahrheit und Realität auseinandersetzt. Aber damit übersieht man andere Aspekte des Menschseins. Den emotionalen Bereich zum Beispiel. Oder den psychosomatischen Bereich. Oder die Intuition."

Ich bat meinen Bruder um ein Beispiel, weil ich nicht genau verstand, auf was er hinauswollte.

„Tja, Liebe zum Beispiel. Die ist da, aber wir können sie nicht sehen – höchstens sichtbar machen. Erklären können wir sie auch nicht. Aber Liebe ist eine Tatsache. Oder nimm die Ehe. Ehe, die nur auf einer Verstandesentscheidung basiert, ist trocken und leer. Ehe braucht Gefühl und Erlebnis, weil Ehe keine Wissenschaft ist, sondern Beziehung. Sie ist aber dennoch Realität."

„Ähm, Brüderlein, du willst mir doch nicht sagen, dass ich wegen solcher Sentimentalitäten an die Existenz Gottes glauben soll, oder?", gab ich zynisch zurück.

„Sentimentalität? Nee, gar nicht. Es ist ganz was anderes", erwiderte er, „es ist menschlicher Instinkt. Ein neugeborenes Kind hat auch einen Instinkt. Wenn du es auf den Bauch seiner Mutter legst, dann findet sein kleiner Mund automatisch die Brust. Es weiß einfach, wo es Nahrung bekommt, und wendet sich dorthin. Das ist Instinkt."

„Und genau das hört sich sehr sentimental an. Und es hilft mir nicht weiter, an die Fakten zu kommen", argumentierte ich.

„Nein, nein, du verstehst überhaupt nicht, was ich meine! Ich habe gerade ein Buch von einer deutschen Pädagogin namens Cavaletti gelesen. Sie berichtet von Hunderten von Fällen, wo Kinder, die nie von Gott gehört hatten, plötzlich eine eindeutige Verbindung zu ihm herstellten – nur weil sie das Wort ‚Gott' hörten. Sie berichtet zum Beispiel von einem 6-jährigen Mädchen, das vollkommen atheistisch erzogen wurde. Irgendwann fragte es dann seinen Vater einmal, von woher das erste Wesen gekommen sei. Er erklärte ihm, das Leben sei zufällig entstanden. Als der Vater dann aber noch hinzufügte, dass es auch eine ganz altmodische Theorie gäbe, die besagte, ein Gott hätte das erste Wesen erschaffen, da tanzte das Kind im Zimmer herum und rief voller Freude: ‚Ich wusste es die ganze Zeit! Gott hat es gemacht!'[1] Cavaletti berichtet aber noch von anderen Fällen: Ein Junge schaute zum Beispiel lange mit großer Bewunderung in den Sternenhimmel. Und obwohl er das Wort ‚Gott' von seinen Eltern nie gehört hatte, rannte er zu seiner Mutter in die Küche und rief: ‚Gott hat die Sterne gemacht! So ein großer Gott liebt mich!'[2] Oder ein Mädchen in Moskau, das seinen Onkel, einen Priester, besuchte. Als es in sein Büro kam, sah es eine Statue von Jesus. Es fragte seinen Onkel daraufhin, wen diese Statue darstelle. Der Mann versuchte, ihm alles zu erklären, und kam natürlich auf das Thema ‚Gott' zu sprechen. Sofort entgegnete das atheistisch erzogene Mädchen: ‚Ich wusste, dass es ihn gibt! Und immer vor dem Einschlafen rede ich mit ihm!'[3]

Also, Brüderlein, ich denke, wir sollten von diesen Berichten was lernen. Der Mensch – gleichgültig, wo er lebt – weiß tief in seinem Inneren, dass er von jemandem abstammt. Von Gott. Das weiß er, gleichgültig, wie sehr er auf Rationalität und Intellekt pocht."

»» **„Jeder Mensch glaubt an etwas! Und vieles von dem, was wir glauben, ist nicht aufgrund wissenschaftlicher Beobachtungen glaubhaft."**

„Das sehe ich ganz anders. Zumindest kann ich mich nicht daran erinnern, früher diese Gewissheit gehabt zu haben. Und überhaupt: Willst du etwa sagen, dass es falsch ist, rational und intellektuell zu sein?", bohrte ich nach.

„Nein, gar nicht", konterte mein großer Bruder.

„Ja, und wohin führt dann dein Argument?", fragte ich.

„Jeder Mensch glaubt an etwas! Und vieles von dem, was wir glauben, ist nicht aufgrund wissenschaftlicher Beobachtungen glaubhaft. Wir Menschen sind ja viel mehr als nur Verstand! Wir sind auch mehr, als die Augen sehen. Es gibt mehr als das Natürliche, das Materielle, und unsere Seele ahnt das instinktiv. Es gibt Spiritualität, etwas Übernatürliches."

Ich dachte in diesem Augenblick nur, dass mein Bruder, der studierte Philosoph, mittlerweile völlig den Verstand verloren hatte.

Scheinwerfer Nr. 2:
Du unterscheidest zwischen Gut und Böse

Doch damit war die Diskussion noch nicht zu Ende.

„Es gibt vieles im Leben, das du hasst", meinte mein Bruder. „Du hasst Terroranschläge und sinnloses Morden, du hasst Leid, Selbstsucht und Unmenschlichkeit. Von irgendwoher hast du also die Fähigkeit, zwischen Gut und Böse zu unterscheiden. Aber um das Böse zu hassen, musst du an die Realität des Guten glauben. Ich bin fest davon überzeugt, dass jeder Mensch tief in seinem Innersten an das Gute glaubt! Du wünschst anderen Menschen Gutes und du selbst sehnst dich nach Gutem. Du sehnst dich nach dem, was wir Philosophen als ‚höchstes Gut' beschreiben. Anselm von Canterbury, ein großer Denker des Mittelalters, definierte das höchste Gut folgendermaßen: ‚Gott ist das, worüber hinaus nichts Größeres gedacht werden kann.' Und der Franzose Blaise Pascal hat gesagt, dass jeder Mensch in seinem Inneren ein gottförmiges Vakuum hat, das nur Gott füllen kann. Die beiden Philosophen meinten also, dass wir Menschen uns eigentlich nach Gott sehnen, wenn wir uns nach irgendeinem höchsten Gut sehnen. Denn das höchste Gut ist so gut, dass es im Natürlichen nicht vorkommt. Es ist *über*natürlich."

Mein Bruder fuhr mit seiner Logik fort: „Wenn das höchste Gut Gott ist, dann ist er kein Gott, der mit uns Menschen willkürlich umgeht, wie es die Götter aus der griechischen oder der römischen Mythologie tun."

Das half mir ein bisschen weiter. „Du meinst also, dass es ein Indiz für die Existenz Gottes ist, wenn wir Menschen zwischen Gut und Böse unterscheiden können und das Böse ablehnen? Du meinst, dass es etwas übernatürlich Gutes gibt, das über meinem natürlichen Wesen und über der ganzen Natur steht?"

Aber im Grunde wollte ich auch diesem Argument keine Beachtung schenken. Obwohl ich langsam – und es fällt mir schwer, es zuzugeben – immer größer werdenden Respekt vor der Weisheit dessen empfand, was mein Bruder gerade gesagt hatte.

Scheinwerfer Nr. 3:
Du glaubst daran, dass es im Kosmos eine gewisse Ordnung gibt

Einige Monate später war ich zu Besuch bei meinem Bruder und wir gingen an einem Nachmittag zusammen joggen – das war zu der Zeit, als mein Bruder noch nicht dick und unbeweglich war. Es war ein schöner Herbsttag, darum fiel es mir auch nicht schwer, sein folgendes Beispiel nachzuvollziehen. Während wir so durch den Park rannten, sah ich regelrecht den nächsten Scheinwerfer vom Himmel fallen – direkt vor meine Füße.

„Stephan, du glaubst doch, dass jetzt im Herbst die Blätter bunt werden und vom Baum fallen. Und im nächsten Frühling erwartest du dann, dass an den Ästen wieder kleine grüne Blätter sprießen. An jedem Abend gehst du davon aus, dass die Sonne am Horizont verschwindet. Und nachts liegst du nicht im Bett und machst dir darüber Gedanken, dass die Sterne vielleicht vom Himmel fallen könnten. Du erwartest eine gewisse Ordnung. Und weißt du was? Diese Ordnung gibt es auch!"

„Was soll dieser ganze Quatsch über Ordnung?", fragte ich sarkastisch.

„Wie du von deiner Hälfte unseres gemeinsamen Kinderzimmers noch wissen müsstest, entsteht Ordnung nicht aus Chaos. Du kannst Chaos Chaos sein lassen und es wird sich sicher nicht von selbst in Ordnung verwandeln. Das ist einfach unmöglich. Leider. Ordnung entsteht nur, wenn jemand logisch denken kann und weiß, wie man aus Chaos Ordnung schafft. Chaos braucht also eine intelligente Person, die diese Ordnung schafft."

▶▶ „Ordnung entsteht nur, wenn jemand logisch denken kann und weiß, wie man aus Chaos Ordnung schafft."

In diesem Augenblick hätte ich am liebsten einen Streit vom Zaun gebrochen. Aber mein Bruder sagte auf einmal etwas, das ich längst befürchtet hatte ...

„Weißt du, Stephan, viele Wissenschaftler haben viele Aspekte von Darwins Theorie längst aufgegeben. Die Evolutionstheorie kann die unheimlich komplexe Ordnung unseres Universums einfach nicht ausreichend erklären! Die einzig logische Antwort auf die Frage, woher das alles kommt, deutet auf Gott hin: Es muss eine intelligente Person geben, die Ordnung schafft und über den Dingen steht."

„Nein, muss es nicht!", entgegnete ich. „Das ist nicht die einzig logische Antwort! Das ist die Antwort, die fundamentalistische Leute wählen!"

„Nicht so schnell!", warf mein Bruder ein. „Du beleidigst einige der bekanntesten Wissenschaftler! Nimm zum Beispiel Francis Collins."

„Wer bitte ist denn das?", fragte ich so uninteressiert, wie es nur ging.

„Sag mal, bekommst du denn gar nichts mehr mit?", fragte mich mein Bruder völlig entsetzt. „Doktor Francis Collins ist Humangenetiker und der Leiter des Humangenomprojektes. Er ist der Mann, der gerade dabei ist, unser Erbgut zu entschlüsseln – unsere DNA. Der amerikanische Präsident Bill Clinton hat diesen Mann geehrt als den, der uns – wie es der Präsident ausgedrückt hat –, die Sprache beigebracht hat, in der Gott Leben erschaffen hat'. Collins hat auch ein Buch geschrieben, in dem er anhand seiner DNA-Untersuchungen feststellt, dass die Evolutionstheorie die Entstehung von Leben eigentlich unmöglich erklären kann.[4] So etwas Komplexes wie die menschliche DNA hätte nur von jemandem zusammengestellt werden können, der sehr brillant ist. Jemand, der Ordnung schaffen kann. Du wärst da definitiv der Falsche gewesen", entgegnete mein Bruder mit einem frechen Grinsen.

▶▶ „Die Annahme, dass Wissenschaft und Glaube nicht zusammenpassen können, ist falsch. Sie passen zusammen."

„Ein Wissenschaftler, der an Gott glaubt?", gab ich verwirrt zurück.

„Die Annahme, dass Wissenschaft und Glaube nicht zusammenpassen können, ist falsch. Sie passen zusammen. Und Collins ist nur eines von vielen Beispielen dafür."

Scheinwerfer Nr. 4:
Du glaubst an absolute Wahrheit, auch wenn du es nicht zugeben willst

Das alte Jahr ging, das neue kam. Es war Ostern, als ich wieder bei meinem Bruder und seiner Frau zu Besuch war, aber ich hatte einfach keine Lust, mit ihnen am Ostersonntag in die Kirche zu gehen. Für diese ganzen religiösen Mythen hatte ich immer noch nichts übrig. Und weil er mein Bruder war, sagte ich ihm das auch ehrlich. Aber er hatte nichts Besseres zu tun, als das Gespräch wieder aufzunehmen und ernsthaft mit mir ins Gebet zu gehen. Wieder einmal.

„Stephan, gib zu, du glaubst, dass man absolute Aussagen machen kann."

Ich war sprachlos. So einen Vorwurf würde mir nicht einmal meine Frau in ihren schlimmsten Momenten machen!

„Unmöglich!", protestierte ich.

„Was ist unmöglich?"

„Es ist unmöglich, dass es absolute Wahrheit gibt."

„Erkennst du denn nicht, dass man unmöglich sagen kann, es sei unmöglich zu behaupten, es gäbe keine absolute Wahrheit? Du glaubst nämlich doch an die Existenz der absoluten Wahrheit. Wenn du die Behauptung aufstellst, es gäbe keine absolute Wahrheit, dann erwartest du doch, dass die Leute diese Aussage als absolute Wahrheit akzeptieren. Dabei gibst du hunderte Male am Tag zu, dass es eine absolute Wahrheit gibt. Wenn in der Tageszeitung steht, dass der Mord an dem dreijährigen Jungen falsch war, stimmst du zu. Du würdest nie auf die Idee kommen, dem Redakteur zu widersprechen. Du bist wie so viele Menschen in unserer Gesellschaft: Du behauptest, dass es keine absolute Wahrheit gäbe – aber dein Leben sagt etwas anderes! Du lebst, als gäbe es absolute Wahrheit! Du kannst nämlich gar nicht ohne absolute Wahrheit leben! Dein Leben ist der Beweis dafür!"

▶▶ „Du behauptest, dass es keine absolute Wahrheit gäbe – aber dein Leben sagt etwas anderes! Du lebst, als gäbe es absolute Wahrheit!"

Mein Bruder schaffte es einfach immer wieder, einen Streit vom Zaun zu brechen ... Ich war jetzt richtig wütend. „Du bist mir ja ein toller Philosoph! Absolute Wahrheit ist etwas, das viele Leute missbrauchen, um Gewalt zu rechtfertigen. Hitler gebrauchte das Konzept der absoluten Wahrheit, um Millionen von Menschen umzubringen. Die Kirchenoberen gebrauchten im Mittelalter dieses Konzept, um ihre Kreuzzüge zu rechtfertigen und damit hilflose Menschen unter Gewaltandrohung zum Christentum zu bekehren."

Aber ich hatte nicht erwartet, was mein Bruder darauf entgegnen würde: „Ich weiß", sagte er mit leiser Stimme, „es ist schrecklich, wie die Menschen das Konzept von absoluter Wahrheit missbraucht haben. Aber ich denke, dass du dich über diesen Missbrauch von sogenannter absoluter Wahrheit nur so aufregen kannst, weil du die Existenz von absoluter Wahrheit bereits vorausgesetzt hast. Du glaubst an absolute Wahrheit, sonst würdest du den Missbrauch nicht erkennen."

Ehrlich gesagt, wusste ich nicht, was ich darauf entgegnen konnte.

„Und nicht nur das", fuhr er fort. „Nur der Glaube an absolute Wahrheit eröffnet uns die Möglichkeit, das Gute wiederherstellen und das Böse verurteilen und besiegen zu können."

Ich dachte ein wenig darüber nach, bevor ich etwas darauf entgegnete.

Scheinwerfer Nr. 5:
Du glaubst an Ursache und Wirkung

„Alles, was du sagst, deutet aber nicht darauf hin, dass ein Gott am Anfang von allem stand."

Mein Bruder lächelte nur. Ich hatte ihm gerade die Möglichkeit eröffnet, über sein Lieblingsthema zu sprechen. „Eigentlich schon!" Jetzt erklärte er mir das Argument des Philosophen Thomas von Aquin, der im 13. Jahrhundert als Beweis für die Existenz Gottes angeführt hatte, dass jede Wirkung auch eine Ursache hat.

Das verstand ich nicht sofort. „Du meinst, dass nichts passiert, wenn es nicht zuvor verursacht wird?"

„Ja, genau."

„Und warum bedeutet das, dass es gerade Gott war, der am Anfang aller Dinge stand?"

Mein Bruder erklärte mir, dass jede Ursache selbst die Auswirkung einer früheren Ursache sei. „Man kann unendlich weit zurückgehen und irgendwo immer die Ursache für eine Wirkung finden. Aber an einem Punkt muss es die erste Ursache gegeben haben!"

„Na, und?"

„Die Evolutionstheorie versucht zu erklären, wie sich alles entwickelt hat. Was diese Theorie jedoch nicht kann, ist, dir zu erklären, wie alles überhaupt anfing. Du hast deinen Lehrer in der Schule gefragt, woher alles kommt. Er griff auf die Theorie von der Evolution zurück. Aber eigentlich kann und darf er das nicht, denn die Evolutionstheorie kann nicht erklären, was die erste Ursache aller Ursachen war, die sogenannte ‚unverursachte Ursache'."

„Genau, wir ehrlichen Evolutionisten wissen, dass wir die unverursachte Ursache nicht erklären können. Dazu müssten wir eine Ewigkeit zurückgehen, um die erste Ursache aller Wirkungen und Ursachen zu finden."

„Und das, mein lieber Bruder, ist unverantwortliche Wissenschaft! Man kann nicht sagen, dass man nichts über das Übernatürliche sagen könne, weil man selbst an das Natürliche gebunden sei. Und dann verwendet man plötzlich doch Begriffe aus dem Bereich des Übernatürlichen – beispielsweise ‚Ewigkeit' oder ‚unverursachte Ursache' –, um den Ursprung des Natürlichen zu erklären. Das ist doch paradox! Das geht einfach nicht!"

„Na gut", sagte ich, „aber warum soll diese unverursachte Ursache gerade Gott sein?"

„Verstehst du nicht? Du kannst mir diese Frage gar nicht stellen, es sei denn, du gehst grundsätzlich von der Existenz der Ewigkeit und des Übernatürlichen aus!"

Ich kam mit den Aussagen meines Bruders einfach nicht klar. Sie waren allesamt so fundamentalistisch und anti-wissenschaftlich. Das sagte ich ihm auch.

„Ja, ich weiß", entgegnete er schließlich. „Du hast diese ganzen stereotypen Lehren viele Jahre in dich aufgesogen. Aber lies doch mal dieses Buch von Lee Strobel – ‚Indizien für einen

Schöpfer'[5]! Er hat Interviews mit Wissenschaftlern geführt, die in den Gesprächen deutlich machen, dass die Evolutionstheorie ihrer Meinung nach viel zu viele Fragen offen lässt und dass die erste Zelle – so was wie eine Urzelle – schon viel zu komplex gewesen sein muss, als dass sie ein Produkt des Zufalls gewesen sein könnte. Da muss was unheimlich Intelligentes dahinter stecken. Etwas Übermenschliches. Oder besser: Jemand Übermenschliches."

Scheinwerfer Nr. 6:
Du glaubst an das Konzept der Persönlichkeit

„Und warum muss denn dieser Jemand unbedingt etwas Übermenschliches sein?", konterte ich.

Mein Bruder forderte mich heraus: „Warum ich glaube, dass Gott der Schöpfer ein personaler Gott ist? Schau doch mal in dein Herz hinein! Du hasst es, wenn Menschen dich wie ein Objekt behandeln, stimmt's? Du wünschst dir, dass Menschen dich als Persönlichkeit betrachten, die es verdient hat, mit Würde und Respekt behandelt zu werden – und dass sie dich auch tatsächlich so behandeln. Wenn jemand dich als ‚Affe' beschimpft, regst du dich auf. Dass der Vater deines Freundes – Franz hieß er doch, oder? – seine Tochter regelmäßig vergewaltigte, regt dich ebenfalls auf. Warum? Woher kommt es, dass wir Menschen heute von Selbstwert und Persönlichkeitsstrukturen sprechen? Woher kommt diese instinktive Kenntnis unserer persönlichen Würde? Weil jeder von uns eine individuelle Persönlichkeit besitzt! Und woher kommt Persönlichkeit? Persönlichkeit kann nicht von etwas Unpersönlichem gekommen sein. Die unverursachte Ursache muss eine Persönlichkeit sein. Anders

▶▶ **Woher kommt es, dass wir Menschen heute von Selbstwert und Persönlichkeitsstrukturen sprechen? Woher kommt diese instinktive Kenntnis unserer persönlichen Würde?**

könnte die Persönlichkeit in Mensch und Tier nie zustande gekommen sein. Etwas Unpersönliches kann sich nicht einfach in
etwas Personales mit Emotionen, mit Liebe, mit Wärme verwandeln. Nur etwas Personales, das solche Attribute in sich trägt,
kann so etwas schaffen. Dass du an das Konzept von Persönlichkeit glaubst, ist ein Indiz dafür, dass am Anfang nicht nur
etwas fremdes Absolutes stand, sondern jemand Absolutes. Und
dieser jemand ist Gott."

Doch ich war noch immer nicht bereit, diesen Weg einzu-
schlagen. Vielleicht, weil mein Ruf auf dem Spiel stand!

Scheinwerfer Nr. 7:
Die liebevollste Schönheit taucht in deinem Leben auf

Mein eigener, ganz persönlicher Urknall ereignete sich, als ich
in Boston promovierte. Durch die Gespräche mit meinem Bruder hatte ich mit der Zeit eine Art Glauben an Gott entwickelt.
Es war die Art von Glauben, die sehr im Trend ist. Eine, die mir
persönlich gefiel.

Der Urknall meines sich entwickelnden Glaubens kam in
Form einer Person auf einer Studentenparty: Ich entdeckte sie
auf der anderen Seite des Raumes und ging sofort auf sie zu. Sie
hieß Susanne und studierte im vierten Jahr Philosophie. Meine
stürmische Seele bemerkte sofort ihre innere Ruhe. Und ihre
Schönheit beeindruckte mich so sehr, dass ich sie einfach kennenlernen musste. Wir trafen uns also zwei Tage später, allein
und in Ruhe, in einem Café in Boston. Da machte Susanne mir
ein Geständnis, das mich umwarf.

„Stephan, ich bin eine überzeugte Christin", sagte sie ohne
Vorwarnung.

Ich war verwirrt. Wie konnte eine schöne junge Frau an so
was glauben? Ich war aber auch neugierig. Anders als bei meinem Bruder wollte ich nicht gleich widersprechen. Ich wollte

mehr wissen. Ich wollte Details. Also hakte ich nach: „Was heißt das, überzeugte Christin?" Ich fürchtete mich vor ihrer Antwort.

Susanne entgegnete einfach: „Ich folge Jesus nach. Er ist mein Gott und mein Leben gehört ihm."

Ich war sauer. Wie konnte man bloß so viel weibliche Schönheit an intellektuelle Ignoranz und einen einengenden Lebensstil verschwenden ... So stellte ich mir zu diesem Zeitpunkt zumindest ihre Religiosität vor. Doch ich hatte nicht erwartet, dass ich es sein würde, der an diesem Nachmittag schmerzhaft auf dem Hosenboden landen würde.

„Ich bin auch spirituell", sagte ich ganz stolz. „Aber ich finde diese Sache mit dem ‚überzeugte Christin' so engstirnig. Wenn nicht sogar gefährlich."

Susanne antwortete ganz ruhig: „Es tut mir leid, ich wusste nicht, dass ich dir so gefährlich vorkomme. Das will ich nicht. Eigentlich habe ich ganz schön Respekt vor dir und deinem Verstand."

Jetzt war ich richtig nervös. Ich machte mir Gedanken, dass ich diese attraktive junge Frau beleidigt haben könnte. Ich versuchte, die Lage zu entschärfen: „Du kommst mir ja gar nicht gefährlich vor. Ich meinte das nur ... so allgemein."

„Du glaubst also an Gott?", fragte sie mich.

„Ja, ich glaube an Gott."

„Und wer ist Gott?", hakte sie nach.

„Ja, da habe ich wirklich eine lange geistliche Reise hinter mich gebracht", erklärte ich Susanne. „Gott ist das, was jede Person für sich als ‚Gott' definiert. Weißt du, jeder Mensch trägt eine gewisse Göttlichkeit in sich. Und jeder von uns ist in seinem Leben vor die große Aufgabe gestellt, diese Göttlichkeit in sich selbst zu finden. Niemand kann das für jemand anderen tun. Die Defini-

▶▶ „Gott ist das, was jede Person für sich als ‚Gott' definiert. Weißt du, jeder Mensch trägt eine gewisse Göttlichkeit in sich. Und jeder von uns ist in seinem Leben vor die große Aufgabe gestellt, diese Göttlichkeit in sich selbst zu finden. Niemand kann das für jemand anderen tun. Die Definition von ‚Gott' ist sehr egozentrisch. Für dich ist das eine Gott, für mich das andere."

tion von ‚Gott' ist sehr egozentrisch. Für dich ist das eine Gott, für mich das andere." Ich war stolz, dass ich meine Gedanken so gut in Worte fassen konnte, und das beim Anblick dieser Frau!

Susanne fragte indes weiter: „Und was ist für dich Gott?"

„Für mich ist Gott diese innere Ruhe, die ich in mir selbst gefunden habe. Ganz besonders, wenn ich tief in mich hineingehe, merke ich, wie ein Friede in mich hineinfließt. Dann komme ich richtig zur Ruhe. Da haben mir einige Gedanken aus dem Buddhismus sehr geholfen. Auch manche Aussagen von Jesus sind sehr hilfreich."

„Jetzt verstehe ich dich. Du bist gar kein klassischer Atheist, sondern eher ein funktionaler Atheist", erklärte sie mir.

Ich verstand nicht, was sie meinte. „Aber ich bin doch gar kein Atheist! Ich glaube doch an etwas, das man ‚Gott' nennen kann!"

▶▶ „In einer Welt mit so vielen verschiedenen Glaubensrichtungen hat keiner das Recht zu sagen, er habe die einzig wahre Sichtweise! Jeder Mensch muss die Freiheit haben, für sich selbst zu entscheiden, was für ihn die Wahrheit ist!"

„Doch, du bist Atheist. Denn du glaubst nicht an etwas, das als Gott über dir steht und dem du dich unterordnest. Du lebst in deiner subjektiven Autonomie, in der du das Konzept ‚Gott' selbst definierst. Du selbst bist der Anfang und das Ende deiner Suche nach Gott. Das Zentrum deines Lebens ist und bleibt dein Selbst. Das Zentrum meines Lebens ist aber Gott. Und ich meine den wahren Gott, den einzigen Gott – und den kannst du auch kennenlernen."

Susanne lächelte mich an. Es war ein umwerfendes Lächeln. Aber eigentlich hätte ich ihr in diesem Moment lieber den Hals umgedreht. Ich merkte, dass diese Frau die Macht besaß, mir alles zu rauben.

„Siehst du, das ist genau das, was ich mit ‚gefährlich' meine", entgegnete ich. „Deine Meinung ist unmöglich! In einer Welt mit so vielen verschiedenen Glaubensrichtungen hat keiner das Recht zu sagen, er habe die einzig wahre Sichtweise! Jeder Mensch muss die Freiheit haben, für sich selbst zu entscheiden, was für ihn die Wahrheit ist!"

„Diese Freiheit will ich dir doch auch gar nicht rauben, Stephan!", machte Susanne klar.

„Aber während du mir diese Freiheit zugestehst, sagst du mir ins Gesicht, dass dein Glaube der exklusiv Wahre ist!"

„Na, und?"

„Na, und das geht nicht! Alle Glaubensrichtungen sind erlaubt, solange der Mensch die Freiheit hat, seinen eigenen Glauben zu bestimmen. Aber exklusivistische Glaubensrichtungen sind gefährlich."

Und jetzt geschah das, wovor ich mich so lange gefürchtet hatte. Mein ganz persönlicher Urknall.

Susanne sagte auf einmal: „Aber dein Glaube ist auch exklusivistisch! Du sagst, dass jeder Mensch die Freiheit haben muss, seinen eigenen Glauben zu bestimmen. Aber es darf bitte schön bloß kein exklusivistischer Glaube sein – nur nicht ein Glaube, der sagt; ‚Mein Gott ist der wahre Gott.' Du bist also gegenüber dem exklusivistischen Glauben exklusivistisch!"

Das saß. In diesem Moment stürzte ich rücklings auf meinen Hosenboden. Es war hart. Sehr hart. Tief in meiner Seele war über einer Tür ein Licht angegangen. In Leuchtschrift stand dort: „Du wurdest von deiner eigenen Logik erwischt!"

Ich wusste mich nur zu verteidigen, indem ich den nächsten Angriff startete: „Und was gibt dir bei all den religiösen Ansichten dieser Welt das Recht, zu behaupten, dass du den wahren Gott kennst?"

„Gott selbst!", antwortete Susanne kurz und bündig.

„Wie bitte? Gott selbst?"

„Deine Spiritualität basiert auf der Vorstellung, dass Göttlichkeit in jeder menschlichen Seele vorhanden ist, dass man sie nur finden muss. Du begibst dich auf eine geistliche Reise, von unten nach oben, auf der Suche nach der Fülle in dir, nach Frieden, Freude, Bedeutung. Das Ergebnis deiner Suche nennst du dann ‚Gott' oder ‚Gott in dir'. Gott ist also nichts als eine anthropologische Ausweitung deines Selbsts."

„Genau!", stimmte ich begeistert zu.

„Aber die Fakten deuten auf etwas anderes hin, Stephan. Auf eine Offenbarung von Gott. Aber nicht von unten nach oben, sondern von oben nach unten."

„Welche Fakten?", schoss es empört aus mir heraus.

▶▶ „Gott kam zu uns in Fleisch und Blut, hier auf diese Erde. Es ist ein nachweisbares, historisches Ereignis."

„Ja, Fakten. Die Menschwerdung Gottes zum Beispiel. Gott kam zu uns in Fleisch und Blut, hier auf diese Erde. Das ist kein Mythos, keine nette geistliche Idee, keine schöne Geschichte. Es ist ein nachweisbares, historisches Ereignis. Diese Selbstoffenbarung Gottes, dieses Kommen hier zu uns, fand in der Person Jesus statt. Du denkst jetzt wahrscheinlich, dass das eine skandalöse Vorstellung sei ..."

„Ja, genau!", entgegnete ich zynisch lächelnd.

„Ich denke das auch!", sagte sie überraschend. „Weißt du, was ich an der Offenbarung Gottes in der Person Jesus so skandalös finde? Nicht Gottes Menschwerdung selbst. Es ist vielmehr die Feststellung, dass Gott irgendwie völlig anders ist als das, was ich mir sonst so unter ‚Gott' vorgestellt habe."

Und wieder konnte ich nicht anders, als in meinem üblichen Denkmuster zu kontern: „Ich finde es skandalös, dass du mir allen Ernstes sagen willst, meine Weltanschauung sei falsch!"

„Ich weiß", entgegnete die schöne Susanne mit strahlenden Augen. „Es ist skandalös. Aber es ist auch wunderbar!"

„Äh, wieso?"

„Weil die wahre Liebe aus meiner Perspektive so viel größer und wunderbarer ist als aus deiner!"

Ich fand das sehr arrogant und hielt damit nicht hinterm Berg. Auch wenn ich diese junge Frau noch so sehr mochte, das ging eindeutig zu weit.

„Nein, es ist das Gegenteil von Arroganz", entgegnete sie sanft. „Das ist die tiefste Demut, die es jemals gab. Wenn Gott tatsächlich Mensch wurde, dann ist Gottes Entscheidung die demütigste, die es je gegeben hat. Er hat sich dann nämlich unseretwegen auf diese Erde herabbegeben. Das ist die demütigste Tat, die jemand jemals aus Liebe getan hat!"

Susanne war völlig begeistert, das merkte ich ganz deutlich.

„Stell dir vor, der Ewige kommt und begibt sich in einen sterblichen Körper. Der Schöpfer selbst kommt und wird seinen Geschöpfen gleich. Und er wird von ihnen verspottet. Der Heilige kommt und nimmt alles auf sich, was wir vermasselt haben. Die Menschwerdung Gottes – diese heilige Entscheidung, Mensch zu werden, um Menschen eine Beziehung zu Gott zu ermöglichen –, das ist eine Entscheidung, die nur von Liebe motiviert sein kann. Ganz tiefe, aufrichtige Liebe. Und das bewegt mich am meisten!"

▶▶ „Die Menschwerdung Gottes – diese heilige Entscheidung, Mensch zu werden, um Menschen eine Beziehung zu Gott zu ermöglichen –, das ist eine Entscheidung, die nur von Liebe motiviert sein kann. Ganz tiefe, aufrichtige Liebe."

Mein Fazit: Ich steige aus der Show aus!

Die Gespräche mit meinem Bruder und später mit Susanne waren kleine Schritte zu vielen, vielen kleinen Entscheidungen. Anders hätte es bei mir nicht funktionieren können. In meinem Inneren waren einfach zu viele Stoppschilder angebracht worden. Schilder, die vieles widerspiegelten: erlernte, stereotype Reaktionen, stolze Einsichten, schlechte Erfahrungen und tiefe Enttäuschungen.

Es waren jedoch nicht nur die rationalen Argumente meiner beiden Gesprächspartner, sondern auch ihre ruhige und so gar nicht fanatische Art, mit mir zu diskutieren. Mein großer Bruder sprudelte immer so vor Lebensfreude und Leidenschaft. Ich wusste, er hatte den Sinn seines Lebens gefunden. In der Existenz Gottes. Ehrlich, ich habe noch nie einen Atheisten getroffen, der wegen seines atheistischen Glaubens vor Lebensfreude und Sinn nur so jubelte.

▶▶ **Ich habe noch nie einen Atheisten getroffen, der wegen seines atheistischen Glaubens vor Lebensfreude und Sinn nur so jubelte.**

Und Susanne? Sie hätte vor mir, dem arroganten und sarkastischen Atheisten, davonlaufen können. Niemand hätte ihr das übelgenommen – nicht mal ich. Doch sie hat in mich investiert – viel Zeit und Geduld. In jedem Gespräch hat sie mich als wertvolle und intelligente Persönlichkeit gewürdigt, obwohl meine Meinung und meine Art sie immer wieder verletzten.

So kam für mich eines Tages der langersehnte Ausstieg. Ich folgte Truman Burbank in eine andere Realität – in die wahre Realität. Ich fühlte mich, als hätte jemand die Dürre meiner Seele erkannt und mit einem Feuerwehrschlauch Wasser hineingegossen. Der Gedanke, dass es einen Schöpfergott gibt, der mit mir, seinem Geschöpf, eine Beziehung haben will, ist so befreiend! Auf der anderen Seite der Wand traf ich ihn dann persönlich, diesen Schöpfergott. Dieses Treffen war für mich beruhigend, so als hätte meine Seele ein langersehntes Zuhause gefunden. Das erinnert mich an einen Denker aus dem 4. Jahrhundert: Augustinus. Dieser Mann fand nach vielen Jahren als Skeptiker ebenfalls den Weg zu Gott. In seiner wichtigsten Schrift, seinen „Bekenntnissen", erklärt er mit großer Erleichterung: „Du hast uns für dich selbst erschaffen, und unsere Herzen sind unruhig, bis sie Ruhe finden, Gott, in dir."

Die Demut einer neuen Erkenntnis

In jedem Menschenherzen steckt ein arrogantes Wesen, das sich für das Zentrum des Universums hält. Wenn das Menschenherz nun aber eine Art geistliche Auferstehung erlebt und plötzlich erkennt, dass es außerhalb seiner Selbst jemanden gibt, der wirklich das Zentrum des Universums ist – dann rebelliert dieses Wesen. Es kann nicht akzeptieren, dass jemand die Wahrheit besser bestimmen kann und für sich in Anspruch nimmt, die einzige Autorität zu sein. In solchen Augenblicken spüren wir die panische Rebellion dieses Wesens in uns: „Nein, gib nicht nach! Du wirst alles verlieren, wenn du dich dieser Autorität unterstellst! Deinen Selbstwert, deine Würde, deine Autonomie! Du wirst dich in eine Abhängigkeit stürzen, die dir bestimmt nicht gefällt!" Dieses Wesen in uns will verhindern, dass wir die Reality-Show hinterfragen. Es hat Angst, dass wir die wahre Realität entdecken und anerkennen, dass die wahre Autorität außerhalb unseres Wesens liegt.

▶▶ **Warum fällt es mir so schwer, mir einzugestehen und anzuerkennen, dass es außerhalb meiner Selbst eine größere Autorität gibt?**

Aber warum? Warum fällt es mir so schwer, mir einzugestehen und anzuerkennen, dass es außerhalb meiner Selbst eine größere Autorität gibt?

Mein Vater, der Experte

Als Kind habe ich sehr eindrücklich gelernt, was es heißt, anzuerkennen, dass es außerhalb meines kleinen Lebens eine größere Autorität gibt.

Ich war damals zehn. Meine Freunde und mich interessierte zu dieser Zeit nur eines: Mädchen. Eines Abends – wir saßen gerade beim Essen – war ich tief in Gedanken versunken und dachte über den weiblichen Körper nach. Eigentlich war ich völlig abwesend, aber auf einmal sprudelte eine Frage aus mir heraus: „Wenn ein Mann diesen Schaum auf seine Hand bekommt und dann eine Frau anfasst – wie wird daraus ein Baby?" Ich sah die Reaktion im Gesicht meiner älteren Schwester nur kurz, weil sie vor lauter Lachen sehr schnell unter den Tisch glitt. Mein älterer Bruder versteckte sich hinter seinen Spaghetti. Als meine Schwester wieder aufgetaucht war, bat sie meinen Vater, in Ruhe mit mir zu sprechen. Ich hatte damals keine Ahnung, warum meine Schwester sich so aufgeregt hatte und warum mein Vater unbedingt mit mir sprechen sollte.

Als ich später am Abend auf meinem Bett Hausaufgaben machte, kam mein Vater zu mir, setzte sich neben mich und räusperte sich: „Junge, ich erzähle dir jetzt mal, wie es wirklich ist." In diesem Augenblick empfand ich Demut – tiefe Demut. Mein Vater versetzte mich in die Position des Lernenden. Er wollte mir etwas Wichtiges erklären, das ich mir bis dato wohl immer falsch vorgestellt hatte. Ich war so gespannt!

Mein Vater begann: „Also, Stephan, Männer sehen ganz anders aus als Frauen." Ich war begeistert! Von Bildern wusste ich, dass eine Frau anders aussieht als ein Mann, und ich war froh, dass mein Vater das auch gemerkt hatte.

Mein Vater hatte viel Mut. Er erzählte mir genau, was passiert, wenn Mann und Frau miteinander schlafen. Und am Ende stellte er die Frage, bei der ich wieder diese tiefe Demut empfand: „Stephan, hast du noch Fragen? Egal, welche. Du kannst mich alles fragen."

Ich hatte es ja immer geahnt: Zwischen Mann und Frau passiert was Besonderes. Meine jungen Hormone spielten ja regelmäßig verrückt, wenn ich die langen Beine einer Frau im kurzen Rock sah. Deshalb interessierte mich dieses Thema ja so! Darum sprachen wir klugen Jungs in der Schule auch so viel darüber.

Ich weiß heute auch, warum ich damals dieses tiefe Gefühl von Demut hatte. Weil ich mir plötzlich eingestehen musste, dass meine Ahnung sehr weit von der Realität entfernt war. Mein Vater erlaubte mir, alle Fragen loszuwerden. Mir war bewusst, dass es noch viel mehr zu wissen gab – und dass mein Vater dieses Wissen besaß. Er konnte mir soviel mehr von der Realität zwischen Mann und Frau erklären!

Also begann ich zu fragen. Harte Fragen. „Wie oft machst du das mit Mom?" – „Kann es nass werden?" – „Wenn dann so eine Empfängnis passiert, weint das Kind dann, weil es nass geworden ist?" Mein Vater war tapfer. Er nahm alle meine Fragen ernst und beantwortete sie ausführlich. Und seine Antworten waren gut!

Damals erzählte mir mein Vater, wie die wahre Realität in dieser Sache aussieht. Heute stehe ich selbst auf der anderen Seite der Wand. Gemeinsam mit meiner Frau Susanne bin ich durch diese Tür an meinem Horizont in eine neue Realität hineingegangen. Ich weiß jetzt aus eigener Erfahrung, wie das ist mit Mann und Frau, und ich weiß jetzt, dass mein Vater damals wirklich die Wahrheit gesagt hat. Damals besaß ich noch nicht seine Erfahrung. Ich war nicht der Sex-Experte. Aber mein Vater war es. Nicht, weil er viel gelesen hatte, aber er lebte selbst in dieser Realität. Das ist der Grund, warum dieses Gespräch mir ein solches Gefühl der Demut vermittelte. Ich musste meinen Vater als Autorität anerkennen, als den, der wirklich weiß, wie die Realität aussieht – und als den, der mir sagte, dass meine Vorstellung von der Wirklichkeit nicht richtig war.

Diese Demut war für mich sehr befreiend. Es war damals schon so, als wäre ich wie Truman auf der anderen Seite der Wand angelangt – zumindest was dieses Thema betraf. Ich sah die Realität jetzt mit den Augen meines Vaters.

Einige Tage später sprach ich mit meinen Freunden wieder über Mädchen. Einer der Jungs erzählte Blödsinn, das wusste ich jetzt ja, also fing ich an, zu erklären, wie die Realität wirklich aussieht. Als ich meine Ausführungen beendet hatte, starrten mich alle an.

„Wie kannst du das so genau wissen?", fragten sie.

„Mein Vater hat es mir erklärt", antwortete ich, „und der weiß es!"

Ich weiß bis heute nicht, ob alle Jungs meinen Erklärungen

Glauben schenkten. Wahrscheinlich dachten einige, dass ich ja nur die Realität meines Vaters kannte und dass die Realität ihrer Väter unter Umständen anders war. Vielleicht dachten sie, dass jedes Kind bestimmt anders zustande kommt, dass es für jedes Kind einen anderen Weg gibt, geboren zu werden, und dass die Geschichte mit dem Storch auch nicht außer Acht gelassen werden sollte.

Noch heute reagieren meine Freunde so – zwar nicht mehr beim Thema „Sex und Empfängnis", aber beim Thema „Gott und Erschaffung der Menschen". Sie glauben weiterhin an die Storchengeschichte über den Anfang der Welt und den Anfang der Menschheit. Und wenn ich ihnen meine Erkenntnisse über die Realität präsentiere, werfen sie mir vor, arrogant zu sein. Sie verstehen bis heute nicht, dass ich nicht arrogant bin, sondern zutiefst demütig, weil das Wissen um die Existenz eines Schöpfergottes mich auf die Knie zwingt. Ich muss eine Autorität anerkennen, die größer ist als meine eigene.

Demut, die befreit

Demut fällt uns Menschen ausgesprochen schwer. Aber ich denke, dass Demut die erste und grundsätzliche Eigenschaft eines jeden Christen sein sollte. Durch einen Mangel an Demut wurden die ersten Menschen, so die Bibel, zu Rebellen gegen Gott. Und durch Demut nehmen wir unseren wahren Platz im Universum wieder ein. Auch wenn es paradox klingt: Demut befreit, weil ich mich als den akzeptiere, der ich bin: ein Mensch, dessen Verständnis Grenzen gesetzt sind. Demut befreit, weil ich das Gottsein wirklich Gott überlasse. Ich weiß, dass ich als Mensch großartige Gedanken entfalten und zu den klügsten Schlussfolgerungen gelangen kann. Aber es gibt eine Sphäre über meinem Bewusstsein eine Sphäre, die mein Verstehen übersteigt. Ich muss mir lediglich bewusst sein, dass die Wahrheit meinen Horizont übersteigt und dass sie mir von einem verlässlichen Gott offenbart wurde. Ich muss nicht alles verstehen. Ihm, der das Universum erschaffen hat und der in unser Universum hineingedrungen ist, ihm kann ich vertrauen!

Das schafft Demut! Und Demut ist befreiend!

Mein Blick auf die andere Seite der Wand

Ich habe also akzeptiert, dass auf der anderen Seite der Wand jemand existiert, den ich lange Zeit nicht kannte – auch wenn ich ihn erahnte, weil sich meine Seele nach ihm sehnte. Ich kam zu der Erkenntnis, dass es auf der Seite der Wand, die mir lange unbekannt war, einen Schöpfergott gibt. Und dieser Schöpfergott weist mir meinen Platz zu: als Geschöpf! Der deutsche Journalist Peter Hahne beschreibt diesen Sachverhalt mit den folgenden Worten: „Die wichtigste Unterscheidung, die der Glaube macht, ist nämlich die zwischen Gott und Mensch. Wenn der Glaube von Gott spricht, meint er den Schöpfer. Und damit weist er dem Menschen seinen Platz zu: als Geschöpf. Das hat fundamentale Wirkung für alle gesellschaftlichen Bezüge."[6] So war es auch in meinem Fall. Es war, als hätte mir jemand die Augen geöffnet, damit ich die zahllosen Facetten meiner Umwelt erkennen kann! Ich habe gelernt, jede Person und jedes Detail der Schöpfung zu schätzen. Ich habe durch verschiedene Türen Blicke geworfen, Türen, die meine Augen für die größere Realität öffneten.

▶▶ Auch wenn es noch so paradox klingt: Demut befreit, weil ich mich als den akzeptiere, der ich bin: ein Mensch, dessen Verständnis Grenzen gesetzt sind. Demut befreit, weil ich das Gottsein wirklich Gott überlasse.

Tür Nr. 1: **Ich lernte mich selbst zu schätzen**
Ich habe erkannt, dass Gott der Schöpfer ist. Und ich bin weder Unfall noch Zufall, sondern ein Kunstwerk aus Gottes Hand.

Es ist schön, zu entdecken, dass man ein unendlich wertvoller Schatz ist, den man ein Leben lang bewundern kann. Die Menschen in der Bibel tun das ebenfalls: „Ich danke dir dafür, dass du mich so wunderbar und einzigartig gemacht hast! Großartig ist alles, was du geschaffen hast - das erkenne ich!", schreibt der Dichter im Alten Testament (Psalm 139,14). Oder: „Was ist da schon der Mensch, dass du an ihn denkst? Wie klein und unbedeutend ist er, und doch kümmerst du dich um ihn. Ja, du hast ihm eine hohe Stellung gegeben [...]. Mit Ruhm und Ehre hast du ihn gekrönt", schreibt er an anderer Stelle (Psalm 8,5.6). Als Geschöpf Gottes kann ich vor dem Spiegel stehen und mich bewundern! Gott tut ja ebenfalls nichts anderes!

Vor einiger Zeit ermahnte mich meine jüngste Tochter sehr eindringlich, als wir im Kreise der Familie am Esstisch saßen. Ich erzählte von meinem Tag, brachte aber so einiges durcheinander. Irgendwann ergab die ganze Geschichte keinen Sinn mehr und ich war böse mit mir selbst.

▶▶ **Jedes Mal, wenn ich schlecht über mich rede, beleidige ich im Grunde meinen Schöpfer – weil ich sein Abbild bin. Ich bin ein wertvolles Kunstwerk seiner Kreativität!**

„Ich bin ja so doof", sagte ich laut.

Meine Tochter reagierte sofort: „Daddy, hör auf, dich so schlechtzumachen! Meine Freunde sagen nämlich, dass ich dir sehr ähnlich bin!"

Damit brachte sie die Sache auf den Punkt. Ich dachte sofort an mein Verhältnis zu dem großen Schöpfergott. Da ist es genauso: Ich wurde nach seinem Ebenbild erschaffen. Und jedes Mal, wenn ich schlecht über mich rede, beleidige ich im Grunde meinen Schöpfer – weil ich sein Abbild bin. Ich bin ein wertvolles Kunstwerk seiner Kreativität!

Mir wurde bewusst, dass ich mich nur dann wirklich selbst erkenne, wenn ich mich im Bild des großen kreativen Schöpfers sehe. Durch ihn habe ich Wert und Würde! Das heißt aber auch, dass mein Wert und meine Würde nicht von mir selbst abhängen. Nicht mein subjektives Empfinden von Attraktivität, meine akademischen Leistungen oder meine Popularität sind entscheidend, sondern meine Herkunft. Gleichgültig, was andere mir antun oder von mir denken – das ändert nichts an meiner Würde und meinem Wert, weil ich meinen Schöpfer widerspiegele. Und er freut sich so sehr, wenn ich mich entsprechend betrachte und behandele!

Tür Nr. 2: Ich lernte die Natur zu schätzen

Die nächste Tür, durch die ich ging, eröffnete mir einen weiteren Blick auf die Schöpfung Gottes. Ob wir nun die mit Schnee bedeckten Alpen betrachten oder das tosende Meer, ob gelbe Rapsflächen oder das Trillern der Vögel am Morgen – überall sehen wir den Glanz von Gottes herrlicher Majestät. Es ist wie mit der Perle in einer Muschel. Ich finde eine Muschel, von der ich meine, dass keine Perle drin ist. Also lasse ich sie liegen, weil die langweilige Hülle nutzlos ist. Wüsste ich aber, dass eine Perle darin ist, würde ich mir die Zeit nehmen, die Muschel zu öffnen und dann die glänzend weiße Perle zu bestaunen.

▶▶ **Jeder Teil der Natur, auch der kleinste, trägt eine Perle in sich. Irgendwo offenbaren sich mir immer die Kreativität, die Herrlichkeit und die Macht Gottes.**

Jeder Teil der Natur, auch der kleinste, trägt eine Perle in sich. Irgendwo offenbaren sich mir immer die Kreativität, die Herrlichkeit und die Macht Gottes. „Der Himmel verkündet Gottes Größe und Hoheit, das Firmament bezeugt seine großen Schöpfungstaten", schreibt der Dichter im Alten Testament (Psalm 19,2). Der Meister selbst hat jedem seiner Kunstwerke seinen Stempel aufgedrückt.

Gott als Schöpfer gibt auch unserer Arbeit Sinn. Arbeit ist etwas, das Gott uns Menschen gegeben hat, um seine Schöpfung zu kultivieren, um sie zu erhalten, zu genießen, von ihr zu profitieren. Das gibt jedem Beruf Würde. Ob ich Politiker bin, Reinigungskraft, Arzt, Mutter, Musiker, Elektriker oder Lehrer – in jedem Job geht es darum, die Majestät und Kreativität Gottes in der Schöpfung und in seinen Geschöpfen zu bewahren, zu gestalten, auszudrücken oder wiederherzustellen.

Wenn ich an einen Schöpfergott glaube, lerne ich nicht nur, die Schöpfung zu schätzen. Ich bemerke dann auch, dass mein Job mehr Bedeutung hat als das Geld, das er mir einbringt.

Tür Nr. 3: Ich lernte jeden Menschen als das Wertvollste der ganzen Schöpfung zu schätzen

Ich habe mir neulich den Schöpfungsbericht in der Bibel angeschaut und musste dabei über das staunen, was in den ersten Versen geschrieben steht! Dabei wird das meiste nur einmal beschrieben: wie Licht und Finsternis entsteht, wie Wasser, Erde, Pflanzen, Tiere. Aber die Schöpfung des Menschen wird zweimal erklärt. Warum? Weil der Mensch der wertvollste und wunderbarste Teil der Schöpfung ist, ihre Krönung!

Neben dem Menschen gibt es so vieles andere im Universum, das mich täglich zum Staunen bringt. Ich liebe zum Beispiel das Meer. Ich könnte stundenlang die Wellen anschauen, wie sie in einem bestimmten Rhythmus an den Strand rollen. Auch habe ich schon ganze Schwärme von Delfinen bewundert, die in Bögen durch die Luft springen und wieder ins Wasser eintauchen. Ich habe in den Bergen Adler beobachtet und mit offenem Mund vor tosenden Wasserfällen gestanden. Ich habe die Farben eines Sonnenuntergangs betrachtet und gelernt, dass Orange und Pink durchaus gut zusammenpassen können. Aber nichts ist so bewundernswert wie ein Mensch.

▶▶ **Ich als Mensch bin ganz anders als alles andere in der Schöpfung. Ich bin die Krönung, das Beste, das Gott sich ausgedacht hat!**

Ich als Mensch bin ganz anders als alles andere in der Schöpfung. Ich bin die Krönung, das Beste, das Gott sich ausgedacht hat!

Und das gilt auch für die Menschen, die ich nicht leiden kann. Jeden Tag komme ich mit Personen in Kontakt, an denen mir das eine oder andere missfällt: Sie sind zu laut, zu leise, zu kritisch, zu empfindlich, zu respektlos, zu mutlos, zu arrogant oder zu hochmütig. Es scheint, als würde ich meine eigenen Macken schnell vergessen und andere verurteilen, als wären sie weniger Mensch als ich – als wären sie eine weniger wertvolle Krönung der Schöpfung als ich. Dass wir ausnahmslos alle das Beste sind, was Gott sich ausgedacht hat, ist eine Wahrheit, die sämtliche Vorurteile in uns zerstören muss.

Tür Nr. 4: Ich lernte jeden Teil der menschlichen Entwicklung zu schätzen

Es war an einem Wochenende, als ich Uli und Linda gemeinsam mit ihren Kindern Tobias und Andrea kennenlernte. Ich war zu Besuch bei ihnen in München. Mit Tobias konnte man sich gut unterhalten, mit Andrea war das anders. Sie war zwanzig Jahre alt, hatte aber aufgrund ihrer geistigen Behinderung die Reife einer Siebenjährigen. Der Umgang mit ihr war anstrengender als mit den anderen Familienmitgliedern, manchmal lustig, manchmal auch peinlich. Mir fiel schnell auf, wie liebevoll Uli und Linda mit ihrer Tochter umgingen. Sie wurde genauso respektiert wie ihr Bruder Tobias. Das Mädchen durfte an jedem Tag ihres Lebens die Würde erfahren, die Gott ihr verliehen hatte.

Dieses Wochenende wurde für mich zu einem Sprungbrett in tiefere Überlegungen über den Wert des Menschen. Auf der Heimfahrt musste ich an die Zeit des Nationalsozialismus denken, als Behinderte, Juden, Alte und Homosexuelle für unwürdig und wertlos erklärt und schließlich hingerichtet wurden. Bei diesen Gedanken zog sich mein Herz zusammen, und ich stellte mir die Frage, ob viele Menschen in Deutschland immer noch eine ähnliche Haltung vertraten und ob sich vielleicht nur die Opfer verändert hatten. Ich dachte an Schwarze und Weiße in Nordamerika, Südafrika und Simbabwe, an Schwule und Lesben, an ungeborenes Leben, das manchmal scheinbar willkürlich aus dem Mutterleib gesaugt wird, und an alte Menschen, die in Pflegeheime abgeschoben werden, als wären Würde und Wert gleichbedeutend mit Nützlichkeit für die Gesellschaft.

Ich glaube, diese Tür ist eine der wichtigsten, durch die ich bislang meinen Blick geworfen habe.

Tür Nr. 5: **Ich lernte das andere Geschlecht zu schätzen**

Wahrscheinlich freut sich vor allem meine ältere Schwester darüber, dass ich diese Tür öffnete, denn sie war lange Zeit diejenige, die am meisten unter meiner Verachtung des weiblichen Geschlechts zu leiden hatte. In meiner Kindheit zeigte ich ihr meine vermeintliche Überlegenheit dadurch, dass ich permanent an ihrem Zopf zog. Das nervte sie so richtig, was mich natürlich nur noch mehr motivierte, sie auf diese Weise zu ärgern.

Als ich siebzehn war, hörte ich endlich auf. Zumindest meiner älteren Schwester gegenüber. Ich grabschte ihr damals an den Hintern und fing mir dafür eine saftige Ohrfeige ein mit dem Vermerk, dass ich nie wieder eine Frau derart anfassen solle. Das saß. Ich lachte, aber in Wahrheit schämte ich mich. Tief in meinem Herzen wusste ich, dass ich gerade ihrer weiblichen Würde begegnet war.

Diese Ahnung, dass mein Geschlecht und auch das andere eine von Gott geschenkte Würde haben, wurde mir vor einigen Jahren in der Bibel bestätigt. Ich las folgenden Satz: „So schuf Gott den Menschen als sein Ebenbild, als Mann und Frau schuf er sie" (1. Mose 1,27). Zwei Geschlechter, um eine göttliche Persönlichkeit auszudrücken! Als ich weiterlas, erkannte ich, dass Gott etwas klarstellt: Beide Geschlechter – Mann und Frau – sind völlig gleichwertig; aber sie sind nicht immer gleichartig. Weil beide vom selben Schöpfer stammen, gibt es viele Ähnlichkeiten. Aber es gibt auch mysteriöse Unterschiedlichkeiten. Diese Differenziertheit beschreibt jedoch keine Minderwertigkeit des einen oder anderen Geschlechts. Im Gegenteil! Gott drückt sein Wesen einfach durch Mann *und* Frau aus. So bekomme ich durch beide Geschlechter zusammen einen Gesamteindruck von Gottes vielseitiger Persönlichkeit.

Ich finde das richtig toll. Nach meiner Heirat hörte ich auf, von meiner Frau zu erwarten, dass sie genauso reagiert oder denkt wie ich. Ich fand nicht nur Verständnis dafür, dass mir einige Aspekte ihrer Weiblichkeit für immer unverständlich bleiben werden. Ich fand auch die Freiheit, ein echter Mann zu sein. Meine Frau begann nämlich auch, meine mysteriösen Seiten zu akzeptieren.

Ich als Mann denke, dass die Frauen definitiv das schönere Geschlecht sind! Und ich weiß sie jetzt zu respektieren und zu ehren, während ich Gott in Demut ganz leise dafür danke, dass ich ein Mann bin.

Mein Ausstieg und das Ende einer Show

Lange Zeit kam es mir so vor, als hätte ein finsterer Regisseur meinen Lebenslauf in der Hand, der mich durch viele wirre Stimmen und Orkane dazu bringen wollte, die Freiheit meines Gefängnisses zu genießen. Aber gleichgültig, wie lange man es „Freiheit" nennt – am Ende ist ein Gefängnis immer noch ein Gefängnis. Zu viele Scheinwerfer waren vor meine Füße gefallen und hatten mich über viele Mini-Entscheidungen zu einer Überzeugung gelangen lassen: Meine vermeintliche Realität war nur eine Illusion!

Ich will an dieser Stelle ganz ehrlich sein: Als ich die Show verließ, bescherte mir das auch Verluste und Schmerzen. Freunde sagten mir, dass ich nicht mehr ihr Freund sein würde. Doch meine Sehnsucht nach Realität trieb mich voran. Ich stieg die Treppe hinauf und verabschiedete mich von der alten Welt. Ich griff nach der Türklinke und merkte, dass die Tür schon offen stand. Jemand hatte sie von der anderen Seite geöffnet. Ich ging – langsam und etwas zögerlich – hindurch. Im ersten

Moment war es sehr dunkel. Doch dann wurde es plötzlich hell! Meine Augen mussten sich erst einmal an das Licht gewöhnen und dann vernahm ich einen Jubelschrei. Es war mein Schöpfer. Er stand neben dem Lichtschalter.

„Mein geliebtes Kind", rief er, „ich habe die ganze Zeit auf dich gewartet! Ich habe dir die Tür aufgemacht. Herzlich willkommen in der Realität!" Er rannte zu mir, nahm mich in seine Arme und küsste mich.

Ich war aus der Show ausgestiegen. Und ich war zu Hause angekommen.

Guten Tag, guten Abend und gute Nacht.

Kapitel 2

 # Gott ist Jesus

„Ich heiße George und mir ist Jesus begegnet!"

> *„Denn Gott hat die Menschen so sehr geliebt, dass er seinen einzigen Sohn für sie hergab. Jeder, der an ihn glaubt, wird nicht zugrunde gehen, sondern das ewige Leben haben. Gott hat nämlich seinen Sohn nicht zu den Menschen gesandt, um über sie Gericht zu halten, sondern um sie zu retten."*
>
> **Johannes**
> (Er war nicht nur ein Nachfolger von Jesus, sondern auch sein bester Freund; Johannesevangelium 3,16–17)

George sah seinen Deutschlehrer zum ersten Mal völlig ratlos. Er war Engländer, vor Kurzem aber nach Deutschland versetzt worden und musste nun im Rahmen des Volkshochschulkurses „Deutsch als Fremdsprache" diese Sprache lernen, in der die Ausnahmen die Regel zu sein schienen.

Aber an diesem Mittwochabend wusste sein Lehrer Norbert Schulze offensichtlich wirklich nicht, wie er *das* erklären sollte. Der Deutsche leitete seit vielen Jahren diese Sprachkurse und hatte schon viele interessante Fragen mit ihnen besprochen. Diese hier überforderte ihn jedoch. Und auch George stolperte über die Frage, die auf einmal im Raum stand.

Es war Weihnachtszeit, und eine Studentin aus der Ukraine hatte Herrn Schulze gefragt, was das Wort „Advent" bedeute. Aber der Lehrer zuckte nur mit den Schultern und entgegnete:

„Ich habe das Wort oft gehört, gesehen, sogar verwendet, aber ich kann Ihnen ehrlich nicht sagen, was es bedeutet."

Eine andere Teilnehmerin des Kurses hob ihre Hand und gab in ihrem noch gebrochenen Deutsch eine Antwort: „Ich glaube, ich kann helfen. Ich habe vor einigen Jahren erfahren, was dieses lateinische Wort bedeutet. ‚Advent' bedeutet ‚Ankunft'. Weihnachten ist das Fest, wo wir Christen das Kommen Gottes in diese Welt feiern. Gott ist in der Person Jesus in die Welt gekommen, um durch sein Leben und Sterben und Auferstehen alles zu verändern. Deswegen feiern wir Weihnachten, weil das Kommen Gottes in die Welt uns die Hoffnung gibt, dass sich wirklich alles verändern wird."

George war froh, als die Frau ihre Ausführungen beendet hatte. Er wollte mit dieser ganzen frommen Geschichte nichts zu tun haben. Die Worte dieser Türkin hatten ihn ziemlich genervt. Er war auch überrascht, dass Herr Schulze einen solchen Monolog überhaupt zugelassen hatte. Allerdings schienen viele der anderen Kursteilnehmer über diesen thematischen Schlenker erfreut gewesen zu sein. Die ganze Klasse wurde auf einmal lebendig. Ein Mann aus Algerien fragte den Lehrer, ob dieser Christ sei. Er nahm an, dass alle Deutschen Christen seien, und es hatte ihn ganz offensichtlich erstaunt, dass der Lehrer auf diese Frage nach dem Advent keine Antwort hatte.

▶▶ „Gott, evangelisch, katholisch, Kirche, Weihnachten – das alles sind für mich böhmische Dörfer. Religion spielt in meinem Leben einfach keine Rolle."

Auch jetzt stammelte der Lehrer nur vor sich hin und sagte schließlich: „Ich bin wahrscheinlich Christ, aber eigentlich bin ich nichts."

Das konnte sein algerischer Schüler nicht verstehen. „Aber sind Sie evangelisch oder katholisch?"

Herr Schulze dachte kurz nach. „Ich bin evangelisch getauft, hatte katholische Freunde und wurde als Teenager evangelisch konfirmiert. Seitdem ist mir Religion egal."

„Aber was bedeutet ‚katholisch' und was heißt ‚evanglisch'?", erkundigte Adrian sich mit seinem unverwechselbaren rumänischen Akzent.

„Nein, ‚evangelisch'", korrigierte der Algerier ihn.

„Na, gut, dann ‚evangelisch'", wiederholte Adrian genervt.

Der Lehrer versuchte, wieder etwas Ruhe in den Kurs zu bringen. „Wisst ihr, ich kenne mich da wirklich nicht gut aus. Gott, evangelisch, katholisch, Kirche, Weihnachten – das alles sind für mich böhmische Dörfer. Religion spielt in meinem Leben einfach keine Rolle."

Mit diesem Satz war der Schlenker beendet und die Unterrichtsstunde ging weiter.

Nach dem Unterricht umringten einige Studenten die Frau, die das Wort „Advent" erklärt hatte. Es war Merjem aus der Türkei. Die anderen Studenten wollten wissen, warum eine Türkin nicht Muslimin sei, sondern an diesen Jesus glaubte.

Der Mann aus Algerien war sehr aufgebracht: „Wie kannst du den Islam verraten!?"

Das war der Augenblick, in dem George die Flucht ergriff. Er hatte wirklich keine Lust auf einen albernen Streit über Religionen. Außerdem war es bei ihm nicht anders als bei Herrn Schulze: Religion spielte in seinem Leben keine Rolle. Ja, vielleicht gab es einen Gott. Aber zu viele Menschen hatten George mit ihrer Heuchelei bewiesen, dass Religiosität mehr mit Selbstrechtfertigung, Arroganz und elitärem Gehabe zu tun hatte als mit Authentizität. Und damit wollte er nun wirklich nichts zu tun haben.

▶▶ Vielleicht gab es einen Gott. Aber zu viele Menschen hatten George mit ihrer Heuchelei bewiesen, dass Religiosität mehr mit Selbstrechtfertigung, Arroganz und elitärem Gehabe zu tun hatte als mit Authentizität.

Am nächsten Tag saß George wieder im Unterricht. Der Algerier war nicht da und Merjem hatte blaue Flecken am Arm. Jemand erzählte in der Pause, dass der Algerier am Vortag noch handgreiflich geworden und deshalb von der Schule verwiesen worden sei. Das machte George wütend: „Wieso regen sich die Leute wegen Religion so auf?! Wieso fangen Menschen wegen Glaubensdingen Kriege an und töten Unschuldige – und das alles im Namen irgendeines Gottes?!"

An diesem Tag traf George eine auf den ersten Blick unwesentliche Entscheidung, die aber sein Leben für immer verändern sollte: Weil er nach dem Unterricht sehr müde war, beschloss er, mit dem Bus nach Hause zu fahren.

Er saß ziemlich weit hinten im Bus. Plötzlich bemerkte er, dass Merjem, die Türkin, vorne im Bus saß. George fiel auf, dass sie eigentlich sehr hübsch war. Sie wirkte ziemlich entspannt und hatte immer ein Lächeln auf den Lippen. Der Brite bewunderte gerade ihre schwarzen Haare, als ein alter Mann in den Bus einstieg. Der Mann konnte kaum laufen und seine Hände zitterten. Da der Bus bis auf den letzten Platz gefüllt war, würde er stehen müssen. Doch George beobachtete, wie Merjem, ohne zu zögern, aufstand, sich in den Gang quetschte und dem Mann mit einer freundlichen Geste ihren Sitzplatz überließ. Der Mann setzte sich stumm auf Merjems Platz und würdigte die Türkin keines Blickes.

George kam das seltsam vor. Warum tat Merjem so etwas?

Etwas Ruhiges und Friedvolles wurde in diesem Moment in Georges Herz gepflanzt. Für ihn begann eine neue Reise.

Eine Christin aus der Türkei?

Weihnachten kam und ging. Dann war Silvester. Jedes Jahr die gleiche Routine. Feiern, Geschenke und Besuche bei der Verwandtschaft.

Was George in dieser Zeit wirklich nicht erwartet hatte, war eine Begegnung mit Merjem. Er war am ersten Samstag des neuen Jahres ins Kino gegangen. Nach dem Film gönnte er sich noch eine Currywurst und ein Bier und stieg dann in den Bus. Und da saß sie: die schöne Türkin mit ihren leuchtenden dunklen Augen. Der Platz neben ihr war frei.

„Hi Merjem, darf ich mich zu dir setzen?" George wusste nicht, warum, aber Merjem schien froh zu sein, ihn zu sehen. Die beiden tauschten sich darüber aus, was sich in den vergangenen Wochen in ihrem Leben ereignet hatte. Aber kurz bevor George aussteigen musste, nahm das Gespräch eine interessante Wende.

„Merjem, darf ich dir eine persönliche Frage stellen?"

Die junge Türkin lächelte und antwortete freundlich: „Ja, bitte."

„Ich weiß, man redet nicht über Religion, das ist ja was sehr Privates. Aber wie kommt es, dass du Christin bist? Leute aus der Türkei sind doch eigentlich Muslime."

„Ja, die meisten Leute in der Türkei sind Muslime, das stimmt. Aber wusstest du, dass die Türkei das Land ist, von dem aus die christliche Botschaft in den Westen kam?"

„Was?", stammelte George sichtlich überrascht. „Das Christentum ist doch eine westliche Religion!"

Merjem lächelte weiter. „Eigentlich nicht. Die Wiege des Christentums liegt im heutigen Irak."

„Im Irak?" Das Erstaunen des Engländers wuchs.

„Abraham, auf den sowohl Muslime als auch Juden und Christen ihre Religion zurückführen, lebte so um 1.900 vor Christus im heutigen Irak."

„Komisch", erwiderte George, „wie kommt es denn, dass drei große Religionen auf dieselbe Person zurückzuführen sind? War der multigläubig oder was?"

Doch Merjem lachte nur. George war sehr beeindruckt, wie locker sie über diese Dinge reden konnte, während der Rest der Welt sie zum Anlass nahm, einen Krieg anzufangen.

„Die Juden führen sich auf Isaak zurück, den zweiten Sohn von Abraham, der von seiner Frau Sarah geboren wurde. Die

49

Muslime beziehen sich auf Ismael, den ersten Sohn von Abraham, der von einer Magd Abrahams geboren wurde."

„Hm. Und wo sehen sich die Christen? Stammen sie auch von Abraham ab?"

„Ja, sie führen sich letztlich auch auf Isaak zurück. Jesus war ein Nachkomme von Abraham und Isaak. Jesus war Jude, der in einem Ort namens Bethlehem in Israel vermutlich so um 4 vor Christus geboren wurde. Er behauptete, der Retter für die Menschheit zu sein, den Gott selbst gesandt hatte. Jesus kam also auf diese Welt – das haben wir übrigens an Weihnachten gefeiert – und behauptete, der Retter zu sein. Die Juden lehnten Jesus aber ab und sagten, dass er nicht der Messias sein könne. Sie warten also noch heute auf den Messias. Wir Christen hingegen glauben, dass Jesus wirklich der Retter ist."

„Und von was errettet er uns?"

„Von unserer tiefen Trennung von Gott, unserem Schöpfer", entgegnete die junge Frau.

George war verdutzt. „Das glaubst du allen Ernstes?", hakte er nach.

„Ja, seit einigen Jahren bin ich überzeugt, dass der Islam, mit dem ich aufgewachsen bin, nur die Hälfte der Wahrheit beinhaltet und dass wir in der Person Jesus die ganze Wahrheit finden."

George war neugierig geworden. „Sag mal, ist es nicht gefährlich, sich in der Türkei zum Christentum zu bekennen?"

„Oh ja, das ist es wirklich", erklärte Merjem. „Der beste Freund meines Onkels wurde im vergangenen Jahr ermordet, weil einige fanatische Muslime aus seinem Heimatort herausfanden, dass er zur christlichen Gemeinde in Smyrna gehört."

„Smyrna?"

„Ja, Smyrna. Das ist der Ort in der Türkei, der auch in der Bibel erwähnt wird. Paulus brachte im ersten Jahrhundert die christliche Botschaft nach Smyrna. Seitdem gibt es dort eine Gemeinde von Christen. Vor zehn Jahren besuchte ich meine

Verwandtschaft dort zum ersten Mal. Meine Tante erzählte mir damals viel von Jesus – von diesem einfachen, aber sehr gelehrten Mann. Er ist in Israel aufgewachsen und hat später in der ganzen Gegend Menschen geheilt. Und er hat ihnen ihre Vergehen gegen Gott vergeben und ihnen gesagt, wie man die Beziehung zu Gott wiederherstellen kann. Dieser Jesus wurde letztlich an ein Kreuz genagelt und getötet, aber drei Tage später war er wieder lebendig. Das feiern wir Christen übrigens an Ostern ..."

„Moment mal –" George kam nicht mehr mit. „Hast du wirklich gesagt, dass er den Menschen ihre Vergehen gegen Gott vergeben hat? Warum konnte er so etwas tun? War er ein Priester oder so was?"

„Priester sind ja auch nur Menschen", entgegnete Merjem, „sie können uns unsere Schuld nicht vergeben. Deshalb waren die Priester zur Zeit Jesu ja so sauer auf ihn! Eben weil er behauptete, dass er Schuld vergeben könne. Die Priester waren damals nämlich der festen Überzeugung, dass nur Gott das tun kann."

„Ja, genau!", warf George ein. „Wie bitte kann ein Mensch Schuld vergeben?"

Merjem zögerte einen Augenblick, bevor sie schließlich antwortete: „Er kann nur dann Schuld vergeben, wenn er selbst Gott ist."

„Du glaubst also wirklich, dass Jesus Gott war?"

„Ja", antwortete Merjem, und es schien, als würde in ihrem Herzen die Sonne aufgehen, „für mich war das damals schwer zu schlucken. Im Islam glaubt man ja, dass Jesus ein guter Prophet war, aber nicht, dass er als Sohn Gottes Gott selbst ist. Man glaubt einfach, dass er als Sohn Josefs ein ganz normaler Mensch war. Ich habe sieben Jahre darüber gegrübelt! Ich hab heimlich in der Bibel gelesen und bin letztlich zu der Überzeugung gekommen: Jesus war und ist Gottes Sohn!"

„Warte mal", bat George und überlegte einen Moment,

„Christen glauben doch auch, dass dieser Jesus der Sohn Gottes ist. Wenn Gott ein Geist ist, wie kann er dann einen Sohn haben? Und wenn Jesus der Sohn von Gott ist, dann kann er ja nicht Gott selbst sein. Vielleicht ähnlich wie Gott, aber doch nicht identisch mit ihm! Da muss man doch dem Islam recht geben, oder?"

Merjem schien diese Art von Fragen schon häufiger gehört zu haben: „Wenn die Verfasser der Bibel erklären, dass Jesus der ‚Sohn Gottes' ist, tun sie das nicht, um damit zu sagen, dass Jesus irgendwann als Sohn Gottes erschaffen wurde. Damit ist gemeint, dass Jesus die vollkommene Gottheit in sich trägt, also vollkommen Gott ist. Trotzdem ist er eine eigenständige Person. Deshalb sagt die Bibel, dass Jesus der Sohn Gottes ist – und gleichzeitig Gott."

George war etwas verwirrt. „Ich kann verstehen, warum die Leute lieber beim Islam bleiben. Das hört sich einfacher an ...!"

„Vielleicht hast du recht", entgegnete Merjem, „darum hat es ja auch bei mir so lange gedauert, bis ich das alles in meinem Kopf sortiert hatte. Eigentlich, das muss ich zugeben, kann ich das Ganze auch nicht völlig verstehen. Wie will man Gott auch verstehen?!"

„Dann glaubst du also, dass Jesus Gott ist? Warum glaubst du überhaupt an Jesus?", wollte George nun wissen.

▶▶ „Ich glaube, es ist diese Freundlichkeit in Jesus, die mein Herz erobert hat."

„Ich hab mich in ihn verliebt. Wie eine Braut und ein Bräutigam! Vor einigen Jahren saß ich im Flugzeug neben einer alten Inderin, die traditionelle Muslimin war. Irgendwie kamen wir auf Religionen zu sprechen, und ich habe sie einfach mal gefragt, was sie über den christlichen Glauben denkt. Weißt du, was sie geantwortet hat? ‚Mohammed war ein Krieger, Jesus war freundlich.' Diese Antwort ging mir lange im Kopf herum. Und in meinem Herzen. Ich glaube, es ist diese Freundlichkeit in Jesus, die mein Herz erobert hat."

Das klang für den jungen Engländer etwas zu sentimental: „Aber du bist so normal und intelligent!" Erst im Nachhinein wurde ihm klar, dass diese Aussage sie unter Umständen verletzt haben könnte ... „Wie kannst du aus dem Islam aussteigen, dich damit in Gefahr bringen – und das alles nur, weil du dich ganz emotional in diesen Jesus verknallt hast?! Wo bleibt denn nur dein gesunder Menschenverstand?"

Das war Anfang Januar gewesen.

Religion als Kuschelgefühl?

Eine Woche später saßen Merjem und George nach dem Deutschunterricht wieder gemeinsam im Bus. Da George ihr letztes Gespräch nicht aus dem Kopf ging, beschloss er, Merjem weiter mit Fragen zu löchern.

„Merjem, können wir uns noch ein bisschen über dieses Verliebtsein in Jesus unterhalten?" George war wirklich neugierig. Er hatte sich in den vergangenen Tagen schon gedanklich mit dem Thema auseinandergesetzt: „Ich habe im Internet nachgeforscht. Über Religionen und über das, was die Bibel über Gott sagt. Das Wort ‚Monotheismus' bedeutet, dass man an nur einen Gott glaubt. ‚Polytheismus' bedeutet, man glaubt, dass es mehrere Götter gibt." George war stolz auf seine Rechercheergebnisse.

„Jesus war ein Monotheist", fuhr er fort. „Er glaubte genauso wie alle anderen Juden, dass es nur einen Gott gibt. Die Bibel macht auch deutlich, dass es einen Gott gibt. Also, hier ist der Knackpunkt: Wenn die Juden alle Monotheisten waren und wenn Jesus selbst ein Jude war – wie können Christen dann behaupten, dass Jesus auch Gott ist, wenn es doch nur einen Gott gibt?"

Merjems Antwort kam wie aus der Pistole geschossen: „Das ist ja gerade das Krasse an Jesus! Er war davon überzeugt, dass es nur einen Gott gibt, und sagt dann so was wie: ‚Ich und der Vater sind eins.' Die Bibel erklärt uns auch, wie die Juden damals auf diese Aussage reagiert haben: Sie hielten sie für Gotteslästerung! Für sie war Jesus nur ein Mensch, der sich für Gott hielt. Das ging gar nicht! Weißt du, als ich mich damals zum ersten Mal mit dieser Sache beschäftigt habe, wollte ich unbedingt nur meinen Verstand gebrauchen – und genau darum hatte ich ja so große Probleme mit verschiedenen Texten in der Bibel! Jesus hat immer wieder gesagt, dass er Gott ist ... Auch im Alten Testament gibt es Aussagen, die auf einen Gott deuten, der in sich mehr ist als nur eine Person."

George dachte einige Augenblicke über das Gesagte nach. „Vorige Woche hast du gesagt, dass du dich in diesen Jesus verliebt hast. Das kommt mir so komisch vor! Ich habe was dagegen, wenn Religion nur auf Gefühlen basiert! Genau das ist doch der Grund für all die religiösen Auseinandersetzungen: Die Emotionen steigern sich, verwandeln sich dann in Arroganz und Fanatismus und brechen sich in Form von Gewalt Bahn. Warum kann man nicht an was glauben, ganz einfach, weil es einen Sinn ergibt und logisch ist – und dann diesen Glauben ruhig und friedvoll und vernünftig ausleben?" George war jetzt richtiggehend aufgebracht.

▶▶ „Ich habe mir die Fakten über Jesus angeschaut. Und ich muss einfach anerkennen, dass er mehr war als nur eine historische Person. Er ist wirklich Gott!"

Ganz gelassen entgegnete Merjem: „Genau so sehe ich das auch. Es geht um die Frage, was wahr ist, und nicht darum, welche Religion am besten zu mir passt oder mich glücklich macht. Sonst hätte ich ja auch beim Islam bleiben können! Jetzt will meine Familie nichts mehr mit mir zu tun haben – und das macht mich total unglücklich! Aber ich habe mir die Fakten über Jesus angeschaut. Und ich muss einfach anerkennen, dass er mehr war als nur eine historische Person. Er ist wirklich Gott! Und dass er als Gott auf diese Erde kam – als ‚Gott mit uns'. Um als Gott für uns zu sterben und durch seine Auferstehung von den Toten den Tod zu besiegen. Und uns sein Leben anzubieten."

George war verwirrt: „Fakten? Ich denke, du bist ein Nachfolger Jesu geworden, weil du dich in ihn verliebt hast?"

„Hab ich ja auch. Aber nicht, ohne meinen Verstand zu benutzen."

In diesem Moment hielt der Bus an Merjems Station an und sie musste aussteigen.

Jesus ist Gott?

Erst vier Tage später traf George Merjem wieder. Seine Gedanken drehten sich fast nur noch um diese Sache mit Jesus. Er konnte nicht anders, er musste Merjem erneut Fragen stellen. Nach dem Deutschkurs ging er auf sie zu: „Merjem, es gibt so viele Menschen, die sagen, dass jeder Glaube, der behauptet besser zu sein als ein anderer, von Natur aus falsch sein muss. Und das sehe ich genauso!"

Merjem lächelte wieder einmal. „Lass uns einen Kaffee trinken gehen, einverstanden?"

Die beiden gingen in ein Café und ließen sich gemütlich in die Sessel sinken.

George fing an: „Weißt du, Merjem, ich habe ein Problem mit diesem Jesus. Wie kann er behaupten, Gott zu sein? Ich habe ein ganz großes Problem mit einer Religion, die behauptet, dass sie der einzige Weg zu Gott sei. Das ist doch total intolerant! Du hast mir erzählt – na, gut, diese indische Frau hat das gesagt –, dass Jesus freundlich war und nicht ein Krieger wie Mohammed. Genau dieser Jesus hat aber auch gesagt, dass er der einzige Weg zu Gott sei. Und das ist doch alles andere als nett! Was ist denn mit den Menschen, die etwas anderes glauben? Verstehst du, was ich meine, Mer-

▶▶ „Ich habe ein ganz großes Problem mit einer Religion, die behauptet, dass sie der einzige Weg zu Gott sei. Das ist doch total intolerant!"

jem? Es ist doch total dumm zu glauben, dass Jesus Gott ist. Und noch schlimmer ist es, die Behauptung aufzustellen, er sei der einzige Weg zu Gott!"

George war sich sicher, dass Merjem jetzt in Erklärungsnot geraten musste. Seine Aussagen mussten sie doch überzeugen! Aber es war anders. Die ihm gegenüber sitzende junge Frau war nicht durcheinanderzubringen. Sie war ruhig wie immer.

„Du hast den Hammer auf – nein, es heißt, glaube ich, anders ... Du hast den Nagel auf den Kopf getroffen! Ich habe sieben Jahre lang mit diesem Problem gekämpft. Darum verstehe ich dich ja so gut! Ja, es ist falsch zu behaupten, dass ich durch meinen Glauben besser bin als Menschen, die etwas anderes glauben. Wenn Glaube ein Geschenk von Gott ist, dann gibt es absolut keinen Grund, warum ich mich für etwas Besseres halten und hochmütig sein sollte. Ich sollte mich eher demütig fühlen."

George verstand nicht, was sie meinte. „Demütig? Glaube ist doch etwas, das gut für einen ist. Davon sollte man zumindest überzeugt sein ..."

„Nicht ganz", entgegnete Merjem. „Du kannst dir die Fakten anschauen und zu einer Verstandesentscheidung kommen. Aber den christlichen Glauben kannst du nur erfahren, wenn Gott dir begegnet und dir eine echte Leidenschaft schenkt. Gott muss dir eine ganz große Liebe für Jesus schenken, damit du bereit bist, ihm nachzufolgen. Das ist Glaube! Er ist nicht nur eine Sache deines Verstandes, sondern eine Herzensangelegenheit – und die zeigt sich dann in deinem Lebensstil und in deinen Werten."

„Na ja ...", erwiderte George sehr nachdenklich. „Aber wie ist das, wenn Jesus behauptet, Gott zu sein? Das musst du doch rein verstandesmäßig von vornherein ablehnen! Da geb ich dem Islam recht und dem Buddhismus und den Juden, wenn sie sagen, dass Jesus bloß ein guter Prophet oder Lehrer war!"

Merjem kannte solche Diskussionen. Sie griff nach ihrer Handtasche und zog ein kleines Buch heraus. „Darf ich dir ein interessantes Buch zeigen? Der Autor war lange Zeit Atheist. Er war auch sehr intelligent, ein sehr gebildeter Mann, der in Oxford und Cambridge gelehrt und viele Bücher geschrieben hat und nach vielen Überlegungen zum Monotheisten wurde. Dieser Mann war sogar davon überzeugt, dass der eine Gott, den es gibt, als Mensch in die Welt kam – und dass Jesus dieser Gott ist. Der Mann heißt übrigens C. S. Lewis und sein Buch trägt auf Deutsch den Titel ‚Pardon, ich bin Christ‘. Hör mal, was Lewis schreibt!"

Merjem nahm das Buch zur Hand und fing an zu lesen: „„Ich möchte damit jedermann vor dem wirklich dummen Einwand bewahren, er sei zwar bereit, Jesus als großen Morallehrer anzuerkennen, nicht aber seinen Anspruch, Gott zu sein. Denn gerade das können wir nicht sagen. Ein bloßer Mensch, der solche Dinge sagen würde, wie Jesus sie gesagt hat, wäre kein großer Morallehrer. Er wäre entweder ein Irrer – oder der Satan in Person. Wir müssen uns deshalb entscheiden: Entweder war – und ist – dieser Mensch Gottes Sohn, oder er war ein Narr oder Schlimmeres. Wir können ihn als Geisteskranken einsperren, wir können ihn verachten oder als Dämon töten. Oder wir können ihm zu Füßen fallen und ihn Herr und Gott nennen. Aber wir können ihn nicht mit gönnerhafter Herablassung als einen großen Lehrer der Menschheit bezeichnen. Das war nie seine Absicht; diese Möglichkeit hat er uns nicht offen gelassen.""[1]

Die Auferstehung Jesu – unser Problem?

Merjem legte das Buch wieder zur Seite und blickte George an. Dieser dachte einen Augenblick nach, bevor er etwas entgegnete: „Gut, also die Behauptung, die die meisten Menschen –

und eigentlich alle Religionen außer der christlichen – machen, ist einfach falsch und ein Widerspruch in sich. Richtig? Aber wie bitte soll man denn für sich entscheiden, ob Jesus Narr, Lügner oder Gott war?"

„Für mich als Muslimin war das sehr schwer. Aber das eine, das für mich alles bestätigt, ist die Tatsache der Auferstehung Jesu."

George verstand nicht, was sie meinte. „Wie meinst du das – ,die Tatsache der Auferstehung Jesu'?"

Als Merjem wieder zu neuen Ausführungen ansetzte, hörte George sehr geduldig und interessiert zu. Er klebte förmlich an ihren Lippen.

Merjem erzählte, wie ihr vor einigen Jahren klargeworden war, dass Jesus vom Tod auferstanden sein musste – weil sonst das ganze Christentum eine Lüge wäre. Und sie begründete ihre Auffassung auch: „Weißt du, George, Jesus selbst hat zu einer trauernden Frau namens Martha gesagt, er würde ihren Bruder wieder lebendig machen, weil er selbst ,die Auferstehung und das Leben' ist."

▶▶ „Wenn Jesus nicht von den Toten auferstanden ist, dann hat *er* ein Problem. Wenn Jesus aber von den Toten auferstanden ist, dann haben *wir* ein Problem!"

Merjem nannte George mehrere Aussagen von Jesus, in denen er Personen Dinge versprach, die eigentlich nur Gott versprechen konnte – zum Beispiel, dass er ihre Schuld vergeben könne, dass er ewiges Leben schenken könne und eben auch, dass er der einzige Weg zu Gott sei.

Georges Kopf schwirrte irgendwann von all diesen wahnsinnigen Behauptungen, die Jesus offenbar gemacht hatte. Aber Merjem war noch nicht am Ende angelangt. Im Gegenteil. Der nächste Satz schoss wie ein Pfeil in sein Herz hinein: „Wenn Jesus nicht von den Toten auferstanden ist, dann hat *er* ein Problem. Wenn Jesus aber von den Toten auferstanden ist, dann haben *wir* ein Problem!"

Völlig entrüstet hakte George nach: „Was meinst du damit?"

Irgendwie fühlte er, dass das Gespräch an einem wichtigen Punkt angekommen war.

„Wenn Jesus nicht von den Toten auferstanden ist, dann kann alles, was er vor seinem Tod behauptet hat, nicht wahr sein. Er kann dann nicht die ‚Auferstehung für die Toten' sein. Er kann dann kein ewiges Leben schenken. Er kann nicht die Quelle der Liebe sein für ein leeres menschliches Herz. Und er kann auch nicht der einzige Weg zu Gott sein. Dann hat er – so wie Lewis es treffend ausgedrückt hat – das Problem, dass er entweder ein großer Lügner ist oder ein Irrer. Und dann sollten wir alle Kirchengebäude der Welt abreißen, denn sie wären im Grunde nur Denkmäler des größten Irrtums, den es je gegeben hat!"

Die sonst so ruhige Frau war auf einmal richtig leidenschaftlich. Für George war das schön anzusehen, obwohl er sich nicht vorstellen konnte, dass jemand alle Kirchengebäude zerstören würde. Aber wenn es wirklich alles nur eine Lüge wäre? Dann hätte Merjem recht.

George fragte weiter: „Und wieso haben *wir* das Problem, wenn Jesus wirklich von den Toten auferstanden ist?", wollte er wissen.

„Na ja", begann Merjem, „das würde dann ja bedeuten, dass alles, was er über sich gesagt hat, wahr sein muss. Das wiederum bedeutet, dass alle Menschen auf dieser Welt auf dem Holzweg sind, wenn sie nicht so denken wie er, und dass sie etwas Falsches glauben, wenn sie nicht an ihn glauben. Mohammed ist nicht vom Tod auferstanden, Buddha auch nicht, Mose und die Propheten ebenfalls nicht. Sie alle hätten vieles *über* Wahrheit sagen können, was sie ja auch getan haben. Aber nur einer *ist* die Wahrheit selbst: Jesus – der eine, der von den Toten auferstanden ist."

„Wenn das so klar ist, warum sehen das dann so viele Menschen anders?", fragte George gewohnt kritisch.

Merjem sah auf einmal traurig aus. Das Lächeln war aus ihrem Gesicht verschwunden, aber die Leidenschaft war noch da: „Das weiß ich auch nicht, George. Es gibt in der Welt viele Millionen Menschen, die an die Auferstehung Jesu glauben. Warum die vielen anderen es nicht tun – ich weiß es nicht. Viele *wollen* einfach nicht daran glauben, weil das weitreichende Konsequenzen für ihr Leben hätte. Kann ich gut verstehen ...! Andere wollen nicht an solchen ‚religiösen Kram' glauben, weil sie es, wie sie meinen, nicht wissenschaftlich beweisen können. Aber es gibt auch viele Menschen – leider –, die von der Auferstehung Jesu noch gar nichts gehört haben! Viele meiner Landsleute in der Türkei zum Beispiel."

▶▶ „Viele wollen einfach nicht daran glauben, weil das weitreichende Konsequenzen für ihr Leben hätte."

„Aber, Merjem, wie kannst du sicher sein, dass Jesus wirklich vom Tod zurückkam? Also, ich kann die Menschen, die auf wissenschaftlichen Beweisen bestehen, ganz gut verstehen!"

Jetzt war George leidenschaftlich bei der Sache. Aber Merjem begann, viele unterschiedliche Indizien aufzuzählen, die die Auferstehung Jesu belegen sollten.

George war erstaunt zu hören, dass viele Aspekte des Berichts über das leere Grab ziemlich deutlich auf eine tatsächliche körperliche Auferstehung Jesu hindeuteten. Er hatte das Gefühl, als würde sein Kopf jetzt rauchen. Er fühlte sich überwältigt von den leidenschaftlichen Argumenten der hübschen Türkin und würde einige Tage brauchen, um alles zu verdauen.

Was wäre, wenn Jesus wirklich gestorben und von den Toten zurückgekehrt ist?, dachte er bei sich – und er dachte an das Problem, das er dann haben würde.

Jesus – der einzige Weg zu Gott?

Dieses Mal kam Merjem nach dem Deutschunterricht auf George zu. „Hey, George, weißt du eigentlich, dass heute fast eine Milliarde Menschen auf der ganzen Welt Jesus nachfolgen?

Ganz normale, vernünftig denkende Menschen! Auch berühmte und sehr gebildete! Und das alles, weil sie davon überzeugt sind, dass Jesus wirklich von den Toten auferstanden ist!"

Der Eifer der jungen Türkin war ungebrochen.

George war da zurückhaltender: „Du glaubst also wirklich, dass der christliche Glaube nicht nur irgendein Posten auf der spirituellen Speisekarte ist, sondern die einzige wahre Möglichkeit – und alles nur, weil Jesus von den Toten auferstanden ist?!"

„Genau!" Merjem strahlte. „Und das glaube nicht nur ich! Sogar die Verfasser des Neuen Testaments glauben das! Sie gründen ihre gesamte Spiritualität auf die Auferstehung Jesu. In einem Buch, das man als Apostelgeschichte bezeichnet, fällt das total auf: Die Nachfolger Jesu wiesen immer auf seine Auferstehung hin. Dieses Ereignis war das Fundament für die Glaubwürdigkeit des gesamten christlichen Glaubens!" Merjem zog ihre Bibel aus der Tasche und begann, darin zu blättern: „Hier, der Apostel Paulus schreibt an die Gemeinde in Korinth: ‚Wäre aber Christus nicht auferstanden, so hätte unsere ganze Predigt keinen Sinn, und euer Glaube hätte keine Grundlage ... Wenn aber Christus nicht von den Toten auferweckt wurde, ist euer Glaube nichts als Selbstbetrug ... Wenn der Glaube an Christus uns nur für dieses Leben Hoffnung gibt, sind wir die bedauernswertesten unter allen Menschen.'"

George war beeindruckt. „Du glaubst also wegen der Auferstehung Jesu, dass er eigentlich Gott ist?"

„Ich glaube es, weil mein Herz so tief berührt ist – das überzeugt mich! Ich glaube, es ist Gott selbst, der mich in meinem tiefsten Inneren angesprochen hat. Und ich habe dann Jesus mein Leben anvertraut. Das war für mich nicht nur eine Kopfsache wegen all dieser Fakten und all dieser historischen Belege. Es ist viel mehr!

▶▶ „Die Entscheidung für Jesus war für mich nicht nur eine Kopfsache wegen all dieser Fakten und all dieser historischen Belege. Es ist viel mehr! Es ist eine Entscheidung, die alle Bereiche meines Lebens umfasst!"

Es ist eine Entscheidung, die alle Bereiche meines Lebens umfasst!"

Merjem wurde wieder sehr leidenschaftlich. Das gefiel George und er hörte gespannt weiter zu. „Bei dieser Entscheidung öffnet man sein Herz und bittet den auferstandenen Jesus, hinein in das Wohnzimmer der eigenen Seele zu kommen und von dort aus zu regieren. Da Jesus wirklich von den Toten auferstanden ist, ist alles, was er lehrte, wahr, alle seine Behauptungen sind wahr. Er ist wirklich Gott in Menschengestalt! Er ist der einzige Weg zu Gott. So wie er es behauptet hat. Und wer vom Tod aufersteht, dessen Behauptungen kann man doch ernst nehmen, oder?!"

Das ging George zu schnell. Er warf ein: „Warte mal, Merjem! Jetzt hast du einen großen Sprung gemacht! Jesus – der einzige Weg zu Gott? Wie kannst du nur wegen seiner Auferstehung so was sagen? Da komm ich nicht mit ...!"

Merjem blickte George in die Augen. „Die Auferstehung Jesu war kein isoliertes Ereignis. Sie steht doch in Bezug zu all den anderen Behauptungen, die er aufgestellt hat. Derselbe Mann, der Sachen gesagt hat wie: ‚Ich bin die Auferstehung und ich bin das Leben' oder: ‚Dir sind deine Sünden vergeben' hat eben auch gesagt: ‚Ich bin der Weg, ich bin die Wahrheit und ich bin das Leben! Ohne mich kann niemand zum Vater kommen.' Die Tatsache, dass er tatsächlich von den Toten auferstanden ist, bestätigt, dass man seine Aussagen durchaus ernst nehmen darf – weil Wahrheit drinsteckt. Und noch was anderes bestätigt die Auferstehung: Sein Tod am Kreuz kann für uns wirklich das tun, was Jesus behauptet hat: dass Jesus als Mensch und Gott zugleich zwischen Mensch und Gott vermittelt, dass er durch seinen Tod am Kreuz für unsere Schuld geradesteht und damit den Weg für dich und mich freigemacht hat. Dank Jesus können wir wieder eine Beziehung zu Gott haben!"

George wurde langsam müde. „Na, und?", sagte er.

Das schürte Merjems Leidenschaft noch mehr: „Oh Mann, niemand anderes hat jemals behauptet, Gott zu sein – nur Jesus! Niemand anderes hat sich für deine Schuld dem Tod überlassen – nur Jesus! Und niemand anderes ist vom Tod auferstanden – nur Jesus! Deshalb ist es doch logisch, dass Jesus behauptet, er sei der einzige Weg zu Gott!"

„Logisch???" George schrie fast. Er war wieder hellwach.

▸▸ „Viele Menschen wollten Götter werden, aber nur ein Gott wurde Mensch! Viele können den Menschen geistliche Prinzipien lehren, aber nur einer kann die Menschen auch tatsächlich retten."

„Ja, logisch! Aus dieser Perspektive betrachtet ist es nämlich selbstverständlich, dass Jesus der einzige Weg zu Gott ist – meinst du nicht auch? Niemand anderes war je Gott und Mensch zugleich. Viele Menschen wollten Götter werden, aber nur ein Gott wurde Mensch! Viele können den Menschen geistliche Prinzipien lehren, aber nur einer kann die Menschen auch tatsächlich retten."

George dachte nach, aber es fiel ihm zusehends schwerer, Merjems Gedankengängen zu folgen.

„Und", fuhr die junge Frau fort, „es ist auch gut für die ganze Menschheit, wenn wir darauf bestehen und bekennen, dass Jesus der einzige Weg zu Gott ist."

„Waaas?" Georges Entsetzen war groß. „Hast du gesagt, es ist gut zu behaupten, dass Jesus der einzige Weg zu Gott ist?" Das konnte George überhaupt nicht verstehen. Er hatte ein völlig anderes Verständnis von Toleranz, und er war sehr eifrig darauf bedacht, dieses Verständnis zu verteidigen „Ich denke eher, dass es ein echter Skandal ist. Und intolerant! Und überhaupt nicht nett all denen gegenüber, die was anderes glauben!"

Aber dann eröffnete ihm Merjem eine Perspektive, die er bislang noch nie zuvor berücksichtigt hatte.

Sie erklärte: „*Alle* Religionen machen exklusive Behauptungen. Das ist für euch Leute aus dem Westen schwer zu verstehen. Ihr seid so von dieser pluralistischen Denkart geprägt!

Ihr merkt gar nicht mehr, wie sehr die Religionen dieser Welt eurem Denken widersprechen! Ihr sagt, dass alle Religionen wahr seien. Aber die Religionen selbst behaupten das Gegenteil! Sie alle behaupten, dass sie die einzig wahren seien. Und pluralistisches Denken in Sachen Religion kommt für sie gar nicht infrage. Jede große Weltreligion nimmt doch für sich in Anspruch, sie propagiere die Wahrheit und man müsse ihrer Wahrheit glauben, um auf dem Weg des Heils zu sein."

George musste gestehen, dass er so etwas schon immer geahnt hatte. Irgendwie war es ja auch seltsam, dass diese pluralistische Sichtweise recht haben sollte – wie war es möglich, dass man selbst an widersprüchliche Dinge glauben konnte. Der exklusive Wahrheitsanspruch schien da schon sinnvoller und logischer zu sein – wenngleich auch wesentlich schwieriger. Und beides zusammen ging ja nun gar nicht.

Er beschloss nachzuhaken: „Bedeutet das, dass du als Muslimin geglaubt hast, dass du der einzig wahren Religion der Welt angehört hast? Und jetzt als Christin glaubst du, dass dieser Jesus das einzig Wahre in Sachen Religion ist?"

Merjem antwortete nachdenklich: „Hm, so einfach ist das nicht. Ich würde es nicht so ausdrücken. Als Muslimin dachte ich, dass ich mit dem Islam die Wahrheit habe und dass alle anderen Religionen nicht die Wahrheit vertreten. Ich habe geglaubt – wie übrigens alle Muslime –, dass Jesus tatsächlich einmal gelebt hat und ein guter Prophet war. Aber als ich dann bei meiner Tante in der Bibel las, erfuhr ich, was Jesus immer wieder behauptet hat: ‚Ich bin Gott.‘ Und damit fing für mich eine Reise an! Nach und nach gelangte ich zu der Überzeugung, dass alle Religionen Teile der Wahrheit enthalten. Aber nur in Jesus ist die Wahrheit vollkommen. Ich sehe das Ganze so: Andere Religionen sind wie Schilder, die uns sagen, dass wir nicht stehenbleiben dürfen, sondern weitergehen müssen, weil wir noch nicht am Ziel der Reise angekommen sind."

„Aber wie kannst du behaupten, dass man Menschen wirklich offen sagen solle, dass Jesus der *einzige* Weg zu Gott ist?" George blieb skeptisch.

„Es gibt verschiedene Dinge, von denen ich da ausgehe. Jesus hat zum Beispiel diese Behauptung selbst aufgestellt. Und wenn Jesus wirklich gut war – was ich glaube –, dann behauptet er nichts, das für uns schlecht ist. Außerdem tut Jesus für uns Menschen mehr, als alle anderen Religionsstifter jemals für uns tun könnten! Jesus macht uns nicht nur zu besseren Menschen – er macht uns wirklich frei! Er ist ja der Einzige, der am Kreuz die Tür geöffnet hat, durch die wir hindurchgehen können – raus aus unserer Gefangenschaft in der Selbstsucht hinein in seine Kraft und Gnade. Jesus hilft uns nicht nur, besser zu leben. Er geht an den Kern – an unser Herz – und verändert unsere Sehnsüchte und Motivationen und alles, was uns von innen her antreibt. Und genau das bewegt mich ja so sehr!

Im Gegensatz zu meinem muslimischen Glauben geht Jesus außergewöhnlich liebevoll mit uns Menschen um – gerade mit denen, die ihn ablehnen. Er hat ja seine Nachfolger auch gelehrt, dass sie in seinem Namen ihre Feinde lieben sollen, dass sie für sie beten und ihnen Gutes tun sollen. Er hat uns befohlen, auf die Knie zu gehen und den Menschen anderer Religionen zu dienen. Und das ist doch weder intolerant noch unfreundlich, es ist total liebevoll! Wenn wir davon überzeugt sind, dass Jesus tatsächlich immer die Wahrheit gesprochen hat und wirklich Gott ist, wenn wir von seinen Taten und Worten berührt sind, dann erklären wir demütig, warum wir etwas anderes glauben und warum Jesus der einzige Weg zu Gott ist. Und dann gehen wir den Menschen mit offenen Armen entgegen – egal, woher sie kommen und welcher Religion sie angehören!", sprudelte es weiter aus Merjem heraus.

▶▶ „Er hat ja seine Nachfolger auch gelehrt, dass sie in seinem Namen ihre Feinde lieben sollen, dass sie für sie beten und ihnen Gutes tun sollen. Und das ist doch weder intolerant noch unfreundlich."

George war überrascht: „Mit offenen Armen?", fragte er nach.

„Ja, mit offenen Armen! Genau das berührt mich ja an Jesus so: seine offenen Arme. Niemand hat eine so umfassende Einladung ausgesprochen wie Jesus. Er lädt alle Menschen ein – auch die, die ihn hassen. Alle sollen zu ihm kommen. Er lädt Menschen ein, die ganz schlimme Dinge getan haben, die Vertreter der untersten Schichten, die Unberührbaren, Menschen mit HIV, Leute ohne Perspektive, Arme, Reiche, Orientierungslose – weil er Orientierung geben will. Jesus öffnet seine Arme und will alle Menschen einschließen. Seine Arme sind so weit ausgestreckt, wie sie es auch am Kreuz schon waren. Und wenn Menschen zu ihm kommen – so wie ich es getan habe –, dann verurteilt er sie nicht. Er deutet dann auf die Narben an seinen Händen. Sie sind der Beweis dafür, dass er unsere Schuld und unsere Verurteilung auf sich genommen hat. Dann umarmt er jeden! Und er macht frei, ihm nachzufolgen und ewiges Leben in der Gegenwart Gottes zu genießen."

George war ganz ruhig geworden. „Und deshalb hast du gesagt, dass es gut und richtig ist zu behaupten, dass Jesus der einzige Weg zu Gott ist?"

„Ja", antwortete Merjem. Dann war sie still. Nach einigen Sekunden Denkpause fragte sie: „Siehst du das anders?"

George musste überlegen. „Ich weiß nicht." Mehr konnte er in diesem Augenblick wirklich nicht sagen.

Kapitel 3

Gott ist Jesus

„Ich heiße George und ich geh mit Gott durchs Leben!"

> *„Herr, zu wem sollten wir denn gehen? [...] Nur deine Worte schenken ewiges Leben. Wir glauben und haben erkannt, dass du von Gott kommst und zu Gott gehörst."*
>
> **Petrus**
> (Er war nicht nur ein Nachfolger von Jesus, sondern auch ein enger Freund; Johannesevangelium 6,68–69)

Georges Reise hatte vor drei Jahren völlig unvermittelt im Deutschkurs an der Volkshochschule begonnen. Die Türkin Merjem und ihre Leidenschaft für ihren Glauben hatten ihn begeistert. Und seither begeistern George ganz andere Dinge. Vieles hat sich verändert. Und alles drehte sich irgendwie um Jesus.

Wenn man George heute auf der Straße begegnet, würde er nicht sonderlich auffallen. Er ist ein ganz normaler Typ. Er hat einen tollen Job, ist erfolgreich, hört gerne die exzentrische Musik von *Pink Floyd*, liest die Werke von Dostojewski und gönnt sich zu Hause gerne mal eine Flasche Bier.

George hat sich nicht zu einem Vertreter der christlichen Subkultur entwickelt. Er ist – wenn man das so sagen darf – ganz normal geblieben. Wenn er heute jemandem erzählt, dass er Christ ist, dann tut er das nicht, weil er Pastor oder supergeistlich wäre. Er ist einfach „nur" Computerfachmann, der mit beiden Beinen auf dem Boden steht und sich wie jeder Mann morgens um seine Barthaare kümmern muss.

Er hätte sich selbst vor vier Jahren nicht vorstellen können, dass sein Leben sich so entwickeln würde. Seine Mutter beklagt sich noch immer darüber, weil sie und ihr Mann den Sohn immer vor Religiosität beschützen wollten. Aber ihr Atheismus hat den Kürzeren gezogen. Jesus drang durch den Stacheldrahtzaun, der Georges Herz umgab, obwohl am Zaun ein Schild hing, auf dem in großen Lettern stand: „Zutritt verboten".

▶▶ **Jesus ist durch den Stacheldrahtzaun gedrungen, der Georges Herz umgab, obwohl am Zaun ein Schild hing, auf dem in großen Lettern stand: „Zutritt verboten".**

Am Deutschunterricht nimmt George schon lange nicht mehr teil – er ist der deutschen Sprache mittlerweile mächtig. Aber den Deutschlehrer Norbert Schulze, in dessen Kurs die Reise von George damals begonnen hat, trifft er regelmäßig im Café an der Börse. Nicht, dass sie es planen würden. Sie trinken dort einfach beide gerne Kaffee und genießen kurze Auszeiten vom hektischen Alltag.

Und dieser Deutschlehrer, der vor Jahren noch keine Ahnung hatte von dieser fremden Welt um Gott, evangelisch, katholisch, Kirche und Weihnachten – er lernt nun von George, welche Rolle Jesus auch in seinem Leben spielen könnte.

Von Jesus überzeugt – egal, was andere sagen

Nichts kann die gute Stimmung auf einer Party so schnell verderben wie die Erwähnung des Namens Jesus! Die einen bringt er zum Jubeln, die anderen zum Spotten. Die einen sind bereit, für ihn in den Tod zu gehen, andere wollen ihn töten.

Norbert war etwas irritiert. In letzter Zeit war er etlichen Personen begegnet, die diesen Jesus unwahrscheinlich ernst nahmen. Warum verspürten diese Leute denn bloß das unheimliche Bedürfnis, auch alle anderen an ihrem Interesse für diesen kontroversen Menschen teilhaben zu lassen?

Beim nächsten Treffen im Café an der Börse nahm Norbert seinen Mut zusammen und beschloss nachzufragen.

„George, wie kannst du so von diesem Jesus überzeugt sein, egal, was andere über ihn sagen? Du warst doch selbst einmal ein hundertprozentiger Skeptiker!"

„Ach, weißt du, Norbert, in meinem Leben hat sich so vieles getan! Ich hab Jesus kennengelernt und ich habe viel, sehr viel gelesen. Ich lese immer noch viel, weil es mir wichtig ist, dass mein Glaube auch auf einem guten Fundament steht."

Diese Antwort gefiel Norbert, der für Gefühlsduselei nicht viel übrig hatte. Er war froh, dass George weitersprach.

„Norbert, in Deutschland ist es seit gut 150 Jahren üblich, den Jesus der Bibel mit einem ausgesprochen skeptischen Blick zu beäugen. Aber es gibt Ausnahmen! Namhafte deutsche Professoren für Theologie haben die Glaubwürdigkeit der Berichte von Matthäus, Markus, Lukas und Johannes bestätigt. Es gibt tatsächlich Wissenschaftler, die in ihren Werken betonen, dass die Existenz Jesu historisch verbürgt ist und dass auch viel für die Auferstehung spricht! Ich lese gerade einen Artikel von Rainer Riesner, einem Neutestamentler an der Universität Dortmund. Er schreibt Folgendes über den Jesus der Bibel: ‚Er ist wahrer Mensch und wahrer Gott. Das ist der Glaube der christlichen Kirche, das ist mein Glaube.' Ich finde das bemerkenswert! Über die Auferstehung und das leere Grab schreibt er Folgendes: ‚Die Auferstehung Jesu war ein einmaliges geschichtliches Ereignis. Das kann man nicht wiederholen wie ein naturwissenschaftliches Experiment. Jesus wurde von Menschen, deren Namen wir zum Teil kennen, mit ihren Augen gesehen und sogar mit ihren Händen betastet. Ein stummer, aber hartnäckiger Zeuge gegen ein rein geistiges Verständnis der Auferstehung ist das leere Felsengrab Jesu.'[1]

▶▶ „Wie kannst du so von diesem Jesus überzeugt sein, egal, was andere über ihn sagen? Du warst doch selbst einmal ein hundertprozentiger Skeptiker!"

Solche Aussagen von theologischen Wissenschaftlern helfen mir, meinen Glauben besser – eben auch rational – zu verstehen. Find ich super!"

Norbert war überrascht, dass es Menschen außerhalb irgendeiner Kirche gab, die sich ernsthaft mit Gott und Jesus befassten – und zwar wissenschaftlich. Das war ihm neu.

George fuhr fort: „Weißt du, Norbert, Merjem hat mir damals viel erzählt. Ich habe gespannt zugehört, vieles hat mich völlig kalt erwischt. Es war manchmal ganz schön viel auf einmal ...! Und ich bin wirklich dankbar, dass solche Wissenschaftler mir auf die Sprünge helfen! Es gibt auch einen amerikanischen Autoren, Philip Yancey, der ein Buch geschrieben hat, das auf Deutsch den Titel trägt: ‚Der unbekannte Jesus'. Er hat mir dabei geholfen, nicht nur den Menschen Jesus zu bewundern, sondern ihn auch als meinen geliebten Herrn zu verehren. Yancey beschreibt in einer Passage das Leben des ehemaligen Hofpredigers der Harvard University, George Buttrick, dem häufig Studenten offenbarten, dass sie nicht an Gott glaubten. Buttrick gab dann immer eine entwaffnende Antwort, die ich super finde: ‚Sag mir, an welche Art von Gott du nicht glaubst. Ich glaube wahrscheinlich auch nicht an diesen Gott.' Und dann sprach er meist von Jesus als dem Korrektiv all unserer Annahmen. Immer wieder hinterfragte aber Philip Yancey auch sich selbst, warum er eigentlich Christ ist. Und weißt du, Norbert, was er antwortete? Es waren wohl zwei Gründe: Zum einen fehlten gute Alternativen. Zum anderen war es Jesus selbst, dieser hervorragende, ungezähmte, sanfte, kreative und demütige Mann. Jesus hält dem prüfenden Blick stand. ‚Er ist so', schreibt Yancey, ‚wie ich mir meinen Gott wünsche.'"[2]

Vor wenigen Jahren hatten George solche Ausführungen ins Nachdenken gebracht. Jetzt war er es, der andere ins Nachdenken brachte.

Norbert wollte mehr wissen. „Aber wer ist dieser Jesus überhaupt? Hat er tatsächlich mal gelebt?"

„Klar hat er mal gelebt. Es gibt historische Quellen aus dem 1. und 2. Jahrhundert, die ohne jeden Zweifel bestätigen, dass es Jesus gab und dass man eine Reihe von Dingen mit Gewissheit über ihn sagen kann. Zum Beispiel, dass der historische Jesus etwa im Jahre 4 vor unserer Zeitrechnung geboren wurde, dass er Jahre später ungefähr drei Jahre lang überall in Palästina unterwegs war und die Menschen nicht nur auf Gott hinwies, sondern eben auch auf sich selbst. Das ist das Einzigartige an Jesus: Weißt du, viele andere Religionsstifter deuten auf Gott, Jesus deutete auf sich selbst! Und damit deutete er wiederum auf Gott! Jesus ist auch der einzige Religionsstifter, der an einem Kreuz starb, so um 33 nach Christus. Er starb dort nicht als Märtyrer oder als Vorbild oder als Opfer einer Gewalttat – sondern mit voller Absicht als Vermittler zwischen Gott und Mensch. Damit wir Menschen wieder eine Beziehung zu Gott haben können. Drei Tage nach seinem Tod – so, wie er es vorausgesagt hatte! – wurde er wieder lebendig und zeigte sich über 500 Menschen persönlich, um auf diese Weise seine Göttlichkeit zu bestätigen! Und dann ist er als Auferstandener dorthin zurückgegangen, wo er ursprünglich herkam: in den Himmel, wo Gott ist, wo alles gerecht und perfekt ist, von wo aus Gott das Universum regiert und von wo aus Jesus als Herr über alles zurückkommen wird – ein zweites Mal, dann als siegender König. In diesem Augenblick wird er die ganze Schöpfung erneuern. Norbert, an diesen Jesus glauben Milliarden von Menschen – und ich bin einer von ihnen!"

George musste jetzt zurück in seine Firma, Norbert in den Unterricht – aber ihm brummte der Schädel. Er hatte das Gefühl, dass jetzt auch er sich auf eine Reise begeben hatte ...

Jesus vertrauen – egal, was es kostet

Es regnete in Strömen. Wie ein Wasserfall kam das Nass von oben, als Norbert ins Café stürmte und nach einem gemütlichen Platz Ausschau hielt. Er entdeckte George, der mit einem Laptop an einem Tischchen saß, und setzte sich zu ihm. Norbert hatte viel gegrübelt und war dankbar, jetzt mit George im Café zu sitzen und sich austauschen zu können.

„George, ich hab nachgedacht. Weißt du, eigentlich möchte ich ja glauben. Aber ich kann's nicht! Wie war das bei dir?"

George dachte einen Augenblick nach. Plötzlich erinnerte er sich an eine Geschichte, die Merjem ihm einmal erzählt hatte, damit er das Konzept „an Gott glauben" besser verstehen konnte.

„Merjem hat mir mal eine Geschichte erzählt. Die hat mir sehr geholfen, diese ganze Sache mit Gott und mir besser zu verstehen: Ein berühmter Seiltänzer besuchte einmal ein fernes Land. Dem König dieses Landes wurde berichtet, dass der Akrobat in der Nähe sei. Da er sich sehr für diese Kunst interessierte, entschloss sich der König, den berühmten Mann zu treffen und ihm persönlich zuzuschauen. Der Seiltänzer hatte sein Seil über einen tiefen Wasserfall gespannt und vor den bewundernden Augen des Königs ging er über das Seil auf die andere Seite des gefährlichen Wasserfalls und wieder zurück. Der König applaudierte begeistert. Dann nahm der Seiltänzer eine Schubkarre und lief über das Seil; die Schubkarre schob er dabei scheinbar mühelos vor sich her. Die königliche Gesellschaft bestaunte dies zutiefst. Schließlich verbeugte sich der Seiltänzer vor dem König und fragte: ‚Eure Majestät, glaubt Ihr, dass ich einen Sack Kartoffeln in der Schubkarre über das Seil hin- und wieder zurückschieben kann?' Der König antwortete zuversichtlich: ‚Ja, das glaube ich!' – ‚Glaubt Ihr auch, dass ich eine Person in der Schubkarre über den Wasserfall und zurückschieben kann?' – ‚Ja', sagte der König mit Gewissheit. Daraufhin meinte der Seiltänzer zum König: ‚Es wäre mir eine Ehre. Steigt bitte ein!' Der König war so überrascht, dass er nicht wusste, was er sagen sollte. Schließlich brachte er nur ein leises ‚Nein' heraus. Und genau hier liegt der große Unterschied: Der König legte gegenüber dem Seiltänzer zwar *Glauben* an den Tag, aber er hatte kein *Vertrauen* in den Seiltänzer.

Weißt du, Jesus hat uns aufgefordert, nicht einfach bloß verstandesmäßig an ihn zu *glauben*, sondern ihm zu *vertrauen*. Es gibt zwischen Gott und jedem Menschen eine tiefe Kluft. In jedem von uns findet darüber hinaus so eine Art Rebellion statt, etwas, das mit uns nicht stimmt und das uns von Gott trennt. Wie ein wilder Wasserfall wird diese Rebellion uns allmählich in den Abgrund der Sinnlosigkeit, der Verzweiflung oder der ewigen Trennung von Gott stürzen. Aber Jesus hat sein Seil über den Wasserfall gespannt! Er hat hier auf der Erde an deiner Stelle ein vollkommenes, fehlerfreies Leben geführt und so für deine Schuld bezahlt! Auf das Bild von dem Seiltänzer bezogen, würde das bedeuten, dass das Werk von Jesus das Seil ist und seine Liebe und Gnade für dich sind die Schubkarre – wenn du einsteigst, bringt Jesus dich in eine Beziehung zu Gott. Dazu gehört aber mehr, als nur zu glauben, dass er der Retter ist und dass er durch sein Leben und Sterben für dich all das Notwendige geleistet hat, was nötig war. Du musst *vertrauen*, musst dich ihm *anvertrauen* – oder um beim Bild zu bleiben: Du musst dich in seine Schubkarre setzen!"

▶▶ „Jesus hat uns aufgefordert, nicht einfach bloß verstandesmäßig an ihn zu *glauben*, sondern ihm zu *vertrauen*."

George erklärte weiter, dass in der christlichen Spiritualität „glauben" mit „aufnehmen" zu tun hat, so wie es Johannes in der Bibel schreibt: „Die ihn aber *aufnahmen* und an ihn *glaubten*, denen gab er das Recht, Kinder Gottes zu werden" (Johannes 1,12). Wenn man lediglich irgendwelche Fakten über Jesus glaubt, ohne ihn persönlich in sein Leben aufzunehmen, wird die Religion unpersönlich und sinnlos. Kirche mit Glauben an

Jesus, aber ohne Vertrauen in Jesus, ist tote Kirche. Alles verkommt zu einer Lehre ohne dynamische Substanz und wird langweilig. Kirche wird zu einer Institution ohne Leidenschaft und deshalb leblos. Religion wird zu einem Ritual ohne die Gegenwart Gottes und deshalb bedeutungslos.

▶▶ **Kirche mit Glauben an Jesus, aber ohne Vertrauen in Jesus, ist tote Kirche. Alles verkommt zu einer Lehre ohne dynamische Substanz und wird langweilig. Kirche wird zu einer Institution ohne Leidenschaft und deshalb leblos. Religion wird zu einem Ritual ohne die Gegenwart Gottes und deshalb bedeutungslos.**

„Norbert, meine Freunde wissen, dass ich Christ bin. Viele von ihnen können das nicht verstehen, weil sie sich einfach nicht von ihrem stereotypen Bild des Christentums lösen können. Wenn du aber wirklich glaubst, dann lässt du dich nicht von den Stereotypen dieser Welt aufhalten, sondern kämpfst dich vor zu Jesus selbst. Du willst ja ihn anschauen und durch und durch erforschen. Glaube heißt, Jesus persönlich und in deinem Inneren in die Arme zu nehmen, dich ihm persönlich anvertrauen, mit allem, was du bist und hast, dich ihm hingeben. Du steigst in seine Schubkarre ein und lässt dich von ihm über das Seil schieben, das er durch sein Leben und Sterben von einer Seite der Kluft bis zur anderen gespannt hat. Statt hilflos vor dem Abgrund zu stehen, gelangst du auf die andere Seite und in eine Beziehung zu dem allmächtigen Gott."

Norbert hatte jetzt das Gefühl, dass er kämpfen wollte. Und vertrauen. Gleichgültig, welche Konsequenzen dies nach sich zog. Er wollte wissen, wie es ist, als Christ zu leben. Aber er hatte noch so viele Fragen. Also führten sie das Gespräch fort. Am nächsten Tag bei Sonnenschein auf den Stühlen vor der Börse.

Bei Jesus bleiben – ob man ihn spürt oder nicht

„George, ich glaube, ich habe den Unterschied zwischen ‚glauben' und ‚vertrauen' verstanden. Aber Vertrauen ist für mich so eine Gefühlssache. Wie kann ich diesem Jesus denn vertrauen? Also, kann ich ihn – hm – fühlen oder so?"

George war von dieser Frage sichtlich überrascht. Für ihn war Norbert immer ein kühler Deutscher gewesen, der sich mit Emotionen eher schwertat. Und jetzt wollte Norbert wissen, wie es „so gefühlsmäßig" mit Jesus war?! George gab gerne seine Erfahrungen weiter.

„Norbert, Jesus ist eine Person, und weil er das ist, ist eine Beziehung eben genau das: eine Beziehung! Beziehungen sind und bleiben Beziehungen, auch wenn einer den anderen gerade nicht persönlich spürt oder erfährt. Und in keiner Beziehung kann es echtes Erleben geben, wenn nicht zuerst das Vertrauen da ist. Also, kurz gesagt, wenn du Jesus vertrauen kannst, dann wirst du ihn auch erleben – auch gefühlsmäßig!"

Norbert war skeptisch. „Das verstehe ich nur bedingt. Jesus ist doch gar nicht da! Beziehungen habe ich mit jemandem, der mir nahe steht – und der körperlich anwesend ist!"

„Ja, mir fiel es auch nicht leicht, das zu verstehen. Und daran hat sich eigentlich bis heute nichts geändert. Weißt du, ich bin ein Computerfreak – emotionale Ausbrüche sind nicht gerade meine Stärke. Ich hab's eher mit Details. Ich analysiere gern. Vier Monate nachdem ich mein Leben Jesus anvertraut hatte, merkte ich auf einmal, dass sich in meinem Leben noch gar nichts Dramatisches ereignet hatte. Ich hatte keine große Heilung erfahren, noch nicht mal eine kleine – ich bin ja kerngesund. Ich hatte auch keine psychischen Durchbrüche. Nichts! Irgendwie habe ich damals gedacht, dass ich immer noch der Alte bin und dass sich durch meine Entscheidung für Jesus nichts geändert hat. Das führte dazu, dass ich mir dann ehrlich die Frage gestellt habe, ob mit meinem Glauben auch alles in Ordnung ist, ob ich auch wirklich glaube – wenn ich nicht jeden Morgen voller Tatendrang und Freude wie ein junges Reh aus dem Bett springe, sondern stattdessen immer noch dem Kaffee entgegenkrieche. Ich hatte richtig große Zweifel ... Zum Glück stand ich damit nicht allein! Ich traf mich einmal zu einem Gespräch mit dem Pastor meiner Gemeinde in Frankfurt und der hat mir wirklich geholfen! Ich habe ihn einfach gefragt, warum ich nicht jeden Tag mit einem immensen Glücksgefühl durch die Welt schwebe, sondern mich so normal fühle.

Der Pastor hat mir das Ganze dann anhand eines Beispiels erklärt: Er spürt, dass seine Frau zu Hause ist, auch wenn er sie nicht sieht. Manchmal weiß er beispielsweise, dass sie am Computer sitzt, weil die Tastatur klappert. Er weiß, dass sie anwesend ist, weil die Atmosphäre entspannt und friedlich ist. Sie ist da, aber eben nicht in seinem direkten Blickfeld. Sie leben gemütlich, sogar total verliebt miteinander – auch wenn sie einige Räume voneinander entfernt sind. Sie ist die Frau meines Pastors, er ist ihr Liebhaber – auch wenn sie nicht nebeneinander sitzen oder aneinander denken.

Und so, hat er gesagt, lässt sich auch wahre Spiritualität beschreiben: Sie ist wie eine Beziehung! Wenn das direkte, spürbare Erlebnis mit Jesus fehlt, bedeutet das nicht, dass die Beziehung bedeutungslos geworden oder zerbrochen ist. Eine Beziehung zu Jesus zu haben bedeutet, dass man etwas mit ihm erleben wird, genauso wie die Beziehung des Pastors zu seiner Frau ihm die Erwartung erlaubt, dass sie tolle Dinge miteinander erleben werden. Man kann eine Beziehung zu jemandem haben, ohne gleich weltbewegende Erfahrungen zu machen, aber man kann keine wahren Erfahrungen machen, wenn nicht zuerst auch eine Beziehung da ist."

„Hmm, kannst du das vielleicht mal mit anderen Worten erklären?", unterbrach Norbert ihn.

„Es ist nicht nur gefährlich, sondern falsch zu erwarten,

dass eine Beziehung zu Jesus immer für Gefühlsaufwallungen oder geistliche Höhenflüge sorgen wird. Die Postmoderne, in der wir heute leben, gaukelt uns da leider etwas anderes vor: Sie ist eine Erlebniskultur. Aber unsere Beziehung zu Jesus müssen wir anders angehen. Da kommen wir mit postmoderner Kultur nicht weiter. Unsere Beziehung zu Jesus muss vom täglichen Vertrauen in seine Person geprägt sein. Sie darf nicht von einem dramatischen Erlebnis, einem emotionalen Hoch oder davon abhängig sein, dass Gott ständig Wunder vollbringt.

Versteh mich aber jetzt nicht falsch! Wenn du zu Jesus gehörst, wenn du tatsächlich eine Beziehung zu ihm hast, dann wirst du auch wirklich dramatische Dinge erleben! Du erlebst Wunder und von Zeit zu Zeit sind auch deine Gefühle völlig in Aufruhr – sogar bei Menschen wie dir und mir ist das so ... Aber es gibt auch Zeiten ohne großartige Dramatik, ohne Wunder oder das Gefühl, auf Wolke sieben zu schweben. Und weißt du was? Das ändert nichts daran, dass Jesus die Wahrheit ist, dass er dein Leben in seiner Hand hält. Auch in Enttäuschungen und in nicht erhörten Gebeten ist Jesus gegenwärtig. Er ist da! Darauf verlasse ich mich. Und du darfst dich auch darauf verlassen!"

Sich öffentlich zu Jesus bekennen – egal, was andere denken

Nun wollte Norbert es ganz genau wissen: „George, wie bist du eigentlich ganz konkret Christ geworden?"

George erklärte es, wie Merjem es ihm damals erklärt hatte: „Da gibt es diesen Vers in der Bibel, den ich auswendig gelernt habe: ‚Denn wenn du mit deinem Mund bekennst: ‚Jesus ist der Herr!', und wenn du von ganzem Herzen glaubst, dass Gott ihn von den Toten auferweckt hat, dann wirst du gerettet werden.

Wer also von Herzen glaubt, wird von Gott angenommen; und wer seinen Glauben auch bekennt, der findet Rettung' (Römer 10,9–10). Zum Christsein gehören im Grunde zwei Schritte, so hat Merjem es mir jedenfalls erklärt: Man kommt zunächst zu einer inneren Überzeugung und dann bekennt man es auch äußerlich."

„In Ordnung", sagte Norbert nachdenklich, „die Sache mit der Überzeugung kapiere ich. Das hast du mir ja schon anhand dieses Seiltänzerbeispiels erklärt. Aber was ist mit diesem ‚äußerlichen Bekennen' gemeint? Das hört sich ein bisschen fanatisch an. Religion ist doch Privatsache!"

Jetzt zeigte sich, dass ein Engländer in seltenen Fällen auch außerhalb eines Fußballstadions Leidenschaft an den Tag legen kann. Als hätte jemand Lügen über seinen Lieblingsspieler verbreitet, spannten sich die Muskeln in seinem Oberkörper an, er lehnte sich über den Tisch zu Norbert und sagte: „Eben nicht! Der heutige Säkularismus versucht, unsere Spiritualität aus der Öffentlichkeit zu verdrängen, als gäbe es keine absolute Wahrheit, keine Auferstehung Jesu. Als wäre Spiritualität etwas ganz Nebulöses! Als gäbe es Tausende von gleichwertigen Glaubensalternativen und man könne die nehmen, die einem am besten gefällt. Als wäre Spiritualität wie Parfüm – es gibt unendlich viele verschiedene Sorten und jede Frau kann das verwenden, das ihrem Geschmack entspricht. Doch diese Vorstellung ist schlicht und ergreifend falsch! Wenn wir mit offenen Augen durch die Welt gehen, merken wir, dass die Schöpfung uns überall zeigt: ‚Es gibt einen Schöpfer-Gott!' Und das leere Grab schreit uns regelrecht ins Ohr: ‚Die Auferstehung ist der Beweis dafür, dass Jesus Gott ist!' Christsein ist keine Religion, die man in seinem Kämmerlein praktiziert. Es sollte sich genauso öffentlich zeigen, wie Gott sich in der Person Jesu ganz öffentlich gezeigt hat. Deshalb gibt es eben kein echtes Christsein ohne die Bereitschaft, sein Christsein auch öffentlich zu bekennen."

„Und wie macht man das?", entgegnete Norbert ruhig lächelnd. Der leidenschaftliche Ausbruch seines Freundes amüsierte ihn.

„Jesus hat von der Taufe gesprochen. Sie ist das erste Zeichen, mit dem du bekennst, dass du zu Jesus gehörst."

„Oh nein!", unterbrach Norbert. „Ist die Taufe nicht diese heuchlerische Sache, bei der Eltern, die nie in die Kirche gehen, plötzlich ganz fromm tun und Versprechen machen, die sie niemals halten? Und dann schüttet ein Geistlicher etwas Wasser über einen weißgekleideten Säugling. Meine Eltern haben das ja auch mit mir gemacht. Aber eigentlich hatte es gar nichts mit unserem Leben zu tun! Ich verstehe bis heute nicht, was das damals sollte ...!"

„Ja, du hast recht", antwortete George. „Ehrlich gesagt, ich bin mir noch nicht ganz klar, was die Bibel über die Säuglingstaufe sagt. Ich weiß nur, dass es unter Theologen, die die Bibel ernst nehmen, unterschiedliche Meinungen gibt. Aber ich sehe es genauso wie du: In vielen Kirchen ist die Säuglingstaufe einfach ein bedeutungsloses Ritual. Ich meine aber eine ganz andere Taufe! In der Bibel wird es folgendermaßen erklärt: Wenn ein Erwachsener zum ersten Mal in seinem Leben von ganzem Herzen davon überzeugt ist, dass Jesus für ihn gestorben und auferstanden ist, und wenn er bereit ist, Jesus sein Leben anzuvertrauen, *dann* soll er sich taufen lassen. In meinem Fall hat zum Beispiel mein Pastor hier in Frankfurt mich vor der ganzen Gemeinde gefragt: ‚Bekennst du den gekreuzigten und auferstandenen Jesus als deinen Herrn, dass er allein Gott ist, und widmest du ihm dein ganzes Leben, und versprichst du, mit der Hilfe Gottes Jesus nachzufolgen und ihn – egal, was es kostet – vor der Welt zu bekennen?' Wow, ich sage dir, das war vielleicht ein Satz! Aber vor meiner ganzen Gemeinde sagte ich ja! ‚Ja, ich bekenne den gekreuzigten und auferstandenen Jesus als Gott und als meinen Herrn und mein Leben als sein Eigentum.' Dann hat der Pastor mich in diesem Becken untergetaucht. Komplett untergetaucht! Und er sagte: ‚Aufgrund deines Bekenntnisses taufe ich dich in diese Beziehung zu Jesus, im Namen des Vaters und des Sohnes und des Heiligen Geistes.'"

„Wie lange bist du unter Wasser geblieben?", fragte Norbert sehr ernst. „Und wenn du unter dem Wasser warst, wie hast du gewusst, was dein Pastor gesagt hat?"

George lachte so laut, dass die Leute an den Nebentischen ihnen irritierte Blicke zuwarfen. „Der Pastor hat mich rückwärts ins Wasser getaucht und danach hat er mich sofort wieder nach oben geholt. Er hat mir auch vorher gesagt, was er während der eigentlichen Taufe sagen würde. Weißt du, Norbert, die Bibel lehrt uns, dass das Untertauchen ein Zeichen ist. Ein Zeichen dafür, dass man sich total mit Jesus identifiziert. Man stirbt quasi mit Jesus und wird begraben – das ist die Symbolik dieses Untertauchens. Und dann taucht man wieder auf – weil man mit Jesus zu ewigem Leben aufersteht."

„Das hört sich ja richtig ernst an!"

„Ja, irgendwie ist es das auch. Aber es ist nur der Anfang. Die Taufe ist das erste äußerliche Bekenntnis vor der Welt. Es ist quasi die offizielle Einführung in ein neues Leben. Und von da an ist das äußerliche Bekennen des Glaubens eine tägliche Sache. Es geht nicht nur darum, wie man lebt, sondern auch, dass man sich auch traut, anderen zu sagen, wer man ist und an was man glaubt. In manchen Ländern kann das übrigens gefährlich werden. Ein Mann, der heute in unsere Frankfurter Gemeinde geht, war früher in seinem Heimatland Anführer einer radikal muslimischen Jugendbewegung. Dann lernte er Jesus kennen und beschloss, sein Leben zu ändern. Aber viele reagierten mit so viel Hass auf sein offenes Bekenntnis zu seinem neuen Glauben, dass er mit seiner Familie ins Ausland fliehen musste. Anderen ist die Flucht nicht gelungen und sie wurden umgebracht. Überall auf der Welt müssen Christen wegen ihres Bekenntnisses für Jesus sterben."

Norbert war plötzlich sehr nachdenklich geworden. George hielt inne, um seinem Freund die Gelegenheit zum Nachdenken zu geben.

„Das versteh ich nicht ganz, George. Ich habe vor Kurzem gelesen, dass etwa 70 Prozent der Deutschen behaupten, Christen zu sein. Aber wenn ich über das nachdenke, was du mir gerade erklärt hast, dann handelt es sich dabei nur um Lippenbekenntnisse, oder?"

„Ich weiß, was du meinst", erwiderte George. „In England ist das auch so. Ich denke, dass es irgendwann in Deutschland wieder trendy sein wird, zu behaupten, dass man Christ ist. Aber eigentlich meinen viele Menschen im Grunde etwas anderes. Sie wollen damit vielleicht einfach nur sagen, dass sie keine Muslime sind. Oder dass sie sich an die konservativen Werte halten, an die sich Deutsche seit Jahrhunderten halten. Oder sie wollen damit einfach sagen, dass sie ein moralisch einwandfreies Leben führen und nicht gewalttätig sind. Aber das ist alles etwas ganz anderes als das Leben mit Gott, von dem wir hier reden! Wo aus einer tiefen Herzensüberzeugung klar wird, wer Jesus ist und wie wunderbar er ist! Aus diesem Grund sagen wir doch: ‚Ich bin Christ, ich bin Nachfolger Jesu. Ich habe ihm mein Leben anvertraut, und ich versuche, mit seiner Kraft und seiner täglichen Vergebung seine Herrschaft in jedem Teil meines Lebens zuzulassen.'"

Wieder war Norbert ruhig. George merkte, dass sich seine Stimmung änderte. Vielleicht waren sie ja an einem wichtigen Scheidepunkt angelangt.

Anderen dienen – egal, was sie glauben

„George, ich finde all das, was du mir erklärt hast, sehr interessant. Dennoch gibt es eine ganze Reihe von Dingen, mit denen ich nicht einverstanden bin: die Kreuzzüge zum Beispiel. Oder die vielen Spaltungen in der Kirche. Oder der Papst! Wie kann er Protestanten aus der Kirche ausschließen? Das verstehe ich nicht. Nein, eigentlich ärgert es mich! Außerdem merke ich, dass viele Christen mit anderen alles andere als liebevoll umgehen. Aber das sollten sie doch, oder? Aber Jesus – das habe ich von dir gelernt – war doch freundlich! Das ist es ja gerade: Jesus war freundlich und er lehrte die Menschen zu lieben – anders, als die Welt es tut. Warum bist du denn überhaupt Christ geworden, wenn so viele Christen anderen so viel Schlimmes zufügen? Das verstehe ich nicht! Ein solcher Christ will ich nicht sein ...“

▶▶ „Ich bin wegen Jesus Christ geworden – nicht wegen anderen Christen.“

George war nachdenklich, fast traurig. Er musste Norbert zustimmen. „Norbert, ich bin wegen Jesus Christ geworden – nicht wegen anderen Christen.“

„Kannst du das bitte erklären?!“

„Klar. Ich folge Jesus nach – nicht der Kirche oder Menschen, die sich Christen nennen. Es geht um Jesus – nur um Jesus. Es geht um das, was er für mich ist und was er für mich – an meiner Stelle – getan hat! Es geht um seine Auferstehung! Die bestätigt doch, dass er Gott ist, Gottes Sohn und der Weg zu Gott. Es geht um seine Lehre, die wahr ist und gut. Sie ist die Richtlinie für mein Leben! Deshalb bin ich Christ. Weil ich Jesus liebe, und weil ich mich zu ihm bekenne, will ich mein Bestes geben – ihm zur Ehre! Ich will in seinem Namen anderen dienen! Ich will andere nicht verurteilen. Ich will meine Augen offenhalten und die Nöte anderer sehen. Und das ganz besonders, wenn sie etwas anderes glauben als ich.“

„Und warum?“

„Weil Jesus es mir vorgelebt hat! Es gibt so viele schlimme Beispiele – du hast sie ja eben selbst genannt. Ich bin trotzdem Christ geworden, weil es nämlich auch viele Christen gibt, die mir ein Vorbild sind. Ich habe schon viele Bücher von Christen gelesen, die sich aus Liebe für andere regelrecht aufgeopfert haben. Manche sogar bis zum Tod. Ich kenne Christen, die ihren muslimischen Nachbarn während des Fastenmonats die Wohnung putzen. Mein Freund Sigi zum Beispiel schaufelt für seinen muslimischen Nachbarn jeden Winter den Schnee vom Gehweg, damit der alte Achmed das nicht tun muss. Der Arme wohnt ganz allein und hat wirklich keine Kraft mehr, eine Schneeschippe über den Gehweg zu schieben ... Andere Religionen lehren, dass wir gute Taten vollbringen müssen, als könnten uns gute Taten Gott näher bringen. Aber Christen tun das alles nicht aus diesem Grund. Christen tun es, weil sie davon überzeugt sind, dass sie so Gottes Liebe weitergeben. So kommen Menschen Gott näher – durch ganz normale Leute! Das hat Jesus gelehrt: Wenn Gottes Liebe durch Jesus ein Herz erobert hat, dann bewirkt das eine Demut, die andere erhöht und nicht erniedrigt, die anderen dient, statt ihnen den Rücken zu kehren. Das musste ich auch erst einmal lernen ...

Merjem, die Türkin aus unserem Deutschkurs, hat mich da am meisten geprägt. Ich habe einmal beobachtet, wie sie in einem völlig überfüllten Bus ihren Sitzplatz aufgab, damit ein alter, sauer dreinblickender Mann sich setzen konnte. Aber der hat dies nicht einmal mit einem Dankeschön gewürdigt. Ich hatte damals das Gefühl, dass Merjem irgendwie von einer übernatürlichen Liebe erfüllt ist, die dem alten Mann in diesem Augenblick entgegengeflossen ist. Heute weiß ich, dass Merjem das von Jesus gelernt hat, denn ich lerne es auch gerade. Und das ist unglaublich spannend!

Als Jesus hier auf der Erde lebte, hat er einmal gesagt: ‚Ich bin nicht gekommen, um mich bedienen zu lassen. Ich kam, um zu dienen und mein Leben hinzugeben' (nach Markus 10,45). Und auch damals haben sich nur wenige bei ihm bedankt. Er wusch beispielsweise den Männern, die als seine Schüler mit ihm unterwegs waren, die Füße. Später ließ er zu, dass man ihm ganz schreckliche Dinge antat: Er ließ sich ans Kreuz nageln –

aber das änderte nichts an seiner Liebe zu den Menschen. Und er lehrt uns, unsere Feinde und Freunde genauso zu behandeln. Und genau das hat mich so an Jesus begeistert. Er behauptete, was für mich heute ganz logisch ist: dass er der einzige Weg zu Gott ist. Doch er opferte sein Leben auch für die, die bestreiten, dass er tatsächlich der Sohn Gottes ist. Wenn man also ein echter Nachfolger Jesu ist, dann kann man glauben, dass sein Weg der einzig wahre Weg ist, aber Menschen, die etwas anderes glauben, dennoch lieben und ihnen dienen.

Wieder wurde George ruhig. Er trank den letzten Schluck seines Kaffees aus. „Ich muss gehen", sagte er plötzlich. „Danke dafür, dass du dir so viel Zeit für mich genommen und meine Fragen beantwortet hast." Er erhob sich und ging.

Ungefähr drei Wochen später trafen sich der Brite und der Deutsche auf dem Weg zur Arbeit noch einmal im Café.

„Ich habe viel über das nachgedacht, was du letztes Mal gesagt hast, George. Du bist ja richtig fromm geworden!", begann Norbert etwas provokant.

„Ich weiß nicht, ob ich es ‚fromm' nennen würde. Ich bin ein Nachfolger von Jesus geworden. Und ich glaube, dass ich bei ihm die absolute Wahrheit finden kann."

George war sich da sicher. Norbert nicht.

▶▶ „Jesus war doch wie alle anderen auch. Und jeder sollte doch glauben können, was er will."

„George, ich weiß nicht ... Hm ... Jesus war wie alle anderen auch. Und jeder sollte doch glauben können, was er will."

George sank das Herz. So hatte er vor einigen Jahren auch mit Merjem argumentiert. Jetzt sah er es ganz anders, und er hatte Norbert mehrfach die Sache mit Jesus erklärt, hatte ein Leuchten in den Augen seines Freundes gesehen, doch jetzt hörte er von Norbert dasselbe Geschwätz, dieselben alten Klischees, als hätte sich die Auferstehung Jesu nie ereignet, als hätten George und Norbert nie über die Konsequenzen der Auferstehung geredet, als könnte Norbert die Wahrheit einfach nicht erkennen.

„Außerdem finden wir die Geschichte von Jesus und was wir über ihn glauben sollen in der Bibel", fuhr Norbert fort, „und die ist ja bloß ein Buch, das ganz normale Menschen geschrieben haben, um ihre persönlichen Erfahrungen mit Gott zu schildern." Damit kam Norbert auf ein wesentliches Thema zu sprechen (das uns im übernächsten Kapitel beschäftigt) – aber er war in diesem Augenblick nicht bereit, weiter mit George über den christlichen Glauben zu reden.

Das war auch das Ende der Gespräche zwischen George und Norbert. Vielleicht war der Schritt zu Jesus für ihn zu radikal. Vielleicht fiel es ihm einfach zu schwer, die Klischees hinter sich zu lassen und Jesus, seine Behauptungen und seine Auferstehung genauer unter die Lupe zu nehmen.

George hätte es sich gewünscht, dass es anders wäre. Jesus war es einfach wert.

Kapitel 4

Gott ist Gemeinschaft

„Ich heiße Ellie und ich fand mein wahres Ich in einer Mammutherde!"

> *„Deshalb habe ich ihnen auch die Herrlichkeit gegeben, die du mir anvertraut hast, damit sie die gleiche enge Gemeinschaft haben wie wir."*
>
> **Jesus**
> (Auszug aus einem Gebet, in dem er zu Gott, dem Vater, für alle seine Nachfolger betet – „Kirche" genannt)

Das hatte Angelika in einem Gottesdienst nun wirklich nicht erwartet – ganz abgesehen davon, dass sie nicht erwartet hatte, überhaupt in einem Gottesdienst zu sitzen. Aber da saß sie nun.

Vor zehn Wochen hatte alles angefangen.

Die junge Berlinerin nahm damals an einer Psychologie-Vorlesung an der Humboldt-Universität teil. Professor Dr. Heinrich Blum stellte darin die Behauptung auf, verschiedene Forschungsergebnisse würden deutlich darauf hinweisen, dass jeder Mensch vom ersten Atemzug an ein soziales Bedürfnis habe, mit anderen Menschen in Kontakt zu sein.

▶▶ „Die menschliche Sehnsucht nach Beziehung könnte Teil unseres menschlichen Wesens sein."

Professor Blum überraschte die Studenten dann mit einer radikalen Stellungnahme: „Meist wird dieses soziale Bedürfnis mit der Evolution erklärt. Man sollte aber eine zweite Möglichkeit in Betracht ziehen: Die menschliche Sehnsucht nach Beziehung könnte Teil unseres menschlichen Wesens sein und nicht das Ergebnis eines evolutionistischen Zufalls. Ich glaube an einen Schöpfer-Gott, der leidenschaftlich beziehungsorientiert ist. Er hat den Menschen nach seinem Ebenbild als soziales Wesen erschaffen. Das ist meines Erachtens auch der Grund, warum der Homo sapiens gleich nach seiner Geburt den Kontakt zu seiner Mutter sucht."

Blum zitierte einige Wissenschaftler, die die Fakten in dieser Weise interpretiert hatten. Sie alle erklärten, dass die Sehnsucht nach Beziehung bei allen Lebewesen vorhanden sei, dass sie aber besonders am Menschen sichtbar werde.

Und dann brachte der Professor diesen Sachverhalt auf den Punkt: „In der modernen Psychologie ist es wichtig, die Beziehung des Menschen zu Gott – also das vertikale Element aller Beziehungen – in die Beziehung zu anderen Menschen – also das horizontale Element – zu integrieren. Sigmund Freud, der Vater der modernen Psychologie, siedelte die Beziehung zwischen Gott und Mensch außerhalb dieses Rahmens an. Für ihn war die Beziehung der Menschen zu Gott nicht mehr als eine Art Krücke für Schwache, die mit dem Druck und der Tragik des Lebens allein nicht zurechtkommen. Die Realität scheint mir aber anders zu sein, und darin schließen die Wissenschaftler, die ich eben zitiert habe, sich mir an: Die menschliche Seele verliert sich in unmenschlicher Einsamkeit und Perspektivlosigkeit, wenn Beziehungen fehlen. Die Beziehung zu Gott sollte nicht als Krücke verstanden werden, sondern als Fundament für gesunde zwischenmenschliche Beziehungen."

▶▶ „Die Beziehung zu Gott sollte nicht als Krücke verstanden werden, sondern als Fundament für gesunde zwischenmenschliche Beziehungen."

Für Angelika war das der Anfang ihrer Überlegungen über Gott.

Angelika, der Professor und ein Mammut namens Ellie

Zwei Tage später saß Angelika Professor Blum in seinem Büro gegenüber. Für ihn bestand seine berufliche Karriere aus mehr als nur aus Forschung und wissenschaftlichen Vorlesungen. Er war ein Mann, mit dem man offen reden konnte, da er sich gerne in das Leben seiner jungen Studierenden einbrachte. Daher war es nicht ungewöhnlich, dass er mit Studenten in seinem Büro saß und tiefe Gespräche über Gott und die Welt führte, während er eine Pfeife rauchte.

Der Professor hatte sich schon mehrfach mit Angelika getroffen, damit die junge Berlinerin, die atheistisch erzogen worden war, ihre Gedanken und Fragen über die menschliche Seele, über Gott und über den Menschen als Schöpfung oder als evolutionären Zufall loswerden konnte.

An einem dieser Nachmittage wandte sich das Gespräch der Tatsache zu, dass Gott in der Person Jesus Christus auf diese Welt gekommen war. Und auf einmal sprach der Professor über ein Thema, das für Angelika total neu war: die Kirche als Gemeinschaft. In dieser Gemeinschaft, so der Professor, würde die menschliche Sehnsucht nach engen zwischenmenschlichen Beziehungen befriedigt.[1]

An diesem Punkt erkannte der Professor, dass er bei Angelika erst einmal eines der üblichen stereotypen Denkmuster durchbrechen musste: „Mit dem Wort ‚Kirche' meine ich nicht die Kirche als Institution oder als Gebäude. Ich meine mit ‚Kirche' das, was Jesus und die Bibel darunter verstehen: Menschen mit ganz unterschiedlichen Hintergründen, aus allen möglichen Kulturen, Ländern und sozialen Schichten, die zu Jesus gehören. Und sie treffen sich in einer Gemeinschaft, um zusammen Gott zu erleben und ermutigt zu werden. *Das* ist Kirche."

So kam es, dass Angelika sich zum ersten Mal in ihrem Leben in einem Gottesdienst wiederfand. Professor Blum hatte sie eingeladen, am Sonntagabend mit ihm und seiner Frau Rita in die „Er-lebt"-Gemeinde zu gehen.

In diesem Gottesdienst geschah etwas, das Angelika in einem Gottesdienst niemals erwartet hätte. Es war nach dem vierten Lied und irgendeinem Glaubensbekenntnis. Vorne an der Wand erstrahlte eine Videopräsentation. Angelika erkannte sofort: Es war eine Szene aus dem Kinofilm „Ice Age 2: Jetzt taut's".

Sid das Faultier, Diego der Säbelzahntiger und Manny das Mammut – diese drei waren gemeinsam mit anderen Tieren auf der Flucht vor dem rapide schmelzenden arktischen Eis. Während ihrer Flucht stießen sie auf Ellie. Eigentlich war diese wie Manny ein Mammut. Aber seit ihrer Kindheit war sie fest davon überzeugt, ein Opossum zu sein. Sie hatte nämlich ihre Eltern verloren und war von zwei Opossums gefunden, adoptiert und aufgezogen worden. Daher war ihre Identität mit dem der Opossums verknüpft. Sie hatte gelernt, wie ein Opossum zu fressen, zu liegen, zu laufen und sogar von Bäumen zu hängen, wie Opossums das manchmal tun. Ellie war überzeugt: Sie war ein Opossum! Zumindest so lange, bis sie Manny begegnete. Manny versuchte, Ellie von ihrer wahren Identität zu überzeugen, diese weigerte sich jedoch, ihm zu glauben. Manny tat alles, um ihr die Wahrheit bewusst zu machen: Er stapfte einen Fußabdruck in den matschigen Boden und verglich seinen Abdruck mit dem ihren. Auf diese Weise wollte er beweisen, dass Ellie von der gleichen Art war wie er. Ellie sah das anders. Sie argumentierte, dass die Ähnlichkeit ihrer Fußabdrücke vielmehr ein Hinweis dafür sei, dass Manny ein halbes Opossum sei. Manny war so frustriert! Aber er war auch besonders motiviert, weil er sich in Ellie verliebt hatte. Er wollte unbedingt, dass sie ihre wahre Identität erkannte: Sie war ein Mammut!

Durch das Abenteuer, das Ellie gemeinsam mit den anderen Tieren erlebte, und durch den Kontakt zu Manny erkannte sie letztlich doch, dass sie ein Mammut war: Am Ende eines Tages stapfte sie in den Matsch, verglich ihren Abdruck mit dem von

Manny und sah den Beweis aus einer neuen Perspektive: „Ich bin heute Morgen als Opossum aufgewacht – und jetzt bin ich ein Mammut!"

Am Ende der Geschichte, als die große Tiergemeinschaft vor den Wassermassen in Sicherheit war, tauchte vor Manny und Ellie eine große Mammutherde auf. Die Tiere liefen an den beiden vorüber, und beide beschlossen, sich ihnen anzuschließen (wenn auch nur kurzzeitig). Ellie fand nun endlich ihren Platz. Sie hatte ihre neue Identität, ihr wahres und eigentliches Wesen erst in der Herde wirklich erkannt.

Nach dem Filmausschnitt erhob sich Erich Nikesch, der Pastor der Gemeinde – ein Mann in Jeans und kariertem Hemd so um die dreißig –, und ging nach vorne.

„Was für Ellie gilt, gilt auch für jeden von uns: Nur in Beziehung zu anderen können wir uns selbst wirklich verstehen. Deshalb hat Gott die Kirche erschaffen und uns geschenkt. Nicht die Kirche als Institution, nicht die Kirche als Gebäude, sondern Kirche als Gemeinschaft. Der Mensch kann sich nur richtig verstehen, wenn er in zwei Beziehungen lebt: vertikal – in einer Beziehung zu seinem Schöpfer. Und horizontal – in einer Beziehung zu allen anderen, die durch Jesus Christus die Beziehung zu Gott haben. Diese horizontale Verbindung hat der Heilige Geist möglich gemacht. Nur in Beziehung zu Gott und zu seiner Gemeinschaft können wir – genauso wie Ellie in der Mammutherde – uns selbst wirklich verstehen, können wir das werden, was wir sein sollen – wozu er uns erschaffen hat."

▶▶ „Nicht die Kirche als Institution, nicht die Kirche als Gebäude, sondern Kirche als Gemeinschaft."

Die Predigt des Pastors war 45 Minuten lang, aber so spannend und tief berührend, dass Angelika gerne mehr gehört hätte. Aber an diesem Abend berührte sie noch anderes. Das Abendmahl zum Beispiel, das in diesem Gottesdienst nach der Predigt gefeiert wurde. Angelika ging nicht nach vorne, um Brot und Wein zu nehmen, denn es wurde klargemacht, dass es in dieser Gemeinde um Authentizität ging. Jesus hatte das Abendmahl ausdrücklich als Zeichen für seine Nachfolger gegeben. Und Angelika war keine Nachfolgerin Jesu, das wusste sie. Aber während des Abendmahls konnte man zu mehreren Stationen im Saal gehen, eine Kerze anzünden, Gebete aufschreiben, vor einem Gemälde, auf dem der gekreuzigte Jesus abgebildet war, meditieren oder einfach sitzen bleiben, mitsingen oder zuhören. Die Lieder fand Angelika besonders toll. Auch die Band. Irgendwann begann jemand zu beten. Es war das Vaterunser, das vorne auf einer Leinwand gezeigt wurde für Gäste wie Angelika, die es nicht kannten. Dann folgte eine Zeit der Stille und Bachs Kantate Nummer 51, die den Gottesdienst in klassischer Weise zum Ende brachte.

Viele Fragen, eine seltsame Dreierkonstellation und ein Katalysator namens Jesus

„Was möchtest du jetzt tun?", erkundigte Professor Blum sich. „Etwas essen, einige Leute treffen, nach Hause gehen?"

Angelika überlegte kurz, dann entgegnete sie: „Eigentlich hätte ich noch einige Fragen."

„Wollen wir in eine Kneipe gehen?", gab der Professor zurück. „Ich kenne einen guten Laden hier in der Nähe."

Der „gute Laden" war eine Kneipe um die Ecke, dessen Kellerwände aus dem 12. Jahrhundert stammten. Angelika bestellte sich ein Weizenbier, Rita Blum ein Glas Weißwein und der Professor ein Radler.

„Herr Blum, Buddhisten, Muslime, Juden – sie alle haben ihre religiösen Versammlungen. Sie beten, singen, tun viele Dinge. Was ist so besonders an der christlichen Kirche als Gemeinschaft?"

„Wow, du legst ja gleich mit einer ganz kniffligen Frage los!", lachte der Professor. „Hm, also, das Erste, was mir einfällt:

Was bei der Gemeinschaft der Kirche – im Vergleich zu allen anderen religiösen Versammlungen – so einzigartig ist, ist dieser Katalysator der christlichen Gemeinschaft."

„Ich dachte immer, Katalysatoren gehören in Autos", merkte Angelika an.

„Ja, stimmt schon. Aber es ist auch ein hilfreiches Bild. Der Katalysator in unserer Gemeinschaft ist der dreieinige Gott."

„Äh, das hört sich kompliziert an!", sagte Angelika leicht verstört. „Damit kenne ich mich wirklich nicht aus!"

„Das ist in Ordnung, Angelika. Ich möchte dir etwas ganz Wichtiges und Grundsätzliches erklären: die Dreieinigkeit Gottes, die sogenannte Trinität. Genau an diesem Punkt unterscheidet sich die christliche Lehre von allen anderen Religionen. Das ist auch der Punkt, an dem andere Religionen das Christentum als anstößig und unlogisch betrachten. Dreieinigkeit bedeutet: Es gibt nur einen Gott. Das heißt, nur eine Substanz der Gottheit. Man kann die Gottheit nicht in allerlei Dingen, in der Natur, in Götzen oder gar in uns Menschen selbst finden. Ich weiß, das klingt alles sehr technisch, aber es ist elementar für unser Verständnis von Gott und von uns und von christlicher Gemeinschaft. In Gott selbst, in ihm als geistlichem Wesen, ist die gesamte Gottheit vorhanden. Außerhalb dieser in Gott begrenzten Göttlichkeit gibt es nichts, das Gott ist. Das ist Monotheismus – also ein Gott, in dem alle Göttlichkeit vorhanden ist. Christentum, Judentum und Islam sind die drei Religionen, die die Ansicht vertreten, dass es nur einen Gott gibt.

Aber es gibt eine Sache, die am Christentum so einzigartig ist: Die Bibel lehrt nämlich, dass es in diesem einen Gott-Wesen drei separate Personen gibt: Vater, Sohn und Heiliger Geist. Und das wird ungefähr folgendermaßen erklärt ... Kommst du noch mit?" Ohne eine Antwort abzuwarten, erklärte Professor Blum weiter: „Also: Die absolute Gottheit, die existiert, ist in Gott, dem Vater. Gleichzeitig ist dieselbe Gottheit, die hundertprozentig im Vater vorhanden ist, hundertprozentig auch im Sohn vorhanden. Dabei geht nichts von der Gottheit des Vaters verloren! Und zur selben Zeit, in der die eine Gottheit hundertprozentig im Vater und hundertprozentig im Sohn ist, ist dieselbe Göttlichkeit auch hundertprozentig im Heiligen Geist vorhanden – und dabei geht nichts von der Göttlichkeit des Vaters oder des Sohnes verloren. Also, eine Substanz einer Gottheit, aber drei Personen, die alle die gesamte eine göttliche Substanz gleichzeitig in sich tragen."

„Das ist unlogisch", wandte Angelika ein.

„Stimmt. Keine menschliche Logik könnte das Konzept wirklich erfassen. Das übersteigt einfach unseren Verstand. Darum finde ich sie übrigens auch so glaubwürdig!", sagte der Professor mit einem Lächeln auf den Lippen. „Weißt du, das Ganze ist eine übernatürliche Sache, ein Mysterium, nicht logisch, aber durchaus rational. Juden und Muslime werfen Christen vor, dass sie an drei Götter glauben und daher gar keine Monotheisten seien. Aber die Bibel lehrt die Trinität als Ein-Gott-Glaube."

„Und wie bitte wird die Trinität zum Katalysator für Gemeinschaft?", fragte Angelika, die etwas durcheinander war.

Der Professor begann zu erklären: „Dass Gott ein dreieiniger Gott ist, bedeutet, dass er eine Gemeinschaft ist von Vater, Sohn und Heiligem Geist. In der Bibel offenbart Gott uns, dass alle drei Personen in der Trinität eine äußerst enge Beziehung miteinander haben. Und Gott hat uns Menschen als seine Ebenbilder erschaffen. Das heißt, wir spiegeln in unserem Menschsein ganz grundsätzlich die Eigenschaften Gottes wider – und dazu gehört, dass wir als Beziehungswesen geschaffen sind. Gott ist von seinem Wesen her gemeinschaftsorientiert und wir sind es auch! Das merkst du zum Beispiel an Neugeborenen: Instinktiv suchen sie die Brust ihrer Mutter und instinktiv hal-

▶▶ „Gemeinschaft ist besonders tiefgehend, und sie lässt uns erahnen, wie es ist, wenn wir in der Ewigkeit bei Gott sind, wenn sie zugleich in enger Gemeinschaft mit dem dreieinigen Gott gelebt wird."

ten sie den Finger ihres Vaters fest. Ein Gott, der seinem Wesen nach Gemeinschaft ist, hat uns als Menschen erschaffen, die sich zutiefst nach Gemeinschaft sehnen. Und jetzt kommt der springende Punkt: Erfahrungsgemäß ist Gemeinschaft besonders tiefgehend, und sie lässt uns erahnen, wie es ist, wenn wir in der Ewigkeit bei Gott sind, wenn sie zugleich in enger Gemeinschaft mit dem dreieinigen Gott gelebt wird."

Jetzt nahm der Professor seine Serviette und einen Kugelschreiber und begann zu zeichnen. „Hier ist der dreieinige Gott. Vater, Sohn und Heiliger Geist haben stets die tiefstmögliche, liebevollste Verbindung miteinander. Und hier, unter Gott, habe ich fünf Menschen eingezeichnet, die alle durch Jesus eine Beziehung zu Gott haben." Professor Blum zeichnete zwischen Gott und den fünf Strichmännchen fünf Striche. „Die Intensität und die Qualität dieser intensiven Verbindung zwischen Vater, Sohn und Heiligem Geist bewirkt in diesen fünf Menschen etwas Einzigartiges. Die Bibel erklärt uns, dass, wenn Jesus in uns lebt, dann der Heilige Geist diese fünf Menschen zusammen in eine geistliche Gemeinschaft bringt." Jetzt zeichnete der Professor Striche zwischen den fünf Strichmännchen und verband sie auf diese Weise miteinander. „Dieselbe tiefe Gemeinschaft, die durch Jesus von Gott in jeder der fünf Personen ist, wirkt jetzt – weil der Heilige Geist wirkt – in dieser Gemeinschaft von Menschen. Dann entsteht zwischen diesen Personen eine ganz einzigartige, geistlich innige Beziehung. Wenn Menschen in Verbindung zu Gott und dann in Gemeinschaft miteinander kommen, berührt Gott sie in einer Weise, wie es nur Gott tun kann. Er berührt uns im tiefsten Inneren und befreit etwas, das dort gefangen war, oder er weckt etwas Schlafendes oder richtet etwas Vergrabenes wieder auf."

▶▶ „Wenn Menschen in Verbindung zu Gott und dann in Gemeinschaft miteinander kommen, berührt Gott sie in einer Weise, wie es nur Gott tun kann."

Angelika war beeindruckt. So etwas hatte sie noch nie gehört. „Das ist cool", entgegnete sie, „aber es ist furchtbar kompliziert!"

Blum war noch nicht fertig. „Aber im Vergleich zu allen anderen Religionen ist die Gemeinschaft der Menschen, die zu Jesus gehören, noch in einer weiteren Weise völlig einzigartig. Das Zentrum dieser Gemeinschaft ist nämlich Jesus Christus, der Sohn Gottes!"

„Ähm, und wie sieht das aus?", fragte Angelika neugierig.

„Jesus ist das Zentrum der Gottheit, weil der Vater ihn als Retter in unsere Welt und damit in unser Leben gesandt hat. Der Heilige Geist deutet auf ihn hin und bestätigt ihn. Jesus ist das Zentrum der Geschichte, von Anfang bis zum Ende. Er ist der zentrale Punkt, auf den wir als Gemeinschaft Gottes blicken. Ihn beten wir an. Jesus, der hundertprozentig Gott und hundertprozentig Mensch war. Jesus ist der Messias, das heißt der Christus. Und Jesus ist der einzige Weg zu Gott, weil er durch seinen Tod den Weg zu Gott geebnet hat. Jesus hat alles, was zwischen Gott und mir stand, aus dem Weg geräumt. In der Gemeinschaft der Christen richten wir unsere Herzen auf Jesus aus. Nicht auf irgendein Licht oder auf die Natur oder auf die Mutter von Jesus, Maria, oder auf Geister oder Engel oder Traditionen oder irgendeine ferne Gottheit. Andere Religionen richten ihren Blick auf solche Dinge bzw. Wesen und messen ihnen so Bedeutung zu. Aber wir schauen auf Jesus! In ihm ist die ganze Fülle der Gottheit. Und Jesus hat uns gezeigt, wie das Wesen dieser Gottheit ist, er bringt uns in tiefe Verbindung mit dieser Gottheit."

In diesem Augenblick kam die Kellnerin vorbei und brachte die zweite Runde Getränke. Aber das Gespräch war bald beendet; alle waren müde und wollten nach Hause gehen. Doch eine Frage ließ Angelika nicht los: Wie funktionierte es ganz praktisch, durch Jesus Christus eine Beziehung zu Gott einzugehen? Rita Blum erklärte es ihr kurz und präzise.

An diesem Abend ging Angelika tief bewegt nach Hause. Während sie auf ihrem Bett lag, dachte sie an ihre Erlebnisse in der „Er-lebt"-Gemeinde. Was ihr Professor Blum vor einiger Zeit im Büro und jetzt in der Kneipe über Jesus gesagt hatte, klang genau wie das, was sie schon den ganzen Abend über in ihrem Herzen hörte: *Jesus lebt, er ist hier, er ist mit mir hier!* Plötzlich begann sie zu beten – zum ersten Mal in ihrem Leben: „Jesus, ich glaube, du bist Gott. Es tut mir leid, dass ich bislang noch nichts von dir gehört hatte. Es tut mir total leid, dass ich gelebt habe, als gäbe es dich nicht, als gäbe es niemanden, der mich als sein Ebenbild erschaffen hat, als gäbe es keinen Jesus, der durch seinen Tod am Kreuz meine Schuld getilgt hat. Es tut mir leid, dass ich, ohne es zu wissen, gegen dich rebelliert habe. Ich habe mein Leben so gelebt, wie ich wollte, ganz eigensinnig. Weißt du, was ich meine, Gott? Ich will nicht mehr ohne dich leben. Ich weiß, dass du das auch nicht willst. Und mir ist jetzt klargeworden, dass du mir in den vergangenen Monaten nachgegangen bist. Und ich glaube, du hast es aus Liebe getan. Ich will Jesus jetzt mein Leben anvertrauen! Ich will zu dir gehören! Ich will, dass du mich durch deinen Heiligen Geist zu deinem Kind machst! Ich will kein Rebell mehr sein ... kein Waisenkind, sondern dein Kind! Kannst du mir bitte vergeben, was ich aus Rebellion dir gegenüber getan habe? Kannst du mir zweiundzwanzig Jahre absoluter Ignoranz verzeihen?"

Tränen flossen erst über Angelikas Wangen, dann übers Kopfkissen. Sie lag auf ihrem Bett und starrte an die Decke.

„Bitte, Gott! ... Rita Blum hat heute Abend gesagt, dass du, als du am Kreuz gestorben bist, alle Schuld auf dich genommen hast. Alle. Auch die Schlimmste! Und Frau Blum hat gesagt, dass es deshalb nichts in meinem Leben gibt, das du nicht bereit wärest zu vergeben. Dass du sogar auf diesen Moment jetzt wartest. Voller Sehnsucht. Dass du mein Leben zum Positiven verändern kannst. Ich möchte zu dir gehören und dir mein Leben anvertrauen."

Im Zimmer war es bereits stockfinster, als Angelika ein tiefer Friede überkam. Als hätte sich ein turbulentes Meer in einen ganz stillen See verwandelt.

Sie schlief ein, ein ganz neuer Mensch.

Eine Gemeinde für Angelika

Für Angelika ging die Lernkurve in den folgenden Monaten steil nach oben. Sie wusste von Professor Blum, dass man in seinem geistlichen Leben ohne die Unterstützung anderer nicht weiterkommt. Eine Beziehung zu Jesus ohne eine gleichzeitige Einbindung in eine Gemeinde ist genauso zum Scheitern verurteilt wie eine Einbindung in eine Gemeinde ohne eine Beziehung zu Jesus. Darauf hatte der Professor mehrfach hingewiesen. Als Einzelne kann man zwar die Wahrheit kennen, aber ohne Beziehung zu anderen Christen kann man nicht in der Wahrheit wachsen. Blum hatte einmal einen gewissen Johannes Calvin zitiert, der im 16. Jahrhundert gelebt hatte: „Die Kirche ist unsere Mutter, an deren Brust wir unser Leben lang bleiben müssen, oder wir sterben wie alleingelassene Säuglinge."[2]

Also machte Angelika sich auf den Weg und versuchte, eine geeignete Gemeinde zu finden.

Und das war unglaublich spannend! Im Laufe der folgenden Wochen besuchte sie Gottesdienste von Gemeinden, die sich selbst mit Begriffen wie „katholisch", „charismatisch", „evangelisch", „frei", „protestantisch", „pfingstlerisch", „apostolisch" oder „orthodox" beschrieben. In der einen Gemeinde stand man zum Gebet auf, in einer anderen kniete man. In einer Gemeinde konnte sie ihren eigenen Gesang nicht verstehen, weil die Barock-Orgel so laut trällerte. In einer anderen Gemeinde waren die Gottesdienstteilnehmer während der Predigt sehr unruhig. Eine Kirche feierte die Sakramente, aber vom Kelch mit Wein durfte nur ein Mann in einem weißen Rock trinken;

eine andere teilte Becherchen mit Traubensaft aus. Einmal fand Angelika das Ganze so langweilig, dass sie es vorzog, sich mit dem seltsamen Haarschnitt des vor ihr sitzenden Mannes zu beschäftigen. In manchen Gemeinden wurden Erwachsene getauft und keine Kinder, in anderen wurden Kinder getauft, während kaum Erwachsene anwesend waren, und die, die anwesend waren, waren alle über 65. Manche Gemeinden sangen, als wäre Jesus gestorben und nie auferstanden. Andere sangen, als wäre er auferstanden und als hätte genau das ihrem Leben tatsächlich einen neuen Sinn und eine neue Richtung gegeben. In manchen Gemeinden saß man eine ganz lange Zeit sehr still da. In einer anderen Gemeinde bewegten sich die Leute sehr seltsam, sodass Angelika letztlich erschrocken ging.

Sie brauchte unbedingt eine Gemeinschaft, aber nach all diesen Eindrücken brauchte sie erst einmal eine ordentliche Perspektive. Nach Semesterbeginn ging sie zu Professor Blum und bat ihn um einen Termin.

Nach einem Gottesdienst in der „Er-lebt"-Gemeinde traf sie sich mit dem Ehepaar Blum zu einem Bier. Nach den vielen Erfahrungen in verschiedenen Kirchen fand die Studentin die „Er-lebt"-Gemeinde herrlich erfrischend. Irgendwie hatte diese Gemeinde genau das richtige Gleichgewicht zwischen all den vielen Extremen getroffen, die sie in den vergangenen Wochen erlebt hatte. Aus diesem Grund fühlten sowohl sie als Universitätsstudentin als auch der Professor und seine Frau sich dort wohl. Die Gemeinde war lebendig, aber nicht fanatisch, sie war seriös, nahm sich aber nicht zu ernst. Der Gottesdienst beinhaltete zwar auch liturgische Elemente, man brachte aber auch Modernes und Spontanes in die knapp zwei Stunden dauernden Veranstaltungen ein. Und alles wurde so getan und gesagt, dass ein Nichtchrist sich miteinbezogen fühlen konnte, während ein reifer Christ durch den Tiefgang herausgefordert wurde.

In der Kneipe angekommen, stellte Angelika die Frage, die ihr auf dem Herzen lag: „Herr Blum, es gibt so viele unterschiedliche Kirchen und Gemeinden: katholische und evangelische, protestantische, charismatische ... Was ist da der Unterschied?"

Die Kellnerin servierte derweil das Bier.

„Hm", stieß der Professor nachdenklich hervor, „vielleicht sollte ich dir mal einen kurzen Überblick über die ganze Entwicklung der Kirche geben, zumindest die Entwicklung der Kirche seit Jesus."

Angelika war erstaunt: „Sie meinen, es gab die Kirche schon vor Jesus? Ich dachte, Jesus sei das Zentrum der Kirchengemeinschaft. Wie konnte es dann vor Jesus eine Kirche geben?"

„Tja, das ist ganz interessant. Zum Beispiel wird das Wort ‚Kirche' im Neuen Testament mindestens ein Mal benutzt, um die Gläubigen im Alten Testament zu bezeichnen. Im Alten Testament bedeutete wahrer Glaube dasselbe wie im Neuen Testament. Wenn man wirklich zur Gemeinschaft Gottes gehörte, setzte man seine ganze Hoffnung auf den Messias. Deswegen sagte Jesus auch einmal über Abraham, der 1.900 Jahre vor seiner Zeit gelebt hatte: ‚Er freute sich auf den Tag, an dem ich kommen würde. Er hat mein Kommen gesehen und war froh darüber.' Die Menschen, die zur Zeit des Alten Testaments lebten, schauten nach vorne, zum Kommen, Sterben und Auferstehen des Messias. Die Menschen hingegen, die zur Zeit des Neuen Testaments lebten, schauten zurück. Aber Jesus, sein Tod am Kreuz und seine Auferstehung sind immer das zentrale Element des Glaubens, egal, ob man zur alttestamentlichen Gemeinschaft Gottes gehörte oder zur heutigen."

Angelika war begeistert. „Das ist echt cool!"

Blum gab dann einen kurzen Abriss der Geschichte der neutestamentlichen Kirche: „In den ersten drei Jahrhunderten nach Jesus war die Kirche eine Untergrundbewegung. Christen trafen sich im Geheimen in Wohnungen oder Katakomben, weil es damals illegal war, Christ zu sein. Dann, im 4. Jahrhundert, legalisierte der damalige Kaiser Konstantin den christlichen Glauben. Kirchengemeinschaften wurden anerkannt, aber die

Grenze zwischen Kirche und Staat verschwamm zusehends. Es wurden damals auch Bischöfe eingesetzt, um die Kirchen in den verschiedenen Gebieten des riesigen Römischen Reiches zu leiten. Die Bischöfe der fünf größten Städte wurden die einflussreichsten Bischöfe im Reich und von den fünfen wurde wiederum der Bischof von Rom der einflussreichste. Er war nun mächtiger als die anderen, und man nannte ihn ‚Papst‘, was einfach ‚Papa‘ oder ‚Vater‘ heißt, und das, obwohl Jesus gesagt hat, dass man nur Gott ‚Vater‘ nennen soll. Wie auch immer, der Papst war ab diesem Zeitpunkt in den Augen der Gläubigen der Repräsentant Jesu auf der Erde und die Kirche nannte man dann ‚römisch-katholische Kirche‘.“

Angelika nickte mit dem Kopf.

„‚Katholisch‘ bedeutet einfach nur ‚allgemein‘. Man sprach also von einer allgemeinen Kirche. Aber 1054 nach Christus vollzog sich dann eine große Spaltung innerhalb der Kirche. Ich muss ganz ehrlich sagen, dass ich nicht einmal wirklich weiß, warum. Aber von da an gab es zwei große Kirchen: die katholische Kirche im Westen und die orthodoxe Kirche im Osten. Die katholische Kirche wurde politisch sehr mächtig und zu einer großen Institution. Das war auch die Zeit der Kreuzzüge. Ich denke, es ist wichtig, dass du die Wahrheit über die Kreuzzüge im Blick hast. Die Verantwortlichen, die damals so viele Menschen ins Feld gegen Ungläubige und Muslime schickten, waren keine hingegebenen Nachfolger Jesu. Es handelte sich um Kräfte innerhalb der katholischen Institution, denen es ausschließlich um politische Macht ging.

Die katholische Kirche führte auch neue Lehren ein. Es wurde deklariert, dass bestimmte Aussagen des Papstes dieselbe Autorität haben wie Aussagen der Bibel. Es wurde zum Beispiel die Lehre eingeführt, dass Maria, die Mutter Jesu, für uns Christen im Himmel betet und als Vermittlerin bei Gott agiert. Das Fegefeuer wurde vom Papst als Wahrheit deklariert. Mit ‚Fegefeuer‘ bezeichnet man einen Platz des Leidens, wo Menschen hinkommen, die vor ihrem Tod noch nicht für alle ihre Sünden bezahlt haben. Durch das Leiden im Fegefeuer bezahlen sie dann alles, so der Papst, und nur so kommen sie irgendwann in den Himmel."

„Entschuldigung", unterbrach Angelika ihn, „wie kann es dieses Fegefeuer geben, wo doch Jesus für alles bezahlt hat?"

„Genau solche Sachen beschäftigten dann in den folgenden Jahrhunderten auch einige katholische Theologen! Und sie waren es auch, die dann protestierten. Danach geschahen einige wichtige Dinge, und es gab einen Mann, den Gott gebrauchte, um eine Reform in Gang zu bringen. Das war Martin Luther, ein deutscher katholischer Professor der Theologie. Sein geistlicher Durchbruch kam als Folge seiner Analyse des Römerbriefes, der ist eines der neutestamentlichen Bücher. Er nagelte dann 1517 seine sogenannten 95 Thesen an die Kirchentür in Wittenberg und forderte damit den Papst zur Reform auf. Luther, der übrigens die gesamte Bibel vom Hebräischen und Griechischen ins Deutsche übersetzt hat, wollte eigentlich die Kirche von innen heraus erneuern; er hatte nie vor, eine neue Bewegung außerhalb der katholischen Kirche zu gründen. Aber die Kirche war nicht bereit, sich zu verändern, sondern begann, Luther das Leben schwerzumachen. Deshalb fingen seine Anhänger an, sich als ‚Lutheraner' zu bezeichnen. Weil die Anhänger Luthers gegen die Lehren der katholischen Kirche protestierten – gegen diese ganzen Sachen mit dem Papst und dem Fegefeuer und Maria und anderem –, nannte man sie ‚Protestanten'. Und daran hat sich bis heute nichts geändert. Weil Luther über eine Rückkehr zum Evangelium sprach, nannte man alle Kirchen, die sich der Reformation anschlossen, ‚evangelisch'. Protestantisch und evangelisch sind also im Grunde dasselbe."

Angelika verstand. „Ach so, katholisch auf der einen Seite, evangelisch, das heißt also protestantisch, auf der anderen."

„Genau! Aber das ist noch nicht alles!" Professor Blum fuhr fort zu erklären: „Die Reformation kam im 16. und 17. Jahrhundert auch in anderen Ländern an, zum Beispiel in England und Schottland. Dort verspottete man diese Bewegung und bezeichnete die Anhänger als ‚Puritaner‘. Dieser Begriff geht auf das englische Wort ‚purity‘ zurück, was ‚Reinheit‘ bedeutet. Die Puritaner wollten die Kirche von all dem reinigen, was man nicht anhand der Bibel bestätigen konnte. Genauso wie Luther sprachen sie von einer Rückkehr der Kirche zum einfachen Evangelium. Das ist wichtig, weil sich in den vergangenen 150 Jahren so vieles entwickelt hat: Die katholische Kirche und die orthodoxe Kirche lehren im Grunde immer noch das, was sie vor der Reformation gelehrt haben. Aber die protestantische Kirche selbst hat sich in vielem von ihrer eigenen Reform gelöst.“

„Und das nach all dem?“ Angelika war erstaunt.

„Ja, durch die Aufklärung im 19. Jahrhundert fing man an den deutschen Universitäten an, die christliche Lehre in ihrer Gesamtheit infrage zu stellen. Diese Vorgänge gingen von den Vorlesungen in den Universitäten direkt auf die Kanzeln in den Kirchen über. Vieles von dem, was Luther als ‚evangelisch‘ bezeichnet hatte, wurde im Namen der Aufklärung als unwissenschaftlich deklariert. Damals fingen deutsche Kirchen an, über einen Jesus zu predigen, der nicht Gott ist, und über eine Bibel zu lehren, die nicht Gottes Wort ist. Und das alles zu Menschen, die keiner Versöhnung mit Gott bedurften. In dieser Zeit bildeten sich Gruppen von Christen, die sich von der protestantischen Landeskirche distanzierten.“

„Landeskirche? Was ist das genau?“, hakte Angelika nach.

„Na ja, in Deutschland gibt es eine interessante Trennung von Kirche und Staat. Die katholische und die evangelische Kirche gehören zwar eigentlich nicht zum Staat, werden aber vom Staat unterstützt – und damit verbunden sind auch die theologischen Fakultäten an den Universitäten. Deutsche Bürger zahlen an den Staat die Kirchensteuer, damit der Staat für die Kirchen, ihre Pfarrer, Kindergärten und alles, was sonst noch so dazugehört, sorgen kann. Damals wurde ziemlich viel Druck auf Kirchengemeinden ausgeübt, die sich nicht den aufklärerischen Gedanken anschlossen. Aus dieser Entwicklung heraus – und noch aus anderen Gründen – entstanden die Freikirchen. Das sind Gemeinden, die ganz unabhängig vom Staat sind."

Angelika war jetzt etwas verwirrt, was ihre Suche nach einer Kirchengemeinde anging. „Meinen Sie, dass ich mir lieber eine Freikirche suchen sollte als eine Landeskirche?", fragte sie.

„Hm, die Situation ist ziemlich kompliziert geworden. Es gibt Freikirchen, die mit der biblischen Lehre heute genauso ‚nachlässig' umgehen wie vor vielen Jahren die Landeskirchen. Auf der anderen Seite gibt es Landeskirchen, die dem Evangelium sehr treu sind. Und das ist das Wesentliche: Du solltest zu einer Gemeinde gehören, in der der Pastor und auch die ganze Denomination das lehren und leben, was das Evangelium uns sagt."

Angelikas Kopf schwirrte angesichts all der neuen Informationen nur so. Die Gläser auf dem Tisch waren auch mittlerweile ausgetrunken. Die Müdigkeit gewann langsam, aber sicher die Oberhand.

Aber eine Frage musste die junge Berlinerin noch loswerden. „Eben haben Sie ein komisches Wort verwendet, Herr Blum. Denoma- ... Donemi- ... Ach, ich weiß nicht mehr."

„Ach, du meinst ‚Denomination'?", entgegnete Frau Blum lachend. „Oh weh, um das zu beantworten, brauchen wir viel Aufmerksamkeit und Geduld. Haben wir das noch?"

Angelika war ehrlich. „Eigentlich nicht ... Gibt es eine Kurzfassung?"

In den folgenden dreißig Minuten erhielt Angelika eine knappe Zusammenfassung über alle möglichen Denominationen. Sie erfuhr, dass es viele unterschiedliche Zusammenschlüsse von christlichen Gemeinden gibt, alle mit einer besonderen Betonung eines bestimmten Aspektes des Glaubens. Sie hörte von Pfingstlern

▶▶ „Denominationen sind nicht unbedingt der Weg der Zukunft. Gott hat etwas viel Größeres vor! Er feiert die Einheit seiner Kirche!"

und der charismatischen Bewegung, von Presbyterianern, Mennoniten, Methodisten und Baptisten, von Brüdern, Freien evangelischen Gemeinden und Evangelisch-Freikirchlichen Gemeinden.

Am Ende machte Frau Blum eines klar: „Angelika, eines musst du verstehen: Denominationen sind nicht unbedingt der Weg der Zukunft. Gott hat etwas viel Größeres vor! Er feiert die Einheit seiner Kirche! Also, such du dir eine Kirchengemeinde und nimm am Gemeindeleben teil. Dann lernst du Gott, deinen Vater, immer mehr kennen, und deine Beziehung zu ihm als sein Kind wird immer tiefer."

Eine Entscheidung, eine neue Identität und das Leben in einer Mammutherde

Am darauffolgenden Sonntag besuchte Angelika erneut die „Er-lebt"-Gemeinde in Berlin. Sie ahnte, dass diese Gemeinde eine Art geistliches Zuhause für sie werden könnte. Dieses Mal war die Predigt nicht ganz so spannend wie die Male zuvor. Aber die Abendmahlszeit war umso bedeutungsvoller. Zum ersten Mal wagte sie sich an diesem Sonntag als Nachfolgerin Jesu nach vorne, um bei der Feier dabei zu sein. Sie nahm ein Stück Brot. Der junge Mann, der den Laib Brot festhielt, sagte währenddessen zu ihr: „Das ist der Leib Jesu, für dich wurde er gebrochen."

Emotionen stiegen in Angelika hoch. Sie tunkte ihr Stück Brot in einen Becher mit Wein, den an diesem Abend die Frau des Professors Blum anbot.

Diese sagte: „Angelika, das ist das Blut Jesu, das für dich vergossen wurde. Lebe in der Freiheit, in dem Frieden und in der Freude Gottes." Angelika steckte das mit Wein getränkte Brot in ihren Mund. Ihr Körper fing an zu zittern, weil sie die Emotionen nicht mehr zurückhalten konnte. Tränen der Erleichterung und der Befreiung flossen über ihr Gesicht. Dann tat Angelika das, was sie in einer anderen Kirche gesehen hatte und was sie cool fand: Sie deutete das Zeichen des Kreuzes an – sie führte ihre rechte Hand erst von ihrer Stirn zum Bauch, dann von der linken Seite zur rechten Seite ihres Oberkörpers. Das gefiel ihr. Für sie war es ein Bekenntnis: „Ich habe eine neue Identität in Jesus – und das Kreuz ist das Zeichen dafür!" Dann wandte sie sich um, und während die meisten Gottesdienstteilnehmer ein Lied sangen, kniete sie sich hinten auf einem Kissen nieder, zündete eine Kerze an und begann, Gott dafür zu danken, dass er sie als sein Kind angenommen hatte und liebt.

Einige Tage später traf sie sich in einem Café in der Nähe vom Alexanderplatz mit Hanna, einer Frau aus dem Leitungsteam der „Er-lebt"-Gemeinde. Dieses Umfeld war gemütlich und bot Angelika eine gute Gelegenheit, einige wichtige Fragen zu stellen.

„Hey, Hanna, gehört ihr eigentlich zu einer Demo- ... Domi- ... äh ... De-no-mi-na-tion? ... Jetzt hab ich's ... Und wenn ja, warum gehört ihr so etwas an?", wollte sie wissen.

Hanna erklärte es ihr: „Weißt du, es ist wichtig, dass wir zu einem Bund von Gemeinden dazugehören. Keine Gemeinde soll autonom wirken. Der Leib Jesu, also die Kirche, ist und soll ja auch miteinander verbunden sein. Und es ist auch wichtig, dass wir die Einheit der weltweiten Gemeinschaft der Christen feiern und leben. Es gibt ja nur einen Gott, einen Jesus, einen Heiligen Geist! Es gibt auch nur einen wahren Glauben – und das bedeutet, dass es eigentlich nur eine wahre Kirche gibt. Und das ist nicht die eine oder die andere Denomination, sondern

▶▶ „Es gibt nur einen wahren Glauben – und das bedeutet, dass es eigentlich nur eine wahre Kirche gibt. Und das ist nicht die eine oder die andere Denomination, sondern das sind alle Kirchen in der ganzen Welt. Alle, die bekennen, dass Jesus ihr Herr ist, und die ihm nachfolgen."

das sind alle Kirchen in der ganzen Welt. Alle, die bekennen, dass Jesus ihr Herr ist, und die ihm nachfolgen. Wir gehören zu einer Denomination, aber was wir in der ‚Er-lebt'-Gemeinde versuchen, ist, quasi über-denominationell zu funktionieren. Wir beten für andere Gemeinden in der Stadt. Wir arbeiten mit anderen Gemeinden bei ganz unterschiedlichen Projekten zusammen, die positive Auswirkungen auf unsere Stadt haben."

Angelika interessierte nun, warum die „Er-lebt"-Gemeinde so anders war als die meisten Berliner Gemeinden, die sie besucht hatte. Hanna erklärte ihr, wie die Gemeinde entstanden war und was ihre Ziele und Werte waren. Die Leiterin ermutigte Angelika, den nächsten Schritt zu wagen und zu einem Informationsabend mit Pastor Erich Nikesch zu gehen. Dort würde sie mehr über die biblische Lehre der Gemeinde und über das Gemeindeleben selbst erfahren.

In den darauffolgenden Wochen hatte Angelika zwei Erlebnisse, die ihr Leben sehr veränderten.

Das erste war das Informationstreffen in der Wohnung von Pastor Nikesch und seiner Familie, bei dem die fünfzehn Gemeinde-Neulinge begrüßt wurden. Jeder bekam die Gelegenheit, ein wenig von seiner Reise mit Gott zu erzählen. Vier der Anwesenden waren noch keine Christen, aber sie hatten begonnen, alles unter die Lupe zu nehmen. Dann waren noch drei Ehepaare zugegen, die seit längerer Zeit Christen waren und gerade erst nach Berlin gezogen waren. Die restlichen fünf – darunter Angelika und ein junger Mann namens Torsten Friedrich – hatten Jesus Christus erst vor Kurzem ihr Leben anvertraut.

Nachdem die Anwesenden sich eine Zeitlang locker unterhalten hatten, fing Pastor Erich an zu sprechen: „Ich habe einige Gedanken zum Thema ‚Kirche', die ich heute Abend mit euch teilen möchte." Erich begann mit seinem Vortrag. „Mit Kirche meine ich nicht die Institution, nicht ein Gebäude, sondern viele Menschen, für die Jesus gestorben ist und die durch seine Bezahlung freigekauft wurden. Wenn wir ihm unser Leben anvertrauen, bekommen wir eine tiefe Gemeinschaft mit Gott. Jeder von uns wird ein kleiner Teil des Leibes Jesu – und er ist unser Haupt, unser Zentrum. Und diese Gemeinschaft brauchen wir! Für diese Gemeinschaft gibt es einige wichtige Eckdaten, die ebenfalls wichtig sind. Erstens: Die Bibel lehrt, dass meine Entscheidung für Jesus so lange nicht bestätigt ist, bis sich meine Entscheidung in einem äußeren Bekenntnis zeigt. Dieses äußerliche Bekenntnis ist für uns die Taufe."

Jetzt erklärte Erich detailliert, was die Taufe bedeutet, und er lud die, die sich erst vor Kurzem für Jesus entschieden hatten, ein, die Taufe als nächsten Schritt auf dem Weg mit Jesus zu gehen. In diesem Augenblick hatte Angelika Angst. Sie wusste, dass sie es tun musste. Irgendwie wollte sie es ja auch unbedingt – ihre neue Identität ganz öffentlich bekennen. Aber sie wusste auch, dass es ein schwieriger Weg werden würde. Vor vielen Leuten zu stehen, in ein Taufbecken abzutauchen und dann komplett nass durch einen Gottesdienstsaal zu laufen – das stellte sie sich schrecklich vor. Dann noch ihre Eltern. Die wussten bis dato nichts von ihrer Entscheidung. Und ihre Freunde! Angelika merkte, dass ihre Entscheidung so manche Herausforderung mit sich gebracht hatte.

Währenddessen fuhr Pastor Erich fort und erklärte den zweiten Schritt. „Damit wir uns geistlich weiterentwickeln, ist es außerdem wichtig, dass wir uns als Mitglied zu einer Gemeinde bekennen und regelmäßig in den Gottesdienst gehen und am Gemeindeleben teilnehmen. Das ist eine ganz tolle Sache, weil wir auf diese Weise sagen: ‚Hey, ich brauche euch, ihr braucht mich, zusammen sind wir stark und kommen im Glauben voran. Wir teilen das, was wir haben. Gemeinsam dienen wir, und gemeinsam bringen wir Hoffnung und Liebe in diese Welt.'

▶▶ „Es gibt keine perfekte Gemeinde."

Und drittens, das ist auch sehr wichtig zu wissen: Es gibt keine perfekte Gemeinde. Vielleicht ernüchtert euch das jetzt, aber es ist so."

Erich nannte nun einen Namen, den Angelika schon des Öfteren gehört hatte: Dietrich Bonhoeffer.

▶▶ *„An dieser Stelle droht der christlichen Bruderschaft meist schon ganz am Anfang die allerschwerste Gefahr, die innerste Vergiftung, nämlich durch die Verwechslung von christlicher Bruderschaft mit einem Wunschbild frommer Gemeinschaft."* Dietrich Bonhoeffer

„Dieser Mann war Pfarrer in der Landeskirche und wurde 1945 von den Nationalsozialisten ermordet, weil er sich zu seinem Glauben an Jesus bekannte. Bevor er starb, schrieb er mehrere Bücher. Eines davon trägt den Titel ‚Gemeinsames Leben'. Bonhoeffer schreibt darin zum Thema christlicher Gemeinschaft Folgendes ..."

Der Pastor begann zu lesen: „„An dieser Stelle droht der christlichen Bruderschaft meist schon ganz am Anfang die allerschwerste Gefahr, die innerste Vergiftung, nämlich durch die Verwechslung von christlicher Bruderschaft mit einem Wunschbild frommer Gemeinschaft ... christliche Bruderschaft ist kein Ideal ... Unzählige Male ist eine ganze christliche Gemeinschaft daran zerbrochen, dass sie aus einem Wunschbild heraus lebte. Gerade der ernsthafte Christ, der zum ersten Male in eine christliche Lebensgemeinschaft gestellt ist, wird oft ein sehr bestimmtes Bild von der Art des christlichen Zusammenlebens mitbringen und zu verwirklichen bestrebt sein. Es ist aber Gottes Gnade, die alle derartigen Träume rasch zum Scheitern bringt. Die große Enttäuschung über die Andern, über die Christen im Allgemeinen und, wenn es gut geht, auch über uns selbst, muss uns überwältigen, so gewiss Gott uns zur Erkenntnis echter christlicher Gemeinschaft führen will. Gott lässt es aus lauter Gnade nicht zu, dass wir auch nur wenige Wochen in einem Traumbild leben, uns jenen beseligenden Erfahrungen und jener beglückenden Hochgestimmtheit hingeben, die wie ein Rausch über uns kommt. Denn Gott ist nicht ein Gott der Gemütserregungen, sondern der Wahrheit. Erst die Gemeinschaft, die in die große Enttäuschung hineingerät mit all ihren unerfreulichen und bösen Erscheinungen, fängt an zu sein, was sie vor Gott sein soll.'[3]

Ihr werdet merken", fuhr Erich fort, „dass auch unsere Gemeinde viele Narben und Schönheitsflecken hat. Ein Grund dafür ist, dass ich Mitglied der Gemeinde bin. Und ich bin ein Sünder wie alle anderen auch. Es ist also wichtig, dass wir unserer Gemeinschaft demütig gegenüberstehen. Wir müssen uns bewusst sein, dass letztlich jeder ein Teil des Problems ist. Aber Jesus beruft uns auch dazu, ein Teil der Lösung zu werden! Wir müssen Gott um Geduld mit uns bitten. Wir müssen uns immer wieder aufs Neue daran erinnern, dass die Dinge, die uns bei anderen negativ auffallen, irgendwann auch bei uns selbst auftauchen könnten."

▶▶ „Wir müssen uns immer wieder aufs Neue daran erinnern, dass die Dinge, die uns bei anderen negativ auffallen, irgendwann auch bei uns selbst auftauchen könnten."

Dann gab Pastor Erich einen letzten Tipp: „Für gesundes Gemeindeleben gibt es eine wichtige Sache. Wir werden durch das Leben in der Gemeinde dann am meisten geprägt, wenn wir uns in andere Menschen investieren. Und das ist nicht immer leicht. Wer kennt das nicht – Zeiten, in denen jeder sich selbst der Nächste sein will? Von Natur aus sind wir alle selbstsüchtig und bringen eine wahnsinnige Konsummentalität mit in die Gemeinde. Immer wieder stellen wir die Frage: ‚Und was bringt das *mir*?' Aber wir müssen die Urquelle aller Gemeinschaft im Blick haben – die Dreieinigkeit Gottes. An ihr können wir ablesen, dass Gott sich auf eine Gemeinschaft mit uns eingelassen hat – und zwar nicht, weil er etwas von uns braucht. Er ist ja in sich völlig zufrieden. Nein, er will seine Herrlichkeit in uns investieren! Gott selbst war bereit, alles zu opfern, und zwar durch die Person Jesu, damit wir für immer Gemeinschaft mit ihm haben können. Nur so können wir wirklich glücklich sein. Im Einzelnen bedeutet dies: Jeder von uns bringt das Ebenbild Gottes am besten zum Ausdruck, wenn er in einer Gemeinschaft ist. Erst hier erkennen wir, wer wir eigentlich sind. So wie ich es neulich im Gottesdienst klargemacht habe. Ellie, das Mammut, das immer von sich dachte, es sei ein Opossum, brauchte erst ein anderes Mammut und dann eine ganze Herde von Mammuts, bis sie erkannte: Sie war ein Mammut! Wir sind alle kleine Ellies, die nicht wissen, was sie sind – wir haben ein falsches Bild von uns. Erst wenn wir andere treffen, merken wir, wer wir wirklich sind. Unsere neue Identität kommt erst in der Gemeinschaft zur vollen Entfaltung. Wenn wir dies erkannt haben, fragen wir beim Besuch der Gemeinde nicht, was es uns selbst bringt, sondern wir fragen uns, was wir der Gemeinde bringen können. Weil wir das, was wir von Gott bekommen, in andere investieren wollen."

▶▶ „Wir sind alle kleine Ellies, die nicht wissen, was sie sind – wir haben ein falsches Bild von uns. Erst wenn wir andere treffen, merken wir, wer wir wirklich sind. Unsere neue Identität kommt erst in der Gemeinschaft zur vollen Entfaltung."

Angelika brauchte an diesem Punkt eigentlich eine Denkpause. Sie musste an Ellie denken und daran, dass sie erlebt hatte, was auch dieses Mammut erfahren hatte: Sie hatte ihre wahre, für sie aber total neue Identität entdeckt, und nun war sie Teil einer Herde von Menschen, in der sie die Fülle dieser Neuentdeckung genießen konnte. Sie staunte innerlich.

Der Pastor war aber noch nicht am Ende angelangt. „Ich würde also sagen, dass jeder von euch in der Gemeinde Erfüllung findet, und das auf vielerlei Art. Ihr müsst nämlich eines wissen: Gott hat in jeden von uns besondere und ganz einzigartige Gaben hineingelegt. Die sollten wir einsetzen! Die Gemeinde Gottes lebt davon, dass wir alle das ausleben, was wir in uns tragen."

Jetzt war der Pastor am Ende seiner Ausführungen angelangt. Es war ein langer, ein intensiver und ein wichtiger Abend für Angelika gewesen. Sie hatte so vieles verstanden. Nach den Ausführungen des Pastors hatte sie sich noch eine Zeitlang mit Torsten unterhalten, der auch noch nicht lange in der „Er-lebt"-Gemeinde war. Angelika fühlte sich in dieser neuen Gemeinschaft gut aufgehoben.

Als sie in die Nacht hinausging, kam es ihr so vor, als schwebte sie. Vor nur wenigen Wochen hatte Jesus sie gefunden. Und jetzt wusste sie tief in ihrem Herzen, dass sie für sich die richtige Kirchengemeinschaft gefunden hatte. Das war das erste lebensverändernde Ereignis dieser Tage.

Das zweite wichtige Ereignis war Angelikas Taufe. Sie hatte sich tatsächlich dafür entschieden, ihren neu gewonnenen Glauben ganz öffentlich zu bekennen. Sie hatte die Herausforderung angenommen. Natürlich hatten ihre Freundinnen etwas seltsam reagiert und natürlich brachten ihre Eltern ihr nur Unverständnis entgegen. Das tat ihr zwar weh, aber es war alles nicht so wichtig. Mehr noch, sie hatte alle trotzdem zu diesem besonderen Tag eingeladen.

Nun stand sie in einem hellen Hemdchen vor diesem Wasserbecken und war völlig nervös. Im Gottesdienstraum saßen drei ihrer engsten Freundinnen und beim zweiten Lied hatte auch völlig unerwartet ihre Mutter den Raum betreten. Das machte Angelika nicht ruhiger, im Gegenteil.

Angelika stand nun vor all diesen Menschen und erzählte ihre Geschichte. Vier Minuten lang berichtete sie aus ihrem Leben, besonders von den vergangenen Wochen. Von einem Mammut namens Ellie. Wie diese ihre wahre Identität fand. Und sie erzählte von sich. Wie sie aus völliger Ignoranz zu einer Beziehung zu Jesus gefunden hatte. Ihre Stimme zitterte. Aber irgendwie spürte sie eine Stärke, die sie nie vorher erlebt hatte. Professor Blum saß mit seiner Frau Rita in der ersten Reihe. Auf ihren Gesichtern glänzte große Freude.

Angelika ging mit Pastor Erich die Treppe hinunter und stand dann im Wasserbecken.

„Angelika Steuber, bekennst du, dass du mit Leib und Seele zu Jesus Christus gehörst?"

„Ja!"

„Angelika, versprichst du, dass Jesus allein Herr und König über dein Leben ist und dass du ihm folgen willst?"

„Ja!"

„Dann taufe ich dich" – und jetzt tauchte Erich Nikesch die junge Berlinerin nach hinten ins Wasser – „im Namen des Vaters und des Sohnes und des Heiligen Geistes."

Angelika kam aus dem Wasser und holte Luft. Dann stieg sie mit zitternden Knien aus dem Becken. Die Leute im Saal klatschten und jubelten. Angelikas Mutter war ein wenig erschrocken über das, was mit ihrer Tochter geschehen war. Angelikas Freundinnen waren verwirrt. So etwas war ihnen einfach sehr fremd. Und Angelika? Sie fühlte sich gestärkt in ihrem neuen Leben.

An diesem Abend lag Angelika in ihrem Bett und dachte an den Moment vor einigen Wochen, als sie an gleicher Stelle gelegen hatte. Sie musste auch wieder an Ellie denken. Dieses Mammut, das sich so lange für ein Opossum gehalten hatte.

„Diese Verbindung zu all diesen ‚Mammuts' hat mir so viel über meine wahren Sehnsüchte verraten. Und inmitten dieser Herde hat Gott mir meine wahre Identität offenbart!"

▶▶ „Diese Verbindung zu all diesen ‚Mammuts' hat mir so viel über meine wahren Sehnsüchte verraten. Und inmitten dieser Herde hat Gott mir meine wahre Identität offenbart!"

Kapitel 5

Gott ist das Wort

„Ich heiße Emile, und es gibt ein Buch, das mich kennt!"

> *„Denkt an den Regen und den Schnee! Sie fallen vom Himmel und bleiben nicht ohne Wirkung: Sie tränken die Erde und machen sie fruchtbar; alles sprießt und wächst. So bekommt der Bauer wieder Samen für die nächste Aussaat und er hat genügend Brot. Genauso ist mein Wort: Es bleibt nicht ohne Wirkung, sondern erreicht, was ich will, und es führt das aus, was ich ihm aufgetragen habe."*
>
> **Jesaja**
> (ein Prophet, der etwa 650 v. Chr. lebte und diese Worte als Botschaft von Gott aufschrieb; Jesaja 55,10–11)

Ein Gespräch über die Bibel

Im Alter von siebzehn Jahren kam Hannes Klemschke als Austauschstudent in eine Gastfamilie, die in der Nähe von Philadelphia, USA, lebte. Dort sollte er die unglaublichste Erfahrung seines Lebens machen. Religion war für ihn und seine Familie bislang nie ein Thema gewesen. Zweimal im Jahr gingen sie in die Kirche – an Heiligabend und am Ostersonntag. Darüber hinaus wurde weder über Gott nachgedacht, noch über ihn geredet.

Aus diesem Grund war Hannes sehr schockiert, als er merkte, dass seine Gastfamilie, die Carmichaels, religiös war. Kaum zu

113

glauben, auf den ersten Blick waren es doch ganz normale, gebildete Leute. John Carmichael war Rektor der örtlichen High-school, seine Frau Anna arbeitete dort als Biologielehrerin. Und die ganze Familie glaubte an Gott und diesen Glauben prak-tizierte sie auch sehr öffentlich. Die Carmichaels beteten vor jedem Essen und gingen sonntags alle gemeinsam zur Kirche. Alle. Nicht nur die Eltern, sondern auch die achtjährige Tochter Sarah, der zwölfjährige Michael, die sechzehnjährige Jennifer und – wenn er am Wochenende von der Universität nach Hause kam – auch der neunzehnjährige Alan. Und Hannes merkte rasch, dass sie nicht aus Pflichtbewusstsein gingen; sie taten dies gerne. Sogar Jennifer, eine hübsche Blondine, nach der sich fast jeder Junge umdrehte, war voll und ganz auf Gemeinde eingestellt. Und dabei war sie gar nicht überheblich fromm, im Gegenteil. Sie war so freundlich und nett, dass Hannes' Herz immer mehr zu schmelzen begann.

In seiner ersten Woche in den USA war der Jetlag noch zu groß. Das war Hannes' Ausrede, um am Sonntag nicht mit in die Kirche gehen zu müssen. Am zweiten Sonntag wusste Hannes, dass der Jetlag nicht mehr als Ausrede herhalten konnte. Also schob er Kopfschmerzen vor. Aber am dritten Sonntag fiel ihm schon keine Ausrede mehr ein. Mister Carmichael hatte darüber hinaus gesagt, dass er sich nicht verpflichtet fühlen solle, mit-gehen zu müssen. Aber irgendwie wurde Hannes das Gefühl nicht los, dass es unhöflich wäre, wenigstens nicht ein Mal mit-zugehen. Schließlich waren die Carmichaels seine Familie, zu-mindest vorübergehend. Also ging er am dritten Sonntag mit. Der positive Nebeneffekt war, dass er auf der Fahrt im Van neben Jennifer sitzen durfte.

Was Hannes sehr überraschte, war, dass die Kirche sich nicht vor Ort befand, sondern mitten in Philadelphia. Die presbyte-rianische Kirche in Philadelphia hatte eine lange Geschichte und war durchaus bekannt. Der Prediger James Montgomery Boice war bekannter Verfasser mehrerer Bücher. Noch etwas überraschte Hannes sehr: Der Gottesdienstraum war bis auf den letzten Platz gefüllt. Die Familie Carmichael setzte sich auf die Empore. Von dort aus konnte Hannes alles überblicken, was ihm sehr gefiel. Es waren entgegen seiner Vermutung nicht nur ältere Menschen anwesend, sondern Hunderte von Universitätsstudenten und jungen Berufstätigen. Das offenbarte zumindest der Blick von oben. John Carmichael deutete von der Empore aus auf einige bekannte Gottesdienstbesucher: der Präsident der Universität von Pennsylvania, eine wichtige Politikerin, ein ehemaliger Minister aus der Regierung von Ronald Reagan. Hannes war sichtlich erstaunt.

Die klassische Musik zu Beginn des Gottesdienstes gefiel Hannes weniger gut. Aber dass die Besucher so laut und enthusiastisch diese alten Lieder mitsangen – das kam bei ihm irgendwie gut an. Dann folgte die Predigt. Ruhig, aber sehr leidenschaftlich sprach Pastor James Boice von der Kanzel aus. Er erklärte einen Bibeltext und versuchte auch noch, ihn auf das tägliche Leben heute anzuwenden. Das hatte der junge Deutsche bislang noch nie erlebt. Boice legte den Bibeltext so alltagsrelevant aus, dass Hannes am Ende der dreißig Minuten gar nicht fassen konnte, wie aufmerksam er jedem Wort gelauscht hatte.

Zu Hause angekommen, aßen alle gemeinsam; dann ging John Carmichael ins Wohnzimmer und schaltete den Fernseher an. Es war Zeit für das Footballspiel zwischen Philadelphia und Dallas. Hannes schmökerte derweil in den Werken herum, die auf dem Bücherregal standen. Sein Blick fiel direkt auf einen Autor, dessen Namen er sofort erkannte: James Montgomery Boice.

„Das ist doch euer berühmter Prediger, oder?", erkundigte er sich. Hannes nahm das Buch aus dem Regal. Es trug den Titel *The Sovereign God.*

„Weißt du, Hannes, was mir an Boice so gefällt? Sein Werdegang: Er hat viele Jahre in Europa studiert und in Basel promoviert. Sein Doktorvater war der berühmte Karl Barth und in seiner Dissertation ging es um die Theologie von Emil Brunner. Also, der Mann versteht wirklich etwas von Theologie."

Auch wenn Hannes keinen der genannten Namen kannte, verstand er, dass Boice ein kompetenter Mann sein musste. Hannes begann, in dem Buch zu blättern. Er las einige Zeilen und merkte, dass er die englischen Sätze verstehen konnte. Ermutigt blätterte er weiter. Sein Blick fiel auf ein Kapitel mit dem Titel: „The Book that knows me". Dieser merkwürdige Titel nahm sofort seine ganze Aufmerksamkeit gefangen und Hannes setzte sich in einen großen Ohrensessel und begann zu lesen. Er stieß schließlich auf folgende Geschichte:

Der französische Philosoph Emile Caillet war Atheist und lehnte daher das Christentum entschieden ab. Überhaupt vertrat er die Überzeugung, dass Religion nur den Verstand verführe und die menschliche Würde mit Füßen träte. Aus diesem Grund erlaubte er seinen Kindern und seiner Frau nie, sich in irgendeiner Weise mit Religion zu beschäftigen.

Caillet war aber auch ein brillanter Denker, den vor allem der Bereich der Epistemologie interessierte, also die Entwicklung des Verstandes und wie Menschen zu festen Überzeugungen und zu festen Vorstellungen gelangen. Seit einigen Jahren verfolgte Caillet ein bestimmtes Projekt: Er schrieb seine profundesten Gedanken und Erfahrungen in einem Buch nieder und nannte es „Das Buch, das mich kennt". Er wusste, dass er dieses Buch irgendwann einmal öffnen und all die tiefgehenden Gedanken lesen würde, die er über die Jahre gesammelt hatte. Es würde sein Selbstverständnis vertiefen, davon war er überzeugt.

Eines Sonntags ging Caillets Frau durch Paris, als sie plötzlich jemanden singen hörte. Aus irgendeinem Grund fand sie den Klang tröstlich. Die Musik kam aus einer kleinen Kapelle, die im 17. Jahrhundert von Hugenotten gebaut worden war. Sie ging hinein, setzte sich auf eine der Bänke ganz hinten und lauschte dem Gesang der Menschen. Dann erhob sich ein älterer Mann, trat auf die Kanzel, öffnete ein Buch und fing an, über die Seele des Menschen und seine tiefe Sehnsucht nach Gott zu sprechen. Madame Caillet war tief berührt. Hier war etwas, das sich so neu und so erfrischend anhörte, und zur selben Zeit wusste sie, dass es genau das war, wonach sie sich viele Jahre gesehnt hatte.

Nach dem Gottesdienst ging sie schnell in Richtung Ausgang, aber der alte Prediger stand schon gemeinsam mit seiner Frau an der Tür. Sie begrüßten Madame Caillet warmherzig. Die Frau des Philosophen sagte nichts, beugte nur den Kopf.

„Besitzen Sie eine Bibel?", erkundigte sich der alte Franzose.

„Nein, so etwas ist in unserem Haus nicht erlaubt", entgegnete Madame Caillet bestimmt.

Die Frau des Predigers wandte sich um, nahm eine Bibel aus dem Regal und gab sie der Frau des Philosophen.

„Vielleicht müssen Sie diese hier dann verstecken. Aber ich kann Ihnen sagen, es wird Ihnen viel Trost schenken, darin zu lesen. Es sind Gottes Worte."

Madame Caillet bedankte sich höflich und lief schnell davon. Sie war nervös. Sie wusste, dass ihr Mann Emile niemals herausfinden durfte, dass sie im Besitz einer Bibel war. Er würde vor Wut toben und das Buch zerreißen.

Sie hatte nie in eine Bibel hineingeschaut, und sie war jetzt neugierig, ob es wirklich ein Buch von Gott war. Also setzte sie sich an einen Tisch in einem kleinen Straßencafé, bestellte sich einen Café au lait und begann, im Johannesevangelium zu lesen. Und die Worte drangen tief in ihr Herz.

Einige Monate später beschloss Emile Caillet, dass es Zeit war, seine gesammelten Einsichten durchzulesen. Dies also sollte das Buch sein, das ihn kannte. Emile war in eine persönliche Lebenskrise geraten und er brauchte eine neue Perspektive. Er spürte ein Vakuum in seinem Herzen, die Sehnsucht nach etwas, das er nicht benennen konnte. Er wollte mehr haben vom Leben.

Also setzte er sich unter einen Baum in seinem Garten und begann zu lesen. Er las und las. Doch obwohl er stundenlang las, wurde das Loch in seinem Herzen immer größer. Am Ende seines Buches angelangt, war er völlig verzweifelt. Dieses Buch mit all seinen tiefgreifendsten philosophischen Einsichten in das Leben kannte ihn nicht besser, als er sich selbst kannte.

Tief enttäuscht ging er zurück ins Haus. Dort geschah etwas Seltsames. Madame Caillet hatte an diesem Morgen vergessen, ihre Bibel wieder zu verstecken, sodass das Buch auf ihrem Nachtschränkchen neben dem Bett lag. Während Emile verzweifelt in seinem Schlafzimmer hin und her lief, fielen seine Augen plötzlich auf dieses Buch. Entschieden lief er zum Nachttisch seiner Frau, nahm die Bibel zur Hand und fing an zu blättern. Er blätterte sie durch, bis er zu der Überschrift „Die Bergpredigt" kam. Neugierig fing er an zu lesen. „Glücklich sind, die erkennen, wie arm sie vor Gott sind, denn ihnen gehört die neue Welt Gottes. Glücklich sind die Trauernden, denn sie werden Trost finden ..." Der Philosoph las die gesamte Bergpredigt durch – Matthäusevangelium, Kapitel 5,6 und 7. Ihn prägten die Worte, sie stachen ihn, sie heilten ihn, sie demütigten ihn, sie trösteten ihn. Er las die Bergpredigt ein zweites Mal, dann ein drittes Mal. Er las die ganze Nacht durch, die Bergpredigt, immer und immer wieder. Am Morgen erhob er sich aus seinem Sessel, ballte eine Faust und sagte voller Überzeugung: „Hier ist das Buch, das mich kennt!"

▶▶ **Wie konnte das passieren? Ein brillanter französischer Philosoph beschließt, dass die Bibel das Buch ist, durch das Gott zu den Menschen redet?**

Emile Caillet widmete Jesus und dem Studium der Bibel fortan den Rest seines Lebens. Später zogen die Caillets von Frankreich in die USA, wo Emile Professor der Philosophie an der Princeton University wurde.[1]

Hannes legte das Buch auf seinen Schoß und dachte nach. Wie konnte das passieren? Ein brillanter französischer Philosoph beschließt, dass die Bibel ein Buch ist, durch das Gott zu den Menschen redet? Und auf der anderen Seite der Weltkugel hielt ein brillanter Prediger und Autor die Bibel ebenfalls für das Wort Gottes? Hannes konnte es kaum glauben. Er saß den ganzen Nachmittag auf dem Sofa und las die Kapitel, die Boice über die Bibel verfasst hatte.

In den folgenden Wochen ging Hannes weiterhin mit zur Kirche. Er war neugierig geworden. Das Buch von Boice war nur eines von vier Bänden über den christlichen Glauben.[2] Hannes las schließlich alle vier und lernte nicht nur viel über den historischen Glauben, er verstand auch, dass der Mann, der Woche für Woche auf der Kanzel stand und predigte, sehr viel von Philosophie, Kulturgeschichte und Kunst verstand. Vielleicht fiel es dem siebzehnjährigen Deutschen daher so schwer zu glauben, dass Boice ernsthaft davon ausging, die Bibel sei Gottes schriftliche Offenbarung für die Menschen.

An einem Montagabend nach dem Essen setzte sich Mister Carmichael ins Wohnzimmer, um das Montagsspiel der amerikanischen Football-Liga anzuschauen. Doch soweit kam es nicht. Hannes hatte Fragen und er brauchte Antworten. Unbedingt. Jennifer kam ebenfalls ins Wohnzimmer und setzte sich zu ihm aufs Sofa. Hannes wäre es eigentlich viel lieber gewesen, das Gespräch ohne Jennifer zu führen, denn er fürchtete, sich mit seinen Fragen zu blamieren. Aber er platzte fast vor Neugier, also legte er los.

„John" – Hannes duzte seinen Gastvater mittlerweile – „wie bist du eigentlich zu der Überzeugung gelangt, dass die Bibel absolut zuverlässig ist?"

In diesem Moment wurde Mister Carmichael in Hannes' Augen zum Helden. Er nahm nämlich die Fernbedienung und schaltete den Fernseher aus. Er wusste, dass sein Gast ihm gerade eine der wichtigsten Fragen gestellt hatte, die man im Leben stellen kann. Mister Carmichael begann, Hannes einiges zu erklären; Dinge, von denen Hannes in Boices Buch bereits gelesen hatte: Dass die Bibel kein normales Buch ist, sondern eher eine Bibliothek von 66 Büchern, die von 40 verschiedenen Autoren stammen. Dass die Autoren meist angesehene Propheten Gottes waren oder Apostel. Dass sie alle innerhalb ganz unterschiedlicher Kulturen und aus verschiedenen Hintergründen und zu unterschiedlichen Zeiten und für verschiedene Zielgruppen schrieben – und dass ihre Werke einen Zeitraum von insgesamt etwa 1.500 Jahren abdeckten. Hannes erfuhr, dass die 39 Bücher des Alten Testamentes zwischen 1450 und 450 vor Christus geschrieben wurden, die 27 Bücher des Neuen Testamentes zwischen 55 und 95 nach Christus. John Carmichael betonte, dass die Bibel trotz der großen Vielfalt der Autoren ein faszinierend harmonisches Werk war. Dass es keinen einzigen Widerspruch zwischen den einzelnen Büchern gab. Dass die Bibel trotz ihrer Vielfalt in allen Themen eine Übereinstimmung habe. Dass es Hunderte von Prophezeiungen im Alten Testament gab, die Hunderte von Jahren später in Erfüllung gingen.

Mister Carmichael erklärte schließlich: „Das alles hat mich über die Jahre davon überzeugt, dass wir es hier mit mehr als nur menschlichen Zeugnissen über ihre Erfahrungen mit Gott zu tun haben. Die Bibel ist Gottes schriftliche Offenbarung an uns Menschen." Dann sagte John Carmichael etwas, das Hannes sehr prägen sollte: „Aber Gottes Geist muss dich selbst davon überzeugen, niemand kann das für dich tun, nicht mal du selbst."

John nahm seine Bibel vom Kaffeetisch, schlug sie auf und zeigte Hannes einige Passagen, in denen die biblischen Autoren selbst aussagten, dass sie nicht ihre eigene Meinung über Gott niederschrieben, sondern das, was er ihnen gezeigt oder gesagt hatte.

„Du siehst also, dass nicht irgendein Mensch behauptet hat, die Bibel sei das Wort Gottes; die Bibel selbst hat bewiesen, dass sie es ist. Bei Mohammed war dies zum Beispiel anders. Er behauptete, er hätte den Inhalt des Korans auf einem Berg direkt von Gott erhalten. Die Integrität der Bibel kommt von innen heraus. Aus ihr selbst. Es ist, als sage die Bibel zu uns: Entweder du akzeptierst die Bibel als das, was sie von sich selbst zu sein behauptet – also als Gottes Wort –, oder du erklärst, dass die Bibel großer Betrug ist oder eine verführerische Legende. Aber eines kannst du nicht tun: Behaupten, dass die Bibel einfach nur ein gutes Buch sei. Diese Möglichkeit lässt sie dir nicht."

Nach diesen Erklärungen zeigte Carmichael Hannes noch einige Texte, in denen die Autoren betonen, wie sehr ihnen beim Schreiben die Präzision am Herzen lag. Der Amerikaner öffnete das 1. Kapitel des Lukasevangeliums und erklärte, dass Lukas ein Arzt und Historiker gewesen war, der den bekannten Apostel Paulus überall auf seinen Reisen begleitet hatte. Dann las er die ersten vier Verse dieses Buches: „Schon viele haben versucht, all das aufzuschreiben, was bei uns geschehen ist, so, wie es die Augenzeugen berichtet haben, die von Anfang an dabei waren. Ihnen hat Gott den Auftrag gegeben, die rettende Botschaft weiterzusagen. Nun habe auch ich mich sehr darum bemüht, alles von Anfang an genau zu erfahren. Ich will es dir, lieber Theophilus, jetzt der Reihe nach berichten. Du wirst merken, dass alles, was man dich gelehrt hat, richtig und wahr ist. "

▶▶ „Aber wie können wir zweitausend Jahre später sicher sein, dass das alles wirklich exakt ist?"

John deutete auf Details in Lukas' Einleitung: Augenzeugen, mündliche Überlieferung der Ereignisse, dass Lukas alles sorgfältig erforscht hatte, weil er nur Fakten an Theophilus weitergeben wollte, und dass das alles eine sichere Grundlage eines persönlichen Glaubens sein sollte.

Hannes war skeptisch, sehr skeptisch. „Aber wie können wir zweitausend Jahre später sicher sein, dass das alles wirklich exakt ist?", wollte er wissen.

John erklärte, wie das Material zusammengetragen und aufgeschrieben worden war und dass man es zu einer Zeit versandt hatte, als viele Beteiligte noch am Leben gewesen waren. Auf diese Weise hätten sie die Gelegenheit gehabt, falsche Berichte richtigzustellen.

„Nimm zum Beispiel dieses Detail hier", sagte Jennifers Vater, als er das Johannesevangelium aufschlug. „,Es war gefüllt mit hundertdreiundfünfzig großen Fischen. Und obwohl es so viele waren, zerriss das Netz nicht.' Das sind ganz klar die Worte eines Augenzeugen, nämlich die von Johannes, der einer der Jünger Jesu war. Es waren damals auch noch andere Jünger anwesend, die Jahre später noch am Leben waren, als dieser Bericht aufgeschrieben und herumgeschickt wurde. Wenn er nicht historisch korrekt gewesen wäre, hätte doch einer dieser Zeitzeugen, einer der Jünger vielleicht, leicht was dagegen einwenden können. Zum Beispiel so was wie: ,Was Johannes geschrieben hat, stimmt nicht ganz. Es waren nicht hundertdreiundfünfzig Fische, es waren nur hundertachtundvierzig.' Aber solche Korrekturen gibt es nicht.

Außerdem müssen wir noch was ganz Wichtiges sehen: Die damaligen Autoren lebten nicht in einer schriftlichen Kultur wie wir heute. Sie lebten in einer Gedächtniskultur. Man merkte sich die Dinge und gab sie mündlich weiter. Die Menschen waren geübt darin, Ereignisse, Fakten, Lehren und Geschichten mündlich so weiterzutragen, dass sie ganz exakt dem ursprünglichen Sachverhalt entsprachen. So wurde alles vom Lehrer zum Schüler, vom Vater zum Kind, von einer Generation zur nächsten präzise weitergegeben. Das ist genau das, was die Bibelautoren meinen, wenn sie sagen – so wie Lukas –, ,wie uns das überliefert wurde' oder ,Haltet euch an das, was ich euch übertragen habe'. Paulus zum Beispiel sagt das häufig und meint damit nicht: ‚Ich hab da so eine Idee gehabt, von Jesus oder von Gott, und ich lade euch ein, meine Idee zu übernehmen'. Nein, Paulus meinte damit etwas anderes. Er meinte: ‚Das, was wirklich geschehen ist, was Jesus wirklich gelehrt hat – das sollt ihr als Fakten annehmen und in euren Herzen als Realität und Tatsache bewahren.'"

An diesem Abend wurden noch viele andere Dinge besprochen und Hannes' Erstaunen wuchs immer mehr. Er wäre nie auf die Idee gekommen, dass die Bibel eine Offenbarung des lebendigen Gottes war und auch historische Fakten enthielt. Aber was war, wenn das Ganze nur eine Behauptung von Boice, Mister Carmichael und letztlich von der Bibel selbst war? Das musste er jetzt für sich selbst prüfen. Hannes beschloss an diesem Abend, die Bibel selbst einmal durchzulesen.

Mister Carmichael wusste, wo er für Hannes eine deutsche Bibel besorgen konnte. Einige Tage später lag sie in Hannes' Händen und dieser begann zu lesen. Zuerst die vier Evangelien, Matthäus, Markus, Lukas und Johannes. Gleichzeitig, so hatte John Carmichael es ihm empfohlen, las er kleinere Teile wie die Briefe an die Galater, Epheser, Philipper und Kolosser. Die vier Evangelien gaben Hannes tiefe Einsichten in die Person Jesu Christi und in seine Werke und seine Lehre. Die vier kürzeren Briefe lehrten ihn einige Prinzipien für das Leben und darüber, was man über Gott und Jesus und das alles denken soll.

Für Hannes war das der Anfang eines neuen Lebens. Normal? Ja, aber anders. Tiefer. Sicherer. Jeden Tag las er ein wenig in der Bibel. Und es kam ihm so vor, als lese er ein Buch, das ihn kannte ...

Ein Gespräch über die Glaubwürdigkeit der Bibel

„Das ist doch totaler Quatsch!" Gerhard Kohls Reaktion brachte die Diskussion erst einmal zum Stocken.

„Warum sagst du so was?", fragte Dorothea in ihrer vermittelnden Art.

„Es ist halt wahnsinnig. Und total irrational!", sagte Gerhard leidenschaftlich. „Gott offenbart sich in einem Buch? Vielleicht durch Visionen oder irgendwelche Erscheinungen oder eben durch den Glauben, den jemand hat. Aber in einem Buch? Und dann soll dieses Buch auch noch für alle Menschen auf der Erde gelten? Das ist doch Blödsinn! Und genau der Grund, warum es immer wieder zu Kriegen kommt!"

Es war Anfang August und die drei Freunde saßen auf der Terrasse von Dorotheas Elternhaus. Alle drei stammten aus Seeheim-Jugenheim in Hessen, alle drei waren auf das Ludwig-Georgs-Gymnasium in Darmstadt gegangen. Hannes Klemschke hatte dabei die elfte Klasse als Austauschstudent in den USA absolviert. Nach dem Abitur waren die drei zum Studieren in unterschiedliche Städte gezogen – Gerhard Kohl nach Köln; er wollte Ingenieur werden. Dorothea König zum Pädagogikstudium nach Frankfurt. Und Hannes Klemschke war nach Bochum gegangen, um Mathematik zu studieren. Doch in allen Semesterferien trafen sich die drei in Seeheim-Jugenheim.

Gerade war ihr sechstes Semester zu Ende gegangen. Dieses Mal lief das Treffen der drei Freunde jedoch nicht ohne Spannungen ab. Im März waren sie mit anderen Freunden in einer Kneipe gewesen. Sie hatten viel Bier getrunken, sprachen heiter über den 11. September und kamen schließlich auf die Themen „Religion" und „Fundamentalismus" zu sprechen. In diesem Zusammenhang hatte Hannes den Freunden zum ersten Mal von seinen eigenen Erfahrungen erzählt. Er stand noch immer in Kontakt mit den Carmichaels, seiner amerikanischen Gastfamilie – vor allem mit Jennifer Carmichael. Im September wollte er die Familie wieder besuchen. Hannes erzählte von den Büchern, die er gelesen hatte, und von dem Philosophen Emile Caillet und seinen Erfahrungen mit dem „Buch, das mich kennt". An diesem Abend waren alle überrascht, dass einer aus ihrer Runde – und dann noch so ein intelligenter – angefangen hatte, die Bibel ernst zu nehmen.

Nach der Kneipendiskussion im März hatten die drei Freunde keinen Kontakt mehr gehabt. Jetzt saßen sie auf der Terrasse der Familie König und tauschten sich über die Erlebnisse der vergangenen Monate aus. Nach der ersten Flasche Bier wandte sich das Gespräch Hannes' Glauben zu.

Gerhard, der Skeptiker, eröffnete das Gespräch mit einem Paukenschlag: „He, Hans" – das war Hannes' Spitzname bei seinen Freunden –, „ich hab mir da im März ganz schön Sorgen über dich gemacht. Dieser französische Philosoph, wie auch immer der hieß, der die Bibel als ‚das Buch, das mich kennt' bezeichnet hat – sag mal, hast du den Verstand verloren? Deinen Sinn für Logik und Rationalismus?"

Dorothea war mittlerweile zur Vermittlerin unter den dreien geworden. Sie entgegnete: „Also, ich denke, wir können dieses Thema besprechen, ohne Hans zu beleidigen. Ich bin ja selbst überrascht, dass jemand, der so intelligent ist wie du, ein Bibelfan geworden ist ... Ist nicht die Bibel ein religiöses Buch wie alle anderen religiösen Bücher auch? Wie der Koran zum Beispiel?"

Hannes antwortete: „Eigentlich ist die Bibel kein einzelnes Buch, sondern eine ganze Bibliothek." Jetzt berichtete er all das, was er von Mister Carmichael damals über die Bibel erfahren hatte. „Es ist letztlich so, als hätte es für die Bibel eine Art großen Autoren gegeben, der die vierzig ganz unterschiedlichen Autoren dirigiert hat."

„Quatsch!" Gerhard hielt mit seiner Meinung nicht hinter dem Berg. „Gott offenbart sich weder durch ein Buch noch durch sechsundsechzig Bücher."

„Ja, das denke ich auch", pflichtete Dorothea ihm bei. „Ich habe auch so ein Problem mit deiner Ansicht, Hans. Du meinst wirklich, dass die Bibel von Gott geschrieben wurde? Die Bibel wurde doch von Menschen verfasst."

„Ja, sie wurde von Menschen aufgeschrieben. Aber die Bibel selbst behauptet, dass die vierzig Autoren lediglich die Vermittler sind. Der Ursprung der Wahrheiten aber hat seine Quelle nicht in diesen menschlichen Autoren, sondern in Gott."

„Aber wie kannst du so was glauben, Hannes!", protestierte Gerhard.

„Vor fünf Jahren fand ich das alles auch unmöglich. Was mich zum Nachdenken gebracht hat, ist, wie Gott sich persönlich in einer Person offenbart hat, in Jesus Christus. Das zumindest behauptet die Bibel selbst. Und sobald die Bibel das behauptet – die schriftliche Offenbarung Gottes zu sein –, stellt sich für uns sofort die Frage nach der Integrität. Genauso wie die Integrität von Jesus in Zweifel gezogen wird, sobald er behauptet, Sohn Gottes zu sein. Aber Jesus hat es uns unmöglich gemacht, zu behaupten, er sei einfach bloß ein guter Lehrer. Genauso macht uns die Bibel die Auffassung unmöglich, sie sei einfach nur ein unterhaltsames Buch. Diese Option gibt es schlichtweg nicht."

Es entstand eine kleine Pause.

„Aber hört doch mal!", fuhr Hannes schließlich fort. „Warum soll das alles denn so unlogisch sein? Wenn es einen Gott gibt, der sich für jeden Einzelnen von uns interessiert, dann will er sich auch persönlich offenbaren. Und was wäre genialer, als sich auf der einen Seite in einer Person zu offenbaren, damit wir Menschen das, was wir nicht sehen können, in dieser Person sehen können, nämlich in Jesus – das Wesen Gottes zum Bei-

▶▶ „Aber Jesus hat es uns unmöglich gemacht, zu behaupten, er sei einfach bloß ein guter Lehrer. Genauso macht uns die Bibel die Auffassung unmöglich, sie sei einfach nur ein unterhaltsames Buch. Diese Option gibt es schlichtweg nicht."

spiel und seinen Umgang mit Menschen. Und auf der anderen Seite sich in etwas Schriftlichem zu offenbaren, damit er sich auch in bleibenden Worten offenbart, auf die wir immer wieder zurückgreifen können. Und genau das behauptet die Bibel von sich zu sein."

Dorothea war unsicher. „Und wo sind diese Behauptungen in der Bibel zu finden, dass Gott der große Autor sein soll?"

Hannes zog ein kleines Neues Testament aus seiner Tasche.

„Na toll, jetzt zitiert er uns auch noch Bibelverse. Danke, Dorothea!", warf Gerhard zynisch ein.

„Mal ehrlich", sagte Hannes in ruhigem Ton, „wir können von der Bibel doch nur vernünftig reden, wenn wir sie selbst lesen und unser Urteil aufgrund einer persönlichen Erfahrung mit diesem Buch fällen." Hannes blätterte zum ersten Timotheusbrief und las vor: „Denn die ganze Heilige Schrift ist von Gott eingegeben. Sie soll uns unterweisen; sie hilft uns, unsere Schuld einzusehen, wieder auf den richtigen Weg zu kommen und so zu leben, wie es Gott gefällt. So werden wir reife Christen und als Diener Gottes fähig, in jeder Beziehung Gutes zu tun.' Hier wird also behauptet, dass alles, was bis zu diesem Punkt als Heilige Schrift galt, von Gott eingegeben wurde. Paulus meint hier das Alte Testament, was ja immerhin zwei Drittel der Bibel ausmacht. An dieser Stelle steht im griechischen Original wörtlich so etwas wie ‚von Gott ausgeatmet'. Manche Bibelübersetzungen geben das Wort ‚eingegeben' auch mit ‚inspiriert' wieder. Aus diesem Grund sprechen wir von der ‚Inspiration' der Bibel, und damit meinen wir, dass die Bibel ein Produkt Gottes ist."

„He, warte mal", wandte Gerhard jetzt ein, „wer ist ‚wir'? ‚Wir' reden von der Inspiration der Bibel – wer ist ‚wir'? Damit meinst du doch eigentlich dich selbst und eine kleine Minderheit von etwas fanatischen, nicht so hellen Fundamentalisten."

„Gerhard, also wirklich! Manchmal könntest du etwas mehr Taktgefühl zeigen!", warf Dorothea empört ein.

„Was denn!", erwiderte Gerhard gereizt. „Wir alle wissen doch, dass das, was Hannes hier behauptet, keinesfalls Mainstream ist, sondern bloß die Meinung einer konservativen, fanatischen Minderheit!"

Hannes blieb ruhig. „Eigentlich sieht die Realität anders aus, als es uns die Medien vormachen. Die Meinung, die ich vertrete, entspricht der offiziellen Stellungnahme der katholischen Kirche. Das wurde vor einigen Jahren auf dem zweiten Vatikanischen Konzil bestätigt. Wir reden hier also nicht von einer Minderheit. Im Gegenteil. Wir reden von der Hälfte des weltweiten Christentums! Aber auch in der protestantischen Kirche vertreten viele durchaus sehr intelligente Theologen diese Auffassung. Wir können es in allen historischen protestantischen Glaubensbekenntnissen nachlesen, auch in ganz modernen Bekenntnissen. Deutschland ist in der theologischen Welt bekannt als das Land, das seit hundertfünfzig Jahren der Bibel ausgesprochen kritisch gegenübersteht. Aber in letzter Zeit haben sich einige bekannte Persönlichkeiten zur Bibel bekannt. Der Fernsehmoderator Peter Hahne zum Beispiel.[3] Oder der Journalist Markus Spieker, der die deutsche Glaubensszene übrigens für diese sinnlose Kritik rügt und dazu aufruft, zu einem Glauben an die Bibel als das autoritative Wort Gottes zurückzukehren.[4] In anderen Ländern der Welt gibt es Tausende von Universitätsprofessoren, die daran glauben, dass Gott der große Verfasser der Bibel ist. Wir sollten also sehr vorsichtig sein, wenn wir behaupten, diese Meinung sei fanatisch oder fundamentalistisch!"

Hannes versuchte nun, noch weitere Argumente anzuführen, die den Gedanken untermauerten, dass die Bibel von sich selbst behauptet, das Wort Gottes zu sein. „Schaut mal hier." Er blätterte wieder in seinem kleinen Büchlein. „Immer wieder danken wir Gott dafür, dass ihr unsere Predigt nicht als Menschenwort aufgenommen und verstanden habt, sondern als das, was sie ja tatsächlich ist, als Gottes Wort. Dieses Wort verändert jeden, der daran glaubt.‘ Das steht im ersten Thessalonicherbrief. Also, die Bibel ist die Offenbarung Gottes oder auch das Wort Gottes, wie es hier in dem Brief von Paulus heißt. Darum muss auch alles fehlerlos sein – sowohl die Bibel in ihrer Gesamtheit als auch einzelne Details."

„Wie kannst du denn behaupten, dass die Bibel keine Fehler enthält? Du gibst ja selbst zu, dass die Bibel von Menschen verfasst wurde. Und Menschen machen nun mal Fehler!"

„Ich weiß", entgegnete Hannes. „Wenn man sagt, dass Menschen die Bibel verfasst haben, führt das viele zu der Schlussfolgerung, dass die Zuverlässigkeit und die Glaubwürdigkeit der Bibel angezweifelt werden müssen. Aber ich sehe das anders. Natürlich stimmt es, dass Menschen Fehler machen. Ich selbst bin das beste Beispiel dafür. Aber damit gleichzeitig zu meinen, dass sie *auf jeden Fall* Fehler machen, das ist falsch. Entsprechend wäre auch die Schlussfolgerung falsch, dass auch die Verfasser der Bibel zwingend Fehler gemacht haben *müssen*!

Lass mich dir das anhand eines Beispiels erklären: Meine Mutter ist ja auch ein Mensch, und Menschen machen, wie wir festgestellt haben, Fehler. Aber deshalb komme ich nicht jeden Tag zum Essen nach Hause und frage mich, welche Fehler meine Mutter wohl heute wieder beim Kochen gemacht hat.

Ihr beide habt ja im Rahmen eures Studiums auch schon vieles aufgeschrieben, was ohne Fehler war. Und ihr seid ja nicht Mose oder Jesaja oder Paulus!

Ich will damit nur sagen: Ja, Menschen machen Fehler. Aber das heißt noch lange nicht, dass sie immer Fehler machen. Für mich – genauso wie für viele andere – ist die Glaubwürdigkeit der Bibel im Grunde auch nicht auf die menschlichen Autoren selbst zurückzuführen, sondern auf das Wesen des großen Autors. Gott ist heilig, und was heilig ist, kann nicht lügen. Das heißt: Gott kann nichts sagen, was unwahr wäre.

Auch nichts, was irgendwie verführerisch oder verwirrend wirkt. Das ist nicht seine Art! Deshalb geht keine Offenbarung aus Gottes Mund hervor, die nicht hundertprozentig korrekt wäre. Und auch beim Aufschreiben des Ganzen ist Gott der Souveräne. Gerade wenn es um menschliche Sprache geht. Gott ist frei zu tun und zu lassen, was er will. Bezüglich der Bibel heißt das, dass Gott die Macht hat, den Prozess des Aufschreibens so zu kontrollieren, dass genau die Inspirationen und Gedanken auf dem Papier landen, die er den Schreiberlingen eingegeben hat. Gott will ja nicht, dass wir eine Offenbarung bekommen, die voller Fehler ist! Er will, dass die Bibel ein Produkt ist, das sein Wesen widerspiegelt. Und zwar in Perfektion. Gott selbst hat die Souveränität, den ganzen Prozess des Schreibens zu bewahren."

▶▶ „Die Wissenschaft hat bestätigt, dass biblische Angaben zu Zahlen und Daten sowie andere Details erstaunlich zuverlässig sind."

„Na gut ..." Gerhard nickte nachdenklich. „Ich kann deiner Logik folgen. Sagen wir also, die Bibel sei in Sachen Glauben und Moralität zuverlässig. Aber die Bibel ist weder ein Geografie- noch ein Geschichtsbuch oder ein wissenschaftliches Werk. Wie kannst du da glauben, dass auch Aussagen, die sich auf solche Bereiche beziehen, fehlerlos und zuverlässig sind?"

„Nein, es ist sogar das Gegenteil der Fall!", konterte Hannes. „Die Wissenschaft hat bestätigt, dass biblische Angaben zu Zahlen und Daten sowie andere Details erstaunlich zuverlässig sind.

In den vergangenen hundert Jahren haben Kritiker versucht, viele Aussagen der Bibel in Zweifel zu ziehen: Dass es diesen oder jenen Stamm zur Zeit von Mose gar nicht gegeben habe. Dass es diese oder jene Stadt nicht gab. Dass es nie eine große Flut gegeben habe und so weiter. Doch Archäologen haben bisher sehr viele Beweise gefunden, die die biblischen Aussagen stützen. Und jedes Jahr werden es mehr.

Aber für mich selbst ist eigentlich die Stellungnahme von Jesus zur Bibel ausschlaggebend. Wenn Jesus wirklich der Sohn Gottes ist, dann muss doch seine Sicht der Bibel objektiv und wahr sein. Denke ich zumindest. In seiner Predigt auf dem Berg sagte Jesus: ‚Auch der kleinste Buchstabe im Gesetz Gottes behält seine Gültigkeit, solange Himmel und Erde bestehen. Wenn jemand auch nur das geringste Gebot Gottes für ungültig erklärt oder andere dazu verleitet, der wird in Gottes neuer Welt nichts bedeuten.‘ Jesus glaubte fest daran, dass die Bibel das Wort Gottes für uns Menschen ist. Er hielt sich ja auch selbst an ihre Prinzipien und Gebote. Und wenn Leute ihn gefragt haben, wie sie mit dieser oder jener Lebenssituation umgehen sollten, dann führte er die Fragenden zu ihrer Frage zurück: ‚Was sagt der Herr?‘, fragte Jesus und zitierte dann meist aus den alttestamentlichen Schriften. Für Jesus waren die Ereignisse, die im Alten Testament aufgeschrieben sind, historische Fakten."

Gerhard kratzte sich am Kopf und entgegnete: „Du glaubst also wirklich, dass es in der Bibel weder Fehler noch Widersprüche gibt!"

„Welche Fehler meinst du denn?", gab Hannes zurück.

Gerhard war jetzt etwas aus dem Konzept gebracht. „Ach, was weiß ich! Ich hab die Bibel ja nie gelesen. Soll es da nicht einen Widerspruch in den Berichten über die Auferstehung von Jesus geben? Eine Diskrepanz darüber, wie viele Engel am Grab waren oder so?"

In der nächsten halben Stunde unterhielten sich die drei darüber, inwiefern jeder biblische Autor in seinen Bericht den eigenen Blickwinkel und eigene Schwerpunkte eingebracht hatte.

„Was für mich sehr hilfreich war", erklärte Hannes, „war, was ich bei Boice damals gelesen habe: Wenn ich mit der Haltung in der Bibel lese, dass ich es ja eh nur mit den Berichten von fehlerhaften Menschen zu tun habe, und mir fällt eine

Unstimmigkeit im Text auf, dann stelle ich mich über diese Autoren und halte diese Diskrepanz für einen Fehler.

Wenn ich aber mit einer anderen Haltung an die Bibel herantrete – etwa: ,Ich halte die Offenbarung Gottes in Händen' –, dann ist die Unstimmigkeit für mich nicht gleich ein Irrtum oder Fehler. Ich weiß dann vielmehr, dass Gott in seinem Produkt keine Fehler erlaubt. Es muss also eine andere Erklärung geben – auch wenn ich sie nicht kenne. Damit beuge ich mich selbst vor der Schrift und weiß, dass ich mich intensiver damit beschäftigen muss, um alle möglichen Fakten zu ermitteln."

„Ist nicht sowieso alles eine Frage der Interpretation?", wollte Dorothea wissen. „Jeder kann die Bibel doch so interpretieren, wie er will, oder?"

„Ich weiß, das wird oft gesagt", entgegnete Hannes, „aber eigentlich ist das nicht wahr. Klar, es gibt Sekten und Kulte, die einen Bibelvers hier oder da aus dem Kontext reißen, um bestimmte Aussagen zu untermauern. Und ja, in der Bibel werden verschiedene Themen behandelt, die Christen in der Vergangenheit immer wieder anders gesehen haben. Aber im Großen und Ganzen ist die Bibel von ehrlichen Lesern einheitlich interpretiert worden. Wir können ja auch nicht die Bedeutung eines Textes von außen in ihn hineinlesen. Die Bedeutung eines Textes liegt ja immer im Text selbst. Hm, ich glaube, es ist irgendwo hier." Hannes blätterte noch einmal in seinem kleinen Neuen Testament. „Hier: ,Kein Mensch kann jemals die prophetischen Worte der Heiligen Schrift aus eigenem Wissen deuten. Denn niemals haben sich die Propheten selbst ausgedacht, was sie verkündeten. Immer trieb sie der Heilige Geist dazu, das auszusprechen, was Gott ihnen eingab.'"

„Also, jetzt mache ich mir wirklich Sorgen!", meinte Gerhard entschieden. „Wenn du sagst, dass man nicht seine eigene Interpretation an die Bibel herantragen kann, sondern sie aus der Bibel nehmen muss – dann ist das der Anfang von dem, was wir auch in der Geschichte des Christentums immer wieder gesehen haben: Menschen missbrauchen die Bibel, um ihren Willen durchzusetzen und andere zu unterdrücken! Sie sagen einfach: ‚Gott hat gesagt', und hauen anderen die Gebote wie einen Knüppel über den Kopf. Deswegen gab es die Kreuzzüge und deswegen gibt es heute diesen schrecklichen Fundamentalismus. Einige Menschen lehren etwas, und alle, die etwas anderes glauben, haben ein ganz großes Problem!"

Hannes blieb wieder ruhig. „Du hast recht. Im Namen Gottes und der Bibel wurde schon viel Unrecht begangen! Aber ich glaube, dass das Problem nicht bei Gott oder der Bibel liegt, sondern bei uns Menschen. In allen Religionen gibt es eine Form von Fundamentalismus – ob im Christentum, im Islam oder im Buddhismus. Und genau vor diesem Hintergrund warnt uns die Bibel vor Intoleranz! Wir sollen andere respektieren und annehmen. Wenn Menschen beispielsweise etwas anderes glauben wollen, dann sollen sie das tun. Es gibt in der Bibel keine Stelle, an der einer der Autoren sagt, dass man diese Menschen mit Gewalt zum Glauben an Gott zwingen soll! Vielmehr sagen sie uns Christen, dass wir Andersglaubende annehmen, lieben und für sie beten sollen. Die Bibel sagt, dass wir die Wahrheit immer in Liebe weitersagen sollen."

▶▶ „Im Namen Gottes und der Bibel wurde schon viel Unrecht begangen! Aber ich glaube, dass das Problem nicht bei Gott oder der Bibel liegt, sondern bei uns Menschen."

„Sag mal" – Dorothea mischte sich wieder in das Gespräch ein –, „was bringt dir dein Glaube an die Bibel eigentlich?"

„Für mich bedeutet es, dass etwas mit mir passiert, wenn ich die Bibel lese, Verse auswendig lerne und über sie nachdenke."

„Und was bitte schön?" Gerhards gewohnter Zynismus trat einmal mehr zutage.

„Es bedeutet, dass ich Jesus, dem Sohn Gottes, persönlich begegne, von ihm höre, ihn kennenlerne, wenn ich in der Bibel lese."

Gerhard lehnte sich in seinem Stuhl zurück. „Mann, jetzt mache ich mir aber wirklich Sorgen ...!"

Dorothea ging es anders. „Du meinst, es geht dir genau wie diesem französischen Philosophen, von dem du mal erzählt hast!" Sie hatte verstanden.

Ein Gespräch darüber, was die Bibel mit unserem Leben zu tun hat

Ein ganzes Jahr war mittlerweile vergangen und es war wieder August. Im September des Vorjahres war Hannes in die USA gereist, wo er drei Wochen bei den Carmichaels verbracht hatte. Es war so schön dort gewesen. Besonders schön war es, Jennifer wiederzusehen. Die beiden hatten im vergangenen Jahr viel telefoniert. In den drei Wochen, in denen Hannes dort war, hatte sich die Liebe der beiden so vertieft, dass Hannes über Neujahr wieder in die USA flog – dieses Mal, um sich mit Jennifer zu verloben. Jetzt war der Sommer gekommen, und in drei Wochen wollte er erneut in die USA reisen, um dort aus Jennifer Carmichael Jennifer Klemschke zu machen.

Vorher erwartete ihn aber eine kleine Überraschung. Dorothea rief bei Hannes an und erkundigte sich, ob sie kurz bei ihm vorbeikommen könnte. Seit der großen Diskussion im vergangenen Sommer hatten die Freunde kaum Kontakt gehabt. Gerade Dorothea hatte wenig von sich hören lassen.

„Ich hab viel über unser letztes Gespräch nachgedacht", sagte sie, als sie an diesem Abend vorbeikam. „Ich weiß nicht so genau, was ich von deiner Leidenschaft für die Bibel halten soll. Ich habe immer noch so viele Fragen! Zum Beispiel, wie ich wissen kann, dass die heutigen Bibelübersetzungen den ursprünglichen Text korrekt wiedergeben. Oder wie und wer die Entscheidung getroffen hat, dass es gerade diese sechsundsechzig Bücher sein sollen, die die Offenbarung Gottes wiedergeben. Vielleicht hatte Gott ja nur vierundsechzig im Sinn. Oder siebzig. Oder warum so viele Fachleute es für nötig halten, so kritisch an die Bibel heranzugehen. Irgendwann neulich war nämlich ein Artikel im ‚Spiegel', der ganz schön hart mit dem Christentum ins Gericht ging."

Hannes machte Anstalten, etwas zu entgegnen, aber Dorothea bedeutete ihm, dass sie noch nicht fertig war.

„Aber obwohl ich noch all diese Fragen habe, dachte ich vor einem Jahr, dass ich einfach mal anfangen muss, die Bibel selbst zu lesen. Ich habe mir also eine gekauft. Eine ganz moderne, ‚Gute Nachricht' oder so heißt sie. Und ich habe sie ganz durchgelesen. Und willst du es wirklich wissen? Ehrlich, ich habe vieles nicht verstanden. Besonders im Alten Testament und in diesem letzten Buch im Neuen Testament. Manches war einfach nur langweilig, einiges fand ich aber auch interessant. Diese Psalmen fand ich teilweise sehr bewegend. Einige Kapitel im Buch Jesaja, in denen Gott beschrieben wird, fand ich klasse. Und die Geschichten von Jesus waren cool. Also, Hannes, trotz allem – ich bin noch nicht ganz überzeugt, dass die Bibel Gottes Wort ist. Aber ich will unbedingt weiter darüber nachdenken und weiterlesen. Aber sag mal, wie gehst du eigentlich mit der Bibel um? Wenn ich einmal Christ werden würde, was für eine Rolle würde dieses Buch dann in meinem Leben spielen?"

Hannes traute seinen Ohren kaum. Seine alte Schulfreundin hatte ihm gerade eine sehr wesentliche Frage gestellt. Er wollte vorsichtig und sensibel antworten, denn etwas sagte ihm, dass es bei Dorotheas Entscheidung irgendwie auf seine Erwiderung ankäme.

„Also, die Bibel ist ein Buch mit einer ganz tollen Dynamik. Man kann sich nämlich in die Geschichten, die dort geschildert werden, gut hineinversetzen! So, als wäre man die Person, die das gerade erlebt. Nimm zum Beispiel Maria, von der im

20. Kapitel des Johannesevangeliums berichtet wird: Du bist Maria, stehst allein und völlig hoffnungslos da, weil deine Welt gerade zusammengebrochen ist – Jesus ist tot. Und dann plötzlich steht Jesus vor dir und nennt dich bei deinem Namen. Er ist bei dir, er lebt, weil er auferstanden ist. Und du merkst auf einmal, dass Jesus wirklich die Kraft und Autorität hat, alles in deinem Leben zu managen. Wie fühlst du dich in diesem Moment? Wie reagierst du? Du hast gerade die Auferstehungskraft von Jesus erlebt – ganz persönlich und hautnah! Was fordert dich heraus? Zu was fordert dich Jesus auf? Und was hat das mit deinem Alltag zu tun?" Hannes war ganz enthusiastisch.

Dorothea konnte seine Begeisterung jedoch nicht teilen. „Hört sich fast an wie ein Film, in den man hineinsteigen kann, als Schauspieler oder so. Aber wie bitte kannst du über ein Buch solche Behauptungen aufstellen? Also, dass man das alles einfach so für sich in Anspruch nehmen kann?"

„Dorothea, die Bibel ist ein geistliches Buch, sozusagen ein Gott-Buch. Sie ist nicht nur ein Zeugnis dafür, was passiert, wenn Menschen Gott begegnet sind. Die Bibel ist ein Buch, in dem wir nicht nur Gott, sondern auch uns selbst wiederfinden. Wir sind im Grunde nicht anders als die Leute damals. Gott hat uns die Bibel gegeben, damit wir im Glauben an ihn wachsen können."

▶▶ „Die Bibel ist ein Buch, in dem wir nicht nur Gott, sondern auch uns selbst wiederfinden."

Hannes dachte einen Moment nach. Dorothea wohl auch. Schließlich fragte sie: „Und was heißt das für mich so ganz praktisch? Ich meine, ich habe dieses Buch ja jetzt schon mal durchgelesen. Waren nette Geschichten dabei."

„Wenn du die Bibel wirklich als *dein* Buch entdecken willst, dann solltest du versuchen, jeden Tag darin zu lesen. Ehrlich gesagt, ist es für mich die wichtigste Begegnung des Tages, und darum versuche ich, es regelmäßig zu tun. Und zwar dann, wenn ich am frischesten bin, also gleich morgens. Ich plane jeden Morgen, bevor ich unter die Dusche steige und mich in den Alltag stürze, etwa eine halbe Stunde mit Gott ein, in der ich in der Bibel lese und bete. Das heißt, ich lese in der Bibel nicht einfach so, wie ich einen Roman lese. Ich lese sie, als wären diese Worte tatsächlich ein Gespräch mit Gott, in dem du hauptsächlich zuhörst. Du tust also so, als wären die Worte auf dem Papier nicht einfach nur Information für deinen Verstand, sondern eine existenzielle Begegnung mit Jesus. Du liest andächtig."

„Andächtig?", fragte Dorothea. „Wie sieht denn andächtiges Lesen aus?"

„Hm, ich persönlich lese einige Verse, dann frage ich Gott – also, ich bete –: ‚Was bedeutet das für mein Leben? Was hat dieser Text mit mir und meinem Alltag zu tun?' Dann bin ich für einige Minuten still, oder ich fange an, für bestimmte Fragen oder Situationen zu beten. Wenn ich beispielsweise nicht weiß, was ich tun soll.

Manchmal merke ich auch, dass der Text auf etwas hindeutet, das in meinem Leben nicht in Ordnung ist, wo ich mich verändern soll. Dann danke ich Gott für diese Einsicht und bitte ihn gleichzeitig, mir bei der Veränderung zu helfen."

„Von wem hast du denn dieses andächtige Bibellesen gelernt?", wollte Dorothea wissen.

„Von Mister Carmichael – meinem zukünftigen Schwiegervater. Er hat mir vor einigen Jahren alles erklärt. In der Bibel steht ja immer wieder, dass wir uns tagtäglich mit der Heiligen Schrift Gottes umgeben sollen. Das ist auch der Grund dafür, warum es für Christen eigentlich etwas ganz Normales ist, in der Bibel zu lesen. Egal, wo sie leben.

Zu dieser andächtigen Weise des Bibellesens gehört übrigens noch etwas ganz Wichtiges: Jesus! Jennifers ehemaliger Pastor, Dr. Boice, der gerade an Krebs gestorben ist, hat einmal gesagt: ‚Wenn man die Bibel liest, ohne Jesus auf den Seiten zu entdecken, liest man sie nicht richtig.' Das heißt, egal, ob im Alten oder im Neuen Testament – ich muss beim Lesen immer die Frage stellen: ‚Was verrät mir dieser Text über Jesus?'"

Dorothea war ein wenig skeptisch. „Das geht doch gar nicht. Es gibt so viele Texte, bei denen wir es schlicht mit Berichten über Kriege zu tun haben. Oder Anweisungen, wie man Lämmer schlachten soll. Oder wie hoch die Westseite des Tempels sein soll." Die beiden lachten.

„Ja, das stimmt. Es gibt so viele Texte, deren kultureller Hintergrund so anders ist als das, was wir kennen. Das Interessante ist aber, dass Jesus von genau solchen Stellen im Alten Testament behauptet, dass in ihnen im Grunde von ihm selbst die Rede ist. Er meinte damit nicht, dass jeder Vers oder gar jedes Wort direkt mit ihm zu tun hat. Aber der Zusammenhang jedes Textes. Wenn ich die Bedeutung einer Passage nicht verstehen kann oder wenn ich Jesus im Kontext eines Textes nicht finden kann, dann frage ich meinen amerikanischen Dad. Oder ich nehme einen Kommentar zur Bibel zur Hand."

„Sag mal", Dorothea gab dem Gespräch jetzt eine andere Richtung, „wie kommt es, dass du so viele Verse auswendig kennst und uns oft sagen kannst, wo in der Bibel was steht?"

„Na ja, als ich mich vor einigen Jahren entschied, ein Nachfolger Jesu zu werden – also, Christ zu sein –, zeigte mir Jennifers Vater eine wichtige Bibelstelle. Dort steht, dass es zur Nachfolge dazugehört, sich öffentlich zu seinem Glauben zu bekennen. Ich war mir nicht sicher, ob das so einfach sein würde. Meine Familie und auch meine Freunde konnten das ja nicht verstehen. Können sie heute noch nicht. Ihr alle löchert mich ständig mit Fragen. Mister Carmichael hat mir damals den Tipp gegeben, mich darauf vorzubereiten. Das habe ich getan – und deshalb habe ich Verse auswendig gelernt."

„Aber wie hast du entschieden, welche Verse du auswendig lernst und welche nicht?", hakte Dorothea nach.

„Es gibt ein paar Verse, die einfach zu den Basics des christlichen Glaubens gehören. Ansonsten schreibe ich mir Verse raus, wenn sie mich beim Lesen bewegt haben oder wenn sie mir besonders ins Auge gefallen sind. Das Büchlein nehme ich dann immer mit, und wenn mir irgendwo unterwegs langweilig ist, lerne ich sie auswendig. Ich habe übrigens gemerkt, dass es sehr hilfreich sein kann, Bibelverse im Kopf zu haben. Wenn ich in heikle Situationen gerate, führen sie mir schnell vor Augen, was ich tun kann, um Jesus gehorsam zu sein. Es gibt einen Vers, der dabei besonders wichtig ist: ‚Tief präge ich mir dein Wort ein, damit ich nicht vor dir schuldig werde.'"

„Hä? Schuldig werden? Gehorsam sein? Jetzt hörst du dich schon ein bisschen komisch an – ein bisschen wie ein Priester oder Mönch!"

„Die Sache mit dem Gehorsam ist folgendermaßen: Beim Christsein geht es ja nicht darum, bestimmte Wahrheiten über Gott und Jesus zu glauben. Es geht in erster Linie darum, tagtäglich mit Jesus zu leben. In seine Fußstapfen zu treten. Das heißt, was die Bibel lehrt, hat für mein Leben Konsequenzen – wie ich mein Leben gestalte, was meine Prioritäten sind, auf welchen moralischen Überzeugungen ich mein Leben aufbaue. Ich bin also kein echter Christ, kein wirklicher Nachfolger Jesu, wenn ich nicht auch nach dem lebe, was ich lese."

„Zum Beispiel?", wollte Dorothea neugierig wissen.

„Zum Beispiel bin ich in Jennifer verliebt. In der Bibel sagt Gott mir, wie ich mit Sex umgehen soll und ob ich heiraten soll. Oder ob ich einfach unverheiratet mit ihr zusammenziehen soll. Die Bibel sagt mir – wenn wir Nachfolger Jesu sind –, wie wir mit nervigen Menschen umgehen sollen, ob wir schlecht über andere reden dürfen, was unsere Arbeitsethik sein sollte, ob wir lügen und so weiter. Die Bibel sagt eigentlich zu jeder möglichen Situation im Leben etwas. Deswegen heißt es dort ja auch irgendwo: ‚Denn die ganze Heilige Schrift ist von Gott eingegeben. Sie soll uns unterweisen; sie hilft uns, unsere Schuld einzusehen, wieder auf den richtigen Weg zu kommen und so zu leben, wie es Gott gefällt.'"

Hannes erklärte seiner Freundin, dass die Bibel den Menschen in allen Lebenslagen eine Richtung weist, wie man als Nachfolger Jesu zu leben habe.

„Aber das ist alles so engstirnig!", warf Dorothea ein. „Für mich sieht es vielmehr so aus, als seist du in irgendwelchen Regeln gefangen! Die Sache mit dem Sex zum Beispiel. Meinst du damit, dass du noch nie mit Jennifer geschlafen hast?"

„Nein, das habe ich nicht und ich werde es auch frühestens in drei Wochen tun. Bevor ich Christ wurde – als ich siebzehn war –, habe ich mit mehreren Mädchen geschlafen. Aber seit ich mit Jesus unterwegs bin, will ich ihm gehorsam sein. Und dazu gehört, dass ich nur mit meiner Ehefrau Sex habe. Obwohl ich zugeben muss, dass ich im ersten Semester an der Uni gleich zweimal mit einem Mädchen ins Bett gegangen bin. Ich habe aber damals gemerkt, dass sich mein Gewissen gemeldet hat ... Und hinterher habe ich mich richtig blöd gefühlt. Da musste ich Jesus erst mal um Vergebung und Unterstützung bitten. Glücklicherweise habe ich mich mehr und mehr in Jennifer verliebt, und das hat mir geholfen, kein Interesse mehr an anderen Mädchen zu haben."

„Hannes, ich weiß nicht." Dorothea war skeptisch. „Es erscheint mir so engstirnig, das eigene Leben an dem auszurichten, was in der Bibel steht. Und außerdem klingt es furchtbar kompliziert und langweilig – als müsste man ständig auf die Dinge verzichten, die wirklich Spaß machen."

▶▶ „Es erscheint mir so engstirnig, das eigene Leben an dem auszurichten, was in der Bibel steht. Und außerdem klingt es furchtbar kompliziert und langweilig – als müsste man ständig auf die Dinge verzichten, die wirklich Spaß machen."

„Ich verstehe, was du meinst, Dorothea. Ich muss zugeben, dass sich das alles für mich auch erst mal sehr eng angehört hat. Aber glaub mir: Seit ich Christ bin, ist mein Leben sicher nicht langweiliger geworden! Es ist eigentlich eher das Gegenteil der Fall! Hier ist ein gutes Beispiel: Jennifers Dad hat ein schnelles Boot. Im September vergangenen Jahres sind wir übers Wochenende an einen See gefahren. Im Wasser gab es rote und grüne Tonnen, und ich merkte, dass Mister Carmichael sich mit dem Boot immer zwischen den roten und grünen Tonnen hielt. Irgendwann habe ich ihn gefragt, was das soll. Da hat er mir erklärt, dass es im Wasser Sandbänke gibt und auch große Felsen unter Wasser. Jemand, der genau weiß, wo diese Stellen sind, hat diese Tonnen im Wasser platziert, damit man in sicheren Fahrwassern fährt. Außerhalb dieser Markierungen ist es gefährlich. Die Bibel ist eigentlich wie rote und grüne Tonnen für die Bootsfahrt durchs Leben. Gott, der genau weiß, wie und wo im Leben wir verunglücken können, hat uns diese Tonnen zur Orientierung und zur sicheren Fahrt gegeben. Das macht uns frei, im sicheren Fahrwasser zu fahren. Und das führt uns durch ein glückliches und sicheres Leben."

Dorothea blickte auf die Uhr und meinte plötzlich, sie müsse jetzt gehen. Vielleicht war das, was Hannes erklärt hatte, zu emotional für sie gewesen.

„Hey, bevor du gehst, lese ich dir schnell noch was vor. Warte kurz, ja?" Hannes spurtete nach oben in sein Zimmer und kam kurze Zeit später mit einem Buch zurück.

„Ich lese gerade dieses Buch von Dietrich Bonhoeffer. Bonhoeffer war ein deutscher Pfarrer und Theologe, den die Nazis in den 1940er Jahren wegen seines Glaubens ermordet haben. Ich habe gerade gestern gelesen, was er über die Bibel dachte. Hier ist es. Hat er geschrieben, als er schon im Gefängnis war: ‚Ich glaube, dass die Bibel allein die Antwort auf alle unsere Fragen ist. Sie wird mir täglich wunderbarer. Es bleibt also nichts als die Entscheidung, ob wir dem Wort der Bibel trauen wollen wie keinem anderen Wort im Leben und im Sterben. Und ich glaube, wir werden erst dann recht froh und ruhig werden können, wenn wir diese Entscheidung getroffen haben.'"⁵

Es sollte Jahre dauern, bis Hannes seine Schulfreundin Dorothea wiedersehen würde. In der Zwischenzeit machte er sich häufig Gedanken, wie sich seine Freundin wohl entscheiden würde.

Hannes und Jennifer Klemschke zogen nach der Hochzeit nach Bochum, wo Hannes in Mathematik promovierte. Die beiden waren glücklich, sehr glücklich. Natürlich stand das junge Paar vor vielen Herausforderungen. Besonders Jennifer, die in einem neuen Land, so weit von ihren Eltern entfernt und mit fremder Sprache, ein neues Leben begann. Es gab auch einige tiefe Enttäuschungen. Die Fehlgeburt des ersten Kindes. Eine dumme Entscheidung, die zum Verlust ihres ersten Jobs führte. Das wiederum führte zu einem finanziellen Fiasko, woraufhin die Carmichaels ihnen unter die Arme greifen mussten, was dem jungen Ehepaar sehr unangenehm war. Darüber hinaus war Hannes ein dickköpfiger Mann, der die Meinung seiner Frau häufig nicht berücksichtigte. Dies wiederum führte zu Streit und Tränen und zu wöchentlichen Eheberatungsstunden. Die waren den beiden eine große Hilfe.

▶▶ **Wenn die Bibel wirklich die Offenbarung Gottes für uns Menschen ist, dann ist sie nicht nur das Buch, das Gott kennt und ihn erklären kann. Dann ist sie auch das Buch, das Sie kennt und Sie souverän durch Ihr Leben führen kann!**

Die größte Unterstützung in ihrer jungen Beziehung, die Voraussetzung für ihre glückliche und innige Ehe war aber etwas anderes: Die beiden begannen jeden Tag mit dem gleichen Ritual. Jennifer saß mit einer Tasse Kaffee im Schlafzimmer, Hannes mit einer Tasse Tee im Wohnzimmer. Beide lasen andächtig einen Abschnitt in der Bibel, beteten, schrieben Verse auf, dachten nach. Dann beteten sie am Ende des Frühstücks gemeinsam und gingen in den Tag. Immer mit der Entschlossenheit, jedes Detail in ihrem Leben nach der Bibel auszurichten.

Was für den französischen Philosophen Emile Caillet wahr wurde, was auch für die Klemschkes der Schlüssel zum Lebenserfolg wurde, ist für Millionen von Menschen tagtäglich Realität. Wenn die Bibel wirklich die Offenbarung Gottes für uns Menschen ist, dann ist sie nicht nur das Buch, das Gott kennt und ihn erklären kann. Dann ist sie auch das Buch, das Sie kennt und Sie souverän durch Ihr Leben führen kann!

Kapitel 6

Gott ist das Evangelium

„Ich heiße Martha Goldberg, und ein roter Faden zieht sich durch das Leben meiner Familie!"

> *„Denn durch den Glauben an Jesus Christus seid ihr nun alle zu Kindern Gottes geworden. [...] Ihr seid nicht länger Gefangene des Gesetzes, sondern Kinder Gottes. Und als Kinder Gottes seid ihr auch seine Erben, euch gehört alles, was Gott versprochen hat."*
>
> **Paulus**
> (ein Apostel Jesu in einem Brief an die Gemeinde in Galatien, Galater 3,26; 4,7)

Wenn der Same des Evangeliums gesät wird

Oskar Schindler war ganz außer Atem. Er kam gerade aus dem polnischen Konzentrationslager Plaszów zurück, wo er für eine Riesensumme eintausendeinhundert Arbeiter für seine Fabrik freigekauft hatte. Er musste nun lediglich noch eine Liste mit eintausendeinhundert Namen erstellen, dann würden die jüdischen Männer und Frauen aus dem Konzentrationslager in die Fabrik nach Krakau zurückkehren dürfen. In den folgenden Minuten wurde Schindlers Liste geboren, die weltweit nach dem Krieg große Anerkennung fand.

Die Zeit drängte. Schindler und sein Sekretär verbrachten Stunden damit, Namen zu Papier zu bringen. Eintausendeinhundert Namen.

„Die Liste ist Leben!", betonte der Sekretär, und beide versuchten, sich an so viele Namen wie möglich zu erinnern.

„Wir müssen uns an alle Namen erinnern, an alle!", sagte Oskar Schindler immer wieder. „Ich habe für alle bezahlt, für jeden Einzelnen!"

Es kam ein Name nach dem anderen. Die Blätter füllten sich. Noch fünf Namen, noch drei, noch zwei.

„Ich habe noch zwei, die Brüder Goldberg! Moshe und Uri Goldberg!", rief Schindler schließlich. Damit war die Liste voll. Eintausendeinhundert Namen.[1]

An diesem Tag kamen eintausendeinhundert Juden aus dem polnischen Konzentrationslager Plaszów frei. Für sie begann ein neues Leben. Und einer dieser Juden war Uri Goldberg.

Der Krieg war bald vorüber, der lange Wiederaufbau Deutschlands begann, und der junge Uri Goldberg lebte seinen jüdischen Glauben mit viel Leidenschaft. Rasch fand er auch eine interessante Anstellung als Juwelier. Ein Mann, dessen Söhne im Krieg umgekommen waren, suchte einen Nachfolger für sein Juweliergeschäft – in Uri fand er einen Nachfolger und einen Sohn zugleich.

In der Synagoge lernte Uri Martha kennen, eine junge Jüdin mit langen schwarzen Locken und einem wunderschönen Lächeln. Uri konnte seine Augen nur schwer von diesem Mädchen abwenden. Bald trafen sich der extrovertierte Uri und die schüchterne Martha. Eine Liebesgeschichte begann. Am 24. August 1946 heirateten die beiden.

Durch geschäftliches Geschick wurde Uri Goldberg ein erfolgreicher Juwelier. Doch nicht nur sein finanzieller Reichtum vermehrte sich, auch seine Familie wurde größer: Martha brachte vier Kinder zur Welt.

Aber bald ereignete sich im Leben der Familie Goldberg eine Tragödie nach der anderen. Einer der Söhne starb im Alter von sieben Jahren. Eine Tochter heiratete einen nicht-jüdischen Mann, was Uri Goldberg das Herz brach. Die Tochter zog ins ferne Österreich, wo ihre Ehe wegen Alkoholproblemen und Untreue bald zerbrach, woraufhin sie ihre Tochter allein großziehen musste. Ein drittes Kind der Familie, ein Sohn, arbeitete im Geschäft seiner Eltern. Er taugte jedoch nicht viel und heiratete nie, sodass Uri auch von ihm enttäuscht war. Der dritte Sohn heiratete, doch seine Frau litt unter schweren psychischen Problemen, die sich zu einer tiefen Depression entwickelten, als das erste Kind der beiden tot zur Welt kam. Schließlich beging sie Selbstmord. Ihr Ehemann erholte sich nie von dieser Tragödie, wurde Alkoholiker und starb im Alter von zweiundvierzig Jahren völlig vereinsamt.

Uri Goldberg verbitterte zunehmend. Seine Familie hatte ihm keinen Ruhm gebracht. Also investierte er all seine Energie in die Arbeit und bewies so, dass er ein erfolgreicher Mann war. Er arbeitete Tag und Nacht und verdiente viel Geld. Nachdem die Kinder ausgezogen waren, war auch seine Frau Martha sehr einsam. Sie verlor nie ihre Schönheit, doch sie verlor die Liebe ihres Mannes. Sie blieb ihm treu und arbeitete Tag und Nacht an seiner Seite – aber sie war zutiefst einsam.

Martha versuchte, ihre Einsamkeit durch Besuche bei den Kindern zu überwinden, außerdem verbrachte sie viel Zeit mit Freundinnen. Eine ihrer Freundinnen, Hannah Weizmann, erzählte ihr eines Tages etwas, das Marthas Welt auf den Kopf stellte. Die beiden Frauen saßen in einem Café zusammen, als Hannah erzählte, dass sie eine Bibel geschenkt bekommen habe. Sie hatte sich dann vorgenommen, erst das Alte Testament zu lesen – darunter auch das jüdische Gesetz. Danach hatte sie ebenfalls das Neue Testament gelesen. Hannah hatte diese Bibel ihrem Mann gezeigt, und auch er hatte begonnen, darin zu lesen – das Alte Testament und dann das Neue. Schließlich berichtete Hannah, dass sie und ihr Mann erkannt hatten, dass der jüdische Glaube etwas ganz besonders Wichtiges ausgelassen hatte: Der Messias war schon gekommen! Es war Jesus. Bald fand das Ehepaar eine Gemeinde in Berlin, in der viele messianische Juden gemeinsam Gottesdienst feierten – Juden, die den Messias anbeteten.

Martha fand Hannahs Geschichte faszinierend. Heimlich begann auch sie, in einer Bibel zu lesen und mit Hannah und ihrem Mann in die Gemeinde messianischer Juden zu gehen. Schließlich entschied sich Martha, Jesus, dem Messias, nachzufolgen. Und diesen Entschluss konnte sie nicht für sich behalten.

Eines Abends ergriff sie die Hände ihres Mannes und erzählte ihm behutsam von ihrer Entscheidung. Uri Goldberg war außer sich vor Wut. Martha versuchte, ihm klarzumachen, dass sie immer noch Jüdin war, dass sie weiterhin in die Synagoge gehen würde und auch, dass sie seinen Glauben an einen noch kommenden Messias respektieren würde. Aber Uri konnte sich einfach nicht beruhigen. Er schämte sich. Für ihn brach eine Welt zusammen. Zwei Jahre später starb er und seine Frau Martha folgte ihm einige Jahre später.

Uri Goldberg war als alter Mann gestorben, weil sein Name auf Schindlers Liste des Lebens gestanden hatte, als er noch ein junger Mann gewesen war. Martha Goldberg starb als alte Frau in Frieden und Freude, weil spät in ihrem Leben ihr Name auf Gottes Liste des Lebens geschrieben worden war.

Wenn das Evangelium Wurzeln schlägt

Stephan wohnte in der Giltschwertgasse 41 in Wiener Neustadt, fünfundvierzig Kilometer südlich von Wien. Er war Kanadier, doch als er neun Jahre alt war, war seine Familie nach Österreich umgezogen. Für ihn gab es im Leben eigentlich nur zwei Dinge: die Schule, für die sich seine Leidenschaft in Grenzen hielt – und Fußball, für den sein ganzes Herz schlug. Sein bester Freund Franz Wagner wohnte nicht weit entfernt, genau genommen nur um die Ecke. Das Haus seiner Familie war noch immer vom Krieg gezeichnet, denn sie war arm. Der Vater, der ein gewalttätiger Mann war, hatte die Familie verlassen und die Mutter war vom Leben enttäuscht und verbittert. Franz war zwar katholisch und ging jeden Samstag zur Messe, aber weder zu Hause noch in der Kirche spürte er Liebe.

Doch wenn er bei seinem Freund Stephan war, war alles anders. Die beiden waren Freunde. Richtige Freunde. Nach der Schule trafen sie sich auf der Wiese gegenüber von Stephans Haus und bolzten den Rest des Tages. Als die beiden elf Jahre alt waren, fanden sie ihren Platz in der Jugendmannschaft des 1. FC Wiener Neustadt. Stephan wurde zu einem hervorragenden Torhüter, Franz zu einem blitzschnellen Ballkünstler rechts außen.

Doch dann trennten sich ihre Wege. Als Stephan fünfzehn Jahre alt war, kehrte seine Familie nach Kanada zurück. Franz wechselte bald auf das Sportgymnasium Wiener Neustadt und steuerte einer Fußballkarriere entgegen. Mit achtzehn machte er sein Abitur und wurde dann von Rapid Wien gekauft. Nach drei weiteren Jahren spielte Franz Rechtsaußen in der österreichischen Nationalmannschaft und war ein bekannter Fußballer. Woche für Woche stand etwas über ihn in der Zeitung. Ihm fehlte es weder an Geld noch an attraktiven Frauen. Franz hatte zu Hause selten Liebe empfunden, jetzt dachte er, dass er endlich Geborgenheit gefunden habe – in Geld und Frauen.

Sein Leben ging so weiter, bis er vierunddreißig Jahre alt und plötzlich nicht mehr der schnellste Mann rechts außen war und durch einen jüngeren Spieler ersetzt wurde.

Franz hatte viele Frauen gehabt und viel Sex erlebt, aber die schönsten Frauen und der beste Sex hatten seine Sehnsucht nach Liebe doch nicht stillen können.

Damals sagte ihm ein Freund, dass nur Jesus die Leere in seinem Herz ein für alle Mal füllen könne. Das brachte eine Saite in Franz zum Klingen. Er musste plötzlich wieder an seinen Freund Stephan denken, diesen Kanadier. Dieser hatte ihm immer das Gleiche gesagt – zumindest bevor Stephan sich für eine Zeit lang in den Atheismus gestürzt hatte. Manchmal war Franz damals sonntags sogar zu Stephans Haus geschlichen, wenn dessen Mutter Bibelgeschichten erzählt hatte. Und Stephans Vater hatte für die Erwachsenen die Bibel erklärt. Damals war Franz davon überzeugt, dass er keinen Gott brauchte, weil er sein Leben doch selbst im Griff hatte.

Was hatte sich verändert? Franz hatte den Höhepunkt seiner Karriere erreicht. Er hatte alles, wovon andere träumten: Geld, Ruhm, Macht. Aber jetzt, wo er so weit oben war, erkannte er, dass sich an dem Vakuum in seinem Inneren nichts verändert hatte.

▶▶ **Franz hatte den Höhepunkt seiner Karriere erreicht. Er hatte alles, wovon andere träumen: Geld, Ruhm, Macht. Aber jetzt, wo er so weit oben war, erkannte er, dass sich an dem Vakuum in seinem Inneren nichts verändert hatte.**

Franz kam ins Grübeln und öffnete sich mehr und mehr für Gespräche mit seinem Freund – Gespräche über Gott, Jesus, die Bibel und den Sinn des Lebens. Eines Tages beschloss er, alle seine Träume, Sehnsüchte und Schmerzen in die Hände von Jesus zu legen. Er wurde Christ. Sein Freund lud ihn dann ein, in seine Kirchengemeinde zu kommen, also ging Franz mit. Es war eine sehr kleine protestantische Kirche in Ternitz. Nichts wahnsinnig Aufregendes. Im Gegenteil, sie war viel zu altmodisch und konservativ für seinen Geschmack, und eigentlich wäre er auch gar nicht mehr hingegangen, hätte er nicht bei seinem ersten Besuch etwas sehr Attraktives wahrgenommen: Sie hieß Eva. Sie war blond. Und sie kam alleine zum Gottesdienst. Also kam auch Franz wieder. Sonntag für Sonntag fuhr er mit seinem Motorrad nach Ternitz zum Gottesdienst und irgendwann ging er auf sie zu. Sie kamen ins Gespräch, was gar nicht so einfach war. Ihr Desinteresse an Fußball war für Franz fast unerträglich, aber irgendwie zog ihn diese Frau an. Die

Chemie zwischen dem lauten Fußballhelden und dem ruhigen Dorfmädchen stimmte. Die Hochzeit fand ein Jahr später statt, Franz und Eva Wagner wurden ein überaus glückliches Ehepaar.

Nur wussten die beiden noch nicht, was jedes Ehepaar ziemlich schnell herausfindet: Jeder Mensch, auch ein Christ, trägt die Überreste seiner Vergangenheit mit sich herum, was sich über die Jahre auf irgendeine Weise bemerkbar machen wird.

Das war auch bei Eva und Franz nicht anders. Aber Gott wusste darum, und er wusste auch, dass uneingeschränkte Offenheit die beiden in eine viel tiefere Beziehung zueinander und zu Gott führen würde. Und Gott machte den beiden auch ein sehr schönes Geschenk: Als Eva mit dem ersten Kind schwanger war, zog Franz' alter Freund Stephan Bledsoh zurück nach Wiener Neustadt. Er brachte auch seine Frau Susanne mit, die er neun Jahre zuvor geheiratet hatte. Jetzt waren beide Mitte dreißig, hatten zwei Kinder, das dritte war unterwegs. Und sie kamen zurück nach Österreich, um in der Stadt eine protestantische Kirchengemeinde zu gründen.

Die beiden Ehepaare freundeten sich an.

Franz beendete seine Fußballkarriere und begann, für eine Firma in seiner Heimatstadt zu arbeiten. Er und seine Frau wechselten von der Kirche in Ternitz zu der ganz neu entstehenden in Wiener Neustadt. Die Bledsohs wurden zu ihren geistlichen Beratern – und das gerade in einer Zeit, wo Franz und Eva viel Unterstützung brauchten.

Es war an einem Nachmittag beim Kaffeetrinken, als Stephan unerwartet ein wichtiges Thema ansprach. „Vielleicht liegt das Problem darin", sagte er mit der Kaffeetasse in der Hand, „dass du durch das Evangelium zwar eine Beziehung zu Gott begonnen hast – aber du lebst deinen christlichen Glauben nicht durch das Evangelium."

„Ich verstehe nicht, was du meinst", entgegnete Franz. „Das

Evangelium ist doch das Elementare, das zum christlichen Glauben führt, oder? Was hat dann das Evangelium noch mit meinem Leben zu tun?"

Stephan begann zu erklären. „Was das Evangelium mit deinem Leben zu tun hat? Alles! Das Evangelium ist ja nicht das ABC des Glaubens, sondern eher das A bis Z! Es ist nicht der erste Schritt des Glaubens, nach dem dann irgendwann die geistliche Reife kommt. Das Evangelium ist das zentrale Element des Glaubens, ohne das man immer unreif bleibt. Du hast wahrscheinlich gehört, dass das Wort Evangelium ‚Gute Nachricht' bedeutet. Das stimmt ja auch. Aber du brauchst diese Nachricht immer! Jeden Tag.

▶▶ „Was das Evangelium mit deinem Leben zu tun hat? Alles! Das Evangelium ist ja nicht das ABC des Glaubens, sondern eher das A bis Z!"

„Und warum sagst du, ich würde nicht jeden Tag im Evangelium leben?"

„Weil ich merke, wie du versuchst, dir Gottes Liebe zu verdienen und zu erarbeiten. So wie du damals versucht hast, Liebe zu bekommen, indem du Frauen erobert hast."

Franz erkannte in dem Augenblick, dass Stephan einen ganz empfindlichen, aber nicht unwesentlichen Punkt in seinem Leben getroffen hatte. Die katholischen Dogmen, die ihm in seiner Kindheit eingebläut worden waren, die spießige protestantische Kirche in Ternitz, aber ganz besonders sein eigenes stolzes Herz sagten ihm immer wieder: „Die Liebe Gottes musst du dir verdienen! Versuche mit all deiner Kraft, anständig zu sein! Und wenn du einen Fehler machst, dann bestrafe dich, bevor Gott es tut – so wie deine Mutter es immer getan hat! Und streng dich nächstes Mal mehr an! Wenn du nicht alle Regeln des Christentums befolgst, dann wird Gott dich verlassen, genauso wie dein Vater dich verlassen hat, weil du ihm kein Glück gebracht hast!" Das war Franz' Einstellung zu Gott gewesen. Eigentlich musste er sich das nicht einmal aneignen, es kam irgendwie ganz natürlich.

„Weißt du was?" Stephan kam auf einen weiteren wichtigen Punkt zu sprechen. „Christsein hat grundsätzlich gar nichts mit Aktivität zu tun, sondern mit Identität."

„Wie meinst du das?", fragte Franz.

▶▶ „Christsein hat grundsätzlich gar nichts mit Aktivität zu tun, sondern mit Identität."

„Wir Menschen neigen immer dazu, uns Liebe verdienen zu wollen. Wir wollen nicht nur geliebt werden. Wir wollen eigentlich wissen, dass etwas an uns so gut ist, dass wir Liebe auch wirklich verdienen. Aber das Evangelium, das heißt, die ganze biblische Lehre, vom Anfang bis zum Ende, sagt etwas anderes: In mir selbst bin ich sündiger, als ich jemals geglaubt hätte, aber weil ich zu Jesus Christus gehöre, werde ich mehr geliebt, als ich jemals erhofft hätte."

Franz verstand nicht ganz, auf was Stephan hinauswollte. Sündig sein, so Stephan, hieße ja nicht nur, dass man Dinge tue, die gegen Gottes Gebote verstießen. Sündig sein hieße vor allem, dass man so etwas wie eine moralisch-geistliche Krankheit habe, die sich auf jeden Teil des menschlichen Wesens ausgebreitet habe. Er erklärte auch, dass eben wegen dieser Sündhaftigkeit die Lage für den Menschen ziemlich hoffnungslos sei.

„Nehmen wir mal an, du entdeckst, dass es zwischen dir, dem sündigen Wesen, und dem heiligen Gott eine tiefe Kluft gibt. Du beschließt, dass du die Kluft überwinden willst, und versuchst es durch gute Taten, dadurch, dass du ein ‚anständiges' Leben führst. Das Ganze nennst du dann ‚christliches Leben'. Du befolgst die Zehn Gebote und denkst, dass du mit jedem Gehorsamsschritt die Kluft zwischen dir und Gott ein Stück mehr überwindest. Das eigentliche Problem ist aber, dass jede gute Tat aus einer sündigen Natur hervorgeht. Und das bedeutet, dass sogar eine gute Tat im Grunde eine sündige Tat ist. Je mehr du versuchst, Gott zu gefallen, desto weiter entfernst du dich letztendlich von ihm ..."

Franz war verwirrt. „Hey Stephan! Du wolltest mir doch von einer guten Nachricht erzählen, nicht von einer schlechten!"

„Ich will dir zeigen, dass es beim Christsein nicht um Aktivität geht und auch nicht um moralisch einwandfreies Handeln, auch wenn das viele Menschen glauben. Im Grunde funktionieren ja alle Religionen nach diesem Konzept: Vollbringe bloß genügend gute Taten, verhalte dich so moralisch wie möglich, dann wirst du Gott schon näherkommen und gerettet werden. Mir hat mal jemand gesagt, dass Christsein gar nichts mit ‚gut sein' zu tun habe, sondern mit ‚perfekt sein'."

▶▶ „Im Grunde funktionieren ja alle Religionen nach diesem Konzept: Vollbringe bloß genügend gute Taten, verhalte dich so moralisch wie möglich, dann wirst du Gott schon näherkommen und gerettet werden."

„Ist doch unmöglich! Niemand kann perfekt sein", protestierte Franz lautstark.

„Eben. Ich denke, das ist auch genau das, was derjenige mir sagen wollte. Gott ist vollkommen und deshalb kann er auch nur Perfektion akzeptieren. Wir Menschen müssen eines verstehen: ‚Gut' ist bei Gott noch lange nicht gut genug! Für Gott müssen wir perfekt sein. Und damit haben wir ein Problem. Aber, und jetzt kommt die gute Nachricht: Gott hat aus reiner Gnade entschieden, alles für dich und mich zu tun, was wir in unserer Hilflosigkeit nicht tun können. Gott, der Vater, hat einen Rettungsplan aufgestellt, den der Sohn, Jesus Christus, in die Tat umgesetzt hat. In der Person Jesus wurde Gott Mensch! Und als unser Stellvertreter lebte er auf der Erde das vollkommene Leben und an unserer Stelle bezahlte er den Preis für unsere Schuld. Aber das ist noch nicht alles: Gott schenkt dir Glauben an Jesus Christus und das perfekte Werk, das dieser vollbracht hat."

Franz brauchte einen Moment zum Nachdenken. Aber Stephan fuhr weiter fort: „Das bringt uns zu dem wichtigsten Punkt überhaupt. Zum Dreh- und Angelpunkt des ganzen Christentums. Es gibt einen Vers in der Bibel, der so zentral ist, dass er gleich mehrmals wiederholt wird: im Buch des Propheten Habakuk, im Brief an die Römer und in dem an die Hebräer: ‚Nur wer mir, Gott, vertraut, wird leben.‘ Mit Vertrauen meint die Bibel hier nicht ein Vertrauen in gute Taten oder in irgendeine Form von Religion – so wie uns das in unserer multigläubigen Gesellschaft häufig verbreitet wird. Vertrauen meint hier Glauben an Jesus und dass er für uns das vollkommene Leben geführt hat, um die Kluft zu überbrücken und uns mit Gott zu versöhnen – weil er gestorben und auferstanden ist. Franz, du kennst doch Martin Luther, oder?"

„Ja, von dem wurde in Ternitz öfter gesprochen. Aber was hat das alles mit meinem alltäglichen Leben als Christ zu tun?"

„Alles! Jeder Christ sollte das lernen, was Martin Luther gelernt hat!"

Jetzt begann Stephan einen langen Exkurs über den Reformator des 16. Jahrhunderts: Martin Luther hatte 1517 eine Offenbarung. Als er den Bibelvers in Römer 1, Vers 17 analysierte – „Nur der wird Gottes Anerkennung finden und leben, der ihm vertraut" –, wurde dem katholischen Professor der Theologie an der Universität Wittenberg eines ganz klar: Durch den Glauben bekommt man nicht nur eine Beziehung zu Gott. An jedem einzelnen Tag seines Lebens lebt man aus genau diesem Glauben, mit dem einst alles begann. In dem Augenblick, in dem man sein Vertrauen auf Gottes Sohn setzt, auf den, der Gottes Rettungsplan ausgeführt hat, geschieht etwas. Das, was der Prophet Jesaja beschreibt: „Ich freue mich im Herrn und meine Seele ist fröhlich in meinem Gott; denn er hat mir die Kleider des Heils angezogen und mich mit dem Mantel der Gerechtigkeit gekleidet, wie einen Bräutigam mit priesterlichem Kopfschmuck geziert und wie eine Braut, die in ihrem Geschmeide prangt" (Jesaja 61,10; LÜ). Die Gerechtigkeit des einzigen Menschen, der ein vollkommenes Leben geführt hat – die

Gerechtigkeit Jesu –, wird dem, der sein Vertrauen auf ihn setzt, im Moment der Entscheidung in Jesu Namen angezogen – die Kleider des Heils und der Mantel der Gerechtigkeit. Damit ist die Sache für Gott klar. Er behandelt die Gläubigen dann so, als wären sie nie aufgrund ihrer Schuld von ihm getrennt gewesen. Und das alles aus einem einzigen Grund: Im Augenblick der Entscheidung für Christus geht alle Schuld auf den gekreuzigten Jesus über und die Gerechtigkeit von Jesus geht wiederum auf die Gläubigen über. Die Gerechtigkeit Jesu wird den Gläubigen zugerechnet, und Gott betrachtet sie dann nicht mehr als Sünder – obwohl sie es bis zu ihrem letzten Atemzug bleiben –, sondern als seine Kinder.

Franz gingen jetzt wahre Kronleuchter auf. „Das heißt ja, dass es beim Christsein nicht darum geht, bestimmte moralische Regeln zu befolgen!"

▶▶ „Das heißt ja, dass es beim Christsein nicht darum geht, bestimmte moralische Regeln zu befolgen!"

„Ja! Das Leben eines Christen spielt sich auf einer ganz anderen Ebene ab als bei den meisten Religionen. Weil Gott dich täglich mit derselben Leidenschaft annimmt wie seinen Sohn, freut er sich genauso sehr über dich wie über seinen Sohn. Und er liebt dich mit derselben Liebe! Jeden Tag aufs Neue! Deshalb ist es völlig unnötig, dass wir immer wieder versuchen, gut genug für Gott zu sein, denn diese Versuche sind von vornherein zum Scheitern verurteilt. Und überflüssig! Ich lese dir mal meine Lieblingsverse vor: ‚Denn ich bin durchs Gesetz dem Gesetz gestorben, damit ich Gott lebe. Ich bin mit Christus gekreuzigt. Ich lebe, doch nun nicht ich, sondern Christus lebt in mir. Denn was ich jetzt lebe im Fleisch, das lebe ich im Glauben an den Sohn Gottes, der mich geliebt und sich selbst für mich dahingegeben hat.' Steht im Galaterbrief. Merkst du, wie der Autor Paulus das Leben eines Christen beschreibt? Jesus lebt in ihm, das heißt, er besitzt auch die Gerechtigkeit von Jesus. Und so lebt er jeden Tag aus dem Glauben, aus Vertrauen in Jesus und das, was dieser getan hat. Für Luther war das alles völlig neu.

Und lebensverändernd! Er fühlte sich wie neugeboren, schreibt er später. Und uns geht es doch eigentlich genauso. Wir müssen uns jeden Tag neu vor Augen halten: Weil wir zu Jesus Christus gehören, werden wir mehr geliebt, als wir uns jemals erhofft hätten! Deswegen sage ich dir: Christsein hat grundsätzlich nichts mit ‚gut sein‘ zu tun, sondern eher mit ‚Sohn beziehungsweise Tochter sein‘. Nicht mit Aktivität, sondern mit Identität. Nicht mit Moralität, sondern mit Vertrautheit.‘‘

„Mann, willst du damit sagen, dass es Gott völlig egal ist, wie ich lebe? Moralisch gut oder nicht?‘‘

„Nein, gar nicht! Es ist Gott in keinster Weise egal, wie du lebst. Aber dein Verhalten ändert nichts daran, dass du ein Kind Gottes bist. Durch das, was Jesus getan hat, bist du für Gott vollkommen. Ein für alle Mal. Und deine guten Taten sind jetzt deine *Antwort* auf diese unbegreifliche Gnade Gottes, nicht eine Vorbedingung. Irgendwo in der Bibel, ich glaube beim Propheten Jeremia, steht, dass wir uns nicht für unsere Weisheit oder Stärke rühmen sollen, sondern dafür, dass wir Gott kennen. Und dass Gott der Herr ist, der Barmherzigkeit und Gerechtigkeit liebt. Du tust also gute Dinge nicht, um dir deine Beziehung zu Gott zu verdienen. Die hast du ja schon.‘‘

„Also kann ich mir doch sämtliche guten Werke sparen?‘‘

„Nein, kannst du eigentlich nicht! Calvin, der wie Luther im 16. Jahrhundert Reformator war, hat Folgendes gesagt: ‚Glaube alleine macht selig. Aber der Glaube, der selig macht, ist nicht alleine.‘‘‘

„Also haben gute Taten doch etwas mit meinem Glauben an Jesus zu tun ...?!‘‘ Franz war sichtlich verwirrt.

„Ja, solange du all die guten Taten nicht tust, um dir die Beziehung zu Gott zu verdienen. Dann würdest du nämlich gesetzlich leben, und das geht immer schief. Das schafft kein Mensch. Du vollbringst gute Taten, weil du deiner neugewonnenen Gerechtigkeit in Jesus Ausdruck verleihen willst. Und wenn du das tust, dann lebst du so, wie du als Christ leben solltest! Dann lebst du das, was in der Bibel steht: ‚Nur wer mir, Gott, vertraut, wird leben.'"

Franz verstand rein verstandesmäßig, was Stephan meinte, aber er musste das Gesagte erst einmal verdauen, bevor er es in seinem Leben auch praktisch umsetzen konnte. Doch er wusste zu diesem Zeitpunkt noch nicht, dass ihm und seiner Frau eine große Lebenskrise bevorstand, die vieles ändern würde.

Wenn das Evangelium wachsen lässt

Eines Morgens, nachdem Franz zur Arbeit gefahren war und Eva ihre neugeborene Tochter gestillt hatte, ging sie zum Computer, um ihre E-Mails abzurufen. Doch dann stieß sie auf etwas Seltsames. Irgendjemand hatte sonderbare Webseiten aufgerufen. Eva war schnell klar, was für Seiten das waren: Es war Pornographie.

Später am Abend, als Franz nach Hause kam, sprach sie ihn auf ihre Entdeckung an. Zuerst log Franz und Eva wurde sehr wütend.

„Ich bin doch nicht blöd!", schrie sie. „Ich schaue mir keine Pornographie an, unsere Tochter schaut sich keine Pornographie an, und es ist auch niemand eingebrochen, der das Bedürfnis hatte, sich auf unserem Rechner pornographische Seiten anzuschauen. Das bedeutet doch, dass du derjenige bist, der sich mit diesem Mist beschäftigt!"

Franz stand auf verlorenem Posten. Schließlich gab er seine Besuche auf pornographischen Internetseiten zu.

„Wie lange geht das schon?", wollte seine Frau wissen.

„Seit ich elf bin, schaue ich mir schon einschlägige Zeitschriften an", sagte Franz sichtlich beschämt.

Die Altlasten der Vergangenheit traten in diesem Moment zutage. Mit voller Wucht. Beide waren in diesem Augenblick tief erschüttert.

Franz ergriff die Flucht nach vorn. „Eva, ich liebe nur dich und ich werde mich ändern! Du wirst sehen, ich mache Schluss mit dem ganzen Zeug!"

Doch das änderte nichts an Evas Enttäuschung. Die beiden gingen, ohne miteinander zu sprechen, ins Bett. Auch am nächsten Morgen sprachen sie kein Wort miteinander. Eva war wütend, Franz schämte sich.

Aus lauter Scham versuchte Franz mit aller Kraft, sich von der Pornographie fernzuhalten. Es gelang ihm auch. Zwei Tage. Drei Tage. Acht Tage. Die Beziehung zu Eva war auf Eis gelegt. Mit jedem Tag wuchs Franz' Zuversicht, dass seine Beziehung zu Eva schon wieder ins Lot kommen würde. Aber dann wurde er wieder schwach und schämte sich für sein Versagen. Franz versuchte, sein Schuldgefühl loszuwerden, indem er sich besonders um seine Familie kümmerte, und er schaffte es, wieder eine Woche ohne den Besuch auf Pornoseiten hinter sich zu bringen. Aber nach acht Tagen und weiteren Spannungen mit seiner Frau ging er doch wieder ins Internet.

„Stephan ... Ich habe ein Problem mit Pornographie", gestand Franz seinem Freund zögerlich.

Viel weniger zögerlich kam die Antwort von Stephan: „Ich hab auch ein Problem mit Pornographie."

„Waaas?!" Franz traute seinen Ohren kaum. „Wie kam das denn bei dir?", wollte er wissen.

„Ach, so meinst du das ...! Als du gesagt hast, dass du ein Problem mit Pornographie hast, dachte ich, du hast so grundsätzlich Schwierigkeiten damit."

„Nein, ich habe ein echtes Problem damit."

„Okay ...!"

„Was ‚okay'?!" Franz blickte ihn verwirrt an.

„Ich habe ein Problem mit Verleumdung."

„Na und? Verleumdung ist nicht so schlimm wie Pornographie."

„Wer sagt das?"

„Pornographie ist doch eine ganz schlimme Sache! Eine der schlimmeren Sünden! Damit kannst du deine Ehe zerstören! Und dich selbst gleich mit!" Franz war sichtlich aufgebracht.

„Na und?", entgegnete sein Freund Stephan. „Mit Verleumdung kannst du Hunderte von Menschen zerstören, ihren Ruf kaputtmachen, Freundschaften vergiften, deine eigene Vertrauenswürdigkeit infrage stellen."

„Na gut, willst du sagen, dass ich mir über meine Pornosucht keine Sorgen zu machen brauche?"

„Nein, im Gegenteil! Wir beide sollten uns wegen unserer Süchte große Sorgen machen! Als Jesus davon sprach, im Herzen Ehebruch zu begehen, da meinte er deine Sünde. Also: Ja, das ist eine schlimme Sünde. Als er davon sprach, im Herzen Mord zu begehen, meinte er meine. Und die ist mindestens genauso schlimm!"

„Aber wie gehe ich denn jetzt mit meiner Sünde um?", wollte Franz wissen.

Damit begann ein tiefgehendes Gespräch darüber, wie das Leben eines Christen praktisch aussehen und wie man mit den Herausforderungen umgehen sollte, denen man sich stellen musste. Jetzt wurde konkret, was Franz bisher nur rein verstandesmäßig kapiert hatte: Er musste lernen, sein Leben aus dem Glauben, das heißt aus dem Evangelium der Bibel, und nicht aus dem Gesetz der Bibel zu meistern. Stephan half ihm zu verstehen, worum es dabei ging. Er betonte, was Luther schon vor Jahrhunderten gesagt hatte: Religiosität und Moralität sind zwei Mechanismen, mit denen Menschen versuchen, ohne Gott ihre eigene Gerechtigkeit sicherzustellen. Jesus Christus kam aber nicht, damit Menschen religiös sind oder „anständig" leben, sondern um sie vor Gott gerecht zu machen. Wenn Menschen ihr Vertrauen auf Jesus Christus setzen, kleidet Gott den Menschen in Jesu Namen mit Gerechtigkeit, sodass er vor Gott nicht mehr schuldig ist. Durch diesen Glauben hat der Mensch das ewige Leben. Und tagtäglich lebt er dann in einer innigen Beziehung zu Gott.

Stephan erklärte Franz, wie er aus seinem Glauben heraus seine Pornosucht bekämpfen sollte – seine Hinweise waren ganz praktisch, konkret und sehr hilfreich.

Dennoch hatte Franz das Gefühl, dass seine wichtigste Frage noch nicht beantwortet war. „Du sagst mir, dass mein Gehorsam wichtig ist für meine Beziehung zu Gott, zu meiner Frau und zu anderen. Gut, aber letztlich – das sagst du auch immer wieder – hat das alles gar nichts damit zu tun, ob Gott mich annimmt. Er liebt mich trotzdem, stimmt's? Und das verstehe ich nicht ...“

▶▶ „Es gibt nichts, das du tun kannst, damit Gott dich mehr liebt. Es gibt aber auch nichts, das du tun kannst, damit Gott dich weniger liebt.“

„Franz, merkst du nicht? Du hast es *doch* verstanden! Du kannst dir Gottes Gnade niemals verdienen. Ich habe bei Philip Yancey einmal etwas gelesen, das mich fast umgehauen hat: Es gibt nichts, das du tun kannst, damit Gott dich mehr liebt. Es gibt aber auch nichts, das du tun kannst, damit Gott dich weniger liebt.[3] Das ist das Wunderbare an der Gnade! Gott liebt dich so leidenschaftlich und du bist sein Sohn! Das ist ganz anders, als du das vielleicht von deinem irdischen Vater kennst. Egal, wie gehorsam du bist: Du kannst dir damit nicht Gottes Stolz und seine Zuneigung verdienen. Jesus hat das für dich sichergestellt. Auch die Liebe des Vaters ist dir durch Jesus sicher! Deine Beziehung zu Gott, deinem Vater, hat nichts mit Verdienst zu tun, es ist alles Gnade. Beim Christsein geht es im Grunde nur um eines: Gnade, Gnade, Gnade.“

Obwohl Franz Stephans Erklärungen verstanden hatte, verschlimmerte sich seine Situation noch: Er ging wieder heimlich ins Internet, um sich pornographische Seiten anzuschauen. Zwar gelang es ihm immer wieder, Nein zur Pornographie zu sagen und damit Ja zu seinem himmlischen Vater, und er fühlte sich jedes Mal Gott gegenüber so dankbar. Doch dann wurde er wieder schwach. Dieses Mal erwischte Eva ihn um zwei Uhr morgens am Computer. Sie war völlig entsetzt und wütend. Und sehr tief verletzt.

Sie bat ihre Freundin Susanne, Stephans Frau, um Hilfe.

„Erklär mir doch mal", sagte Susanne, als sie mit Eva auf ihrem Sofa saß, „warum du wütend warst, als du gemerkt hast, dass dein Mann sich mit Pornographie beschäftigt?"

„Hm, ich weiß nicht so genau." Eva nahm einen Schluck von ihrem Kaffee, setzte die Tasse wieder ab und dachte nach. „Vielleicht, weil es falsch ist. Gott hasst das doch!"

„Ja, ich kann verstehen, warum du wütend bist, und eigentlich hast du damit auch recht", erwiderte Susanne. Sie kannte diese Art von Wut sehr gut. Sie hatte sie selbst oft empfunden, denn auch Stephan hatte jahrelang mit Pornographie gerungen. Und dann gab es noch andere Dinge in seinem Leben, die nicht in Ordnung waren und Susanne wütend machten. Doch vor zwei Jahren hatte sich in ihrem Leben etwas geändert. In ihr selbst. Der Heilige Geist hatte ihr bewusst gemacht, dass sie eigentlich selbstgerecht war. Ihre Wut war nur ein Symptom eines Problems, das ganz klar bei ihr lag: Sie hatte immer das Gefühl, im Recht zu sein und selbst ein ach so geistliches Leben zu führen. Nicht sie hatte ja das Problem mit Pornographie, sondern ihr Mann Stephan. In ihren Augen war sie immer die Geistlichere gewesen, hatte eigentlich keine großartigen Sünden begangen. Sie hatte eine „Ich-bin-aber-besser-als-du"-Mentalität entwickelt, woraus auch automatisch eine „Für-Gott-ist-es-leichter-mich-zu-lieben-als-dich"-Haltung geworden war. In ihrer Selbstgerechtigkeit war Susanne einfach blind geworden für die kleinen Dinge in ihrem eigenen Leben, die ihren Mann auch traurig machten und verletzten – auch wenn er nichts sagte. Sie war eine ziemlich harte Frau gewesen, verlangte viel von sich und anderen, nörgelte viel und hatte wenig Mitgefühl für die Probleme und Kämpfe anderer – und für die ihres Mannes am wenigsten. Doch dann hatte Gott ihr ihr Verhalten vor Augen geführt. Vor zwei Jahren hätte Susanne ihrer Freundin noch geraten, hart mit ihrem Mann ins Gericht zu gehen, damit er unter ihrem Druck mit der Pornosucht brechen würde. Heute war das anders.

„Sag mal, Eva, warum fühlst du dich durch Franz' Pornosucht so erniedrigt?"

„Wenn er andere Frauen anschaut, dann kommt es mir so vor, als sei ich nicht genug für meinen Mann! Dass er mehr will, als ich ihm geben kann. Und wenn wir dann Sex haben, denke ich, dass ich nur eine von vielen bin, mit denen er sich vergnügt! Seine Pornosucht mindert doch meinen Wert! So fühlt es sich zumindest an …"

„Ich glaube, dass dein Gefühl hierbei eine große Rolle spielt, Eva. Es ist deine Interpretation der Dinge, deine eigene Sichtweise. Und dabei geschieht etwas ganz Interessantes: Du beginnst, wie Franz zu denken, oder du meinst zumindest, dass Franz so über dich denkt. Dass Franz die gleiche Haltung zu dir hat wie zu den Frauen auf dem Bildschirm. Du beziehst all deinen Selbstwert aus deiner Beziehung zu Franz. Und das, was Franz tut, beeinflusst, wie du dich selbst siehst."

▶▶ „Aber woran soll ich denn meinen Selbstwert messen, wenn nicht an dem Menschen, der mir am meisten bedeutet?"

„Hm, irgendwie dumm, aber du hast recht: Genau das tue ich. Aber woran soll ich denn meinen Selbstwert messen, wenn nicht an dem Menschen, der mir am meisten bedeutet?"

„Eva, erinnerst du dich noch, als Stephan und ich vor ein paar Wochen mit euch über Rechtfertigung durch den Glauben gesprochen haben?"

„Ja, ich glaube, ich erinnere mich. Aber das ist so eine große Sache. Rechtsdingsbums durch den Glauben. Ich weiß schon gar nicht mehr, wie das Wort heißt."

„Rechtfertigung durch den Glauben", wiederholte Susanne. „Das heißt, in dem Augenblick, in dem du dein Vertrauen auf Jesus und sein Werk für dich ganz persönlich setzt, in dem Augenblick rechnet dir Gott die perfekte Gerechtigkeit zu – in Jesu Namen. Weil Jesus ein vollkommenes Leben geführt hat, wirst du selbst die geliebte Tochter Gottes, und Gott liebt dich mehr, als dich je ein Mensch lieben könnte."

„Ein schönes Bild!", befand Eva.

„Ja, aber es ist viel mehr als nur ein Bild! Es ist Realität! *Deine* Realität! Diese Rechtfertigung durch den Glauben bewirkt übrigens noch mehr. In dem Augenblick, in dem du deinen Glauben auf Jesus setzt, fängt Gottes Heiliger Geist an, in dir zu leben. Jesus und du – ihr seid jetzt wie Braut und Bräutigam, also zwei Personen und doch eins. Alles, was dir gehört – deine Schuld und Unzulänglichkeit –, gehört auch Jesus; und er hat dafür bezahlt. Und alles, was Jesus gehört – seine vollkommene Gerechtigkeit, seine Liebe, sein Wert –, gehört wiederum dir. Das ist quasi der große Tausch."

„Sein Wert?" Eva verstand nicht genau, worauf Susanne hinauswollte.

„Ja, das, was Jesus dem Vater wert ist, bist auch du dem Vater wert! Und Jesus bedeutet dem Vater eine Menge!"

▶▶ „Das, was Jesus dem Vater wert ist, bist auch du dem Vater wert! Und Jesus bedeutet dem Vater eine Menge!"

„Aber ich will doch meinem Franz auch viel bedeuten!"

„Eva, ich weiß. Das ist auch gut so. Aber diesen Fehler begehen wir alle: Wir ziehen unseren Selbstwert aus dem, was andere über uns denken. Wie beliebt wir bei anderen sind. Wie anerkannt wir im Büro sind. Oder eben wie sehr unsere Ehepartner uns schätzen. Aber diese Maßstäbe sind fehlerhaft und sie verändern sich ständig. Deshalb: Wenn du deinen Wert an einem solchen Maßstab misst, wirst du verrückt! Und letztlich erniedrigst du dich selbst, wenn du deinen Selbstwert aus den Meinungen anderer über dich ziehst. Wir können für andere Menschen nur so viel Bedeutung haben, wie es menschlich möglich ist. Uns sind einfach Grenzen gesetzt! Außerdem ist die ganze Sache subjektiv. Wir geben Menschen immer nur so viel Wert, wie sie unserer Ansicht nach verdienen. Ich sage dir was: Nur Gott kann uns objektiv bewerten. Und er weiß, was wahr ist. Nur er kann dir wahren Selbstwert schenken – und es ist die gleiche Wertschätzung, wie Jesus sie bekommt! Weil du Gottes geliebte Tochter bist!"

„So wichtig bin ich für ihn?", fragte Eva sehr ungläubig.

„Egal, was andere über dich denken oder sagen, egal, was du selbst tust oder andere dir antun: Du bist in Gottes Augen unendlich wertvoll!"

Eva war sehr nachdenklich. „Aber wie wird das Franz helfen, sich von seiner Pornosucht zu befreien?"

„Es wird ihm nicht direkt helfen, aber es wird dir helfen, dich nicht an Franz' Problemen zu messen. Dein Selbstwert ist hundertprozentig unabhängig von Franz, von Pornographie, auch unabhängig von deinen Leistungen. Dein Wert hängt einzig und allein an Jesus – deine ganze Identität hängt an Jesus."

Eva blickte sie etwas unsicher an.

„Stell es dir einmal folgendermaßen vor: Gott lässt zu, dass Jesus ans Kreuz geschlagen wird, um unsere Schuld zu bezahlen – damit du dadurch blütenweiß vor Gott stehst. Ja, genau das ist am Kreuz passiert: Jesu Leben für dein Leben. So wertvoll warst und bist du Gott! Du hast jetzt quasi jeden Tag ein Preisschild um deinen Hals hängen: ‚Das Leben Jesu.' Das ist wertvoller als alles, was wir uns vorstellen können!"

„Aber warum hat mich dann zum Beispiel mein Vater nicht so behandelt, als sei ich ein wertvoller Mensch?"

„Dein Vater? Was hat er mit diesem Thema zu tun?", gab Susanne zurück.

„Als ich fünf Jahre alt war, hat er uns wegen einer anderen Frau verlassen. Ich habe damals gemerkt, dass ich ihm ziemlich gleichgültig bin. Mit ihr hat er noch zwei Töchter und die sind ihm wichtig. Das hat mich sehr geprägt."

„Oh, Eva, das tut mir so leid!"

„Meine Mutter hat das auch nie überwunden. Sie war schließlich völlig verbittert und hat mir immer gesagt, dass Männer Dreck sind und uns Frauen wie Dreck behandeln. Ich habe ihr das geglaubt. Und meist fühle ich mich wie Dreck, wenn ich mit Männern zusammen bin. Wie ich das hasse!"

Susanne war zutiefst berührt von Evas Geschichte, die diese ihr bislang noch nie erzählt hatte. „Ich kann verstehen, dass dich das geprägt hat. Aber das Problem ist: Du hast an Lügen geglaubt. An ganz große Lügen."

„Wie meinst du das?", wollte Eva wissen.

„Es ist klar, dass dein Vater sich völlig falsch verhalten hat, aber deine Mutter ist Lügen aufgesessen, und die hat sie an dich weitergegeben. Dass Männer Dreck sind zum Beispiel. Weißt du, Gott sagt uns über Mann und Frau ganz bestimmte Dinge. Beide Geschlechter können beispielsweise viel Schlimmes tun. Aber das macht weder uns Frauen noch Männer zu Dreck! Wir alle sind Geschöpfe Gottes. Männer genauso wie Frauen. Und wir alle wurden als Gottes wunderschöne Ebenbilder erschaffen. Nichts und niemand kann einem Mann oder einer Frau diese Tatsache nehmen. Wir sind Ebenbilder Gottes! Aber wir sind eben auch verdorbene Ebenbilder. Die Sünde hat uns zerstört. Dein Vater war schuldig, so wie wir alle schuldig sind. Er hat versucht, das Vakuum, das Liebesdefizit, das in ihm ist, auf seine ganz eigene Art und Weise zu füllen. Anstatt sich seinem Schöpfer zuzuwenden und zu erwarten, dass Gott das Liebesvakuum füllt, hat er aus sich heraus versucht, den Mangel zu stillen. Und das geht immer schief. Dein Vater ist also nicht Dreck, er ist bloß ein verwirrtes und verlorenes Ebenbild Gottes. Außerdem solltest du nicht der Lüge Glauben schenken, dass Männer dich wie Dreck behandeln dürfen. Egal, was dein Vater dir antut – du bleibst immer geliebtes Geschöpf und Ebenbild Gottes. Völlig egal, was andere Leute über dich denken – nichts kann an dieser Tatsache etwas ändern! Auch deine Mutter kann das nicht, selbst wenn sie es tausendmal sagt. Eva, was du glaubst, sind Lügen! Und über all diese Jahre hast du diese Lügen so tief in dich aufgesogen und hast die Beziehung zu deinem Vater durch die Brille dieser Lügen interpretiert.

Mit Franz tust du es genauso: Wenn er mit dir schlafen will, denkst du, dass er dich zur Hure macht. Weil er von dir das will, was er auf dem Bildschirm gesehen hat. Ob Franz das aber wirklich denkt, das weiß ich nicht und das weißt du nicht. Tatsache ist: Wenn du mit Franz schläfst – egal, was er dabei denkt –, dann bist du ein wunderschönes Ebenbild Gottes und die geliebte Tochter des himmlischen Vaters, die er leidenschaftlich liebt. Wenn du diese Wahrheit glaubst, wenn du sie dir tagtäglich einprägst, dann kann Gott anfangen, dich zu befreien – von dieser Lüge, die du jahrzehntelang geglaubt hast. Und dann kannst auch du anfangen, den Sex mit deinem Mann richtig intensiv zu genießen, weil dann keine Lüge mehr zwischen euch steht."

Jetzt flossen Tränen über Evas Gesicht und die beiden schwiegen einige Minuten lang. Eva trauerte – sie weinte über all die Jahre, in denen sie ihre kleine Welt durch die Brille einer großen Lüge betrachtet hatte. Ihr wurde klar, dass sich das jetzt ändern würde. In Zukunft würde sie versuchen, alles mit Hilfe des Evangeliums zu bewerten. Sie flüsterte leise vor sich hin: „In mir ist viel mehr nicht in Ordnung, als ich jemals geglaubt hätte. Aber durch Jesus Christus bin ich geliebter, als ich jemals erhofft hätte!"

Wenn das Evangelium Früchte trägt

„Es kommt mir so vor, als würde ich mit einer anderen Frau zusammenleben!" Franz war völlig begeistert. „Ich weiß nicht, wie ich es erklären soll, aber vor einigen Wochen hat Eva sich quasi über Nacht verändert. Die Wut, die ich jahrelang von ihr zu spüren bekam, war auf einmal weg!"

Stephan und Susanne, Franz und Eva aßen gemeinsam zu Abend. Ihre Gespräche drehten sich um Franz' neue Arbeitsstelle, um die Gemeindegründung in Wiener Neustadt und um die Beziehung von Eva und Franz.

Eva berichtete ihren Freunden von ihren neuen Erkenntnissen darüber, was es hieß, sein Leben wirklich als Nachfolgerin Jesu zu führen. Sie erzählte von den Veränderungen, die die Wut in ihrem Herzen ausgelöscht hatten.

„Als ich damals von dem Gespräch mit dir, Susanne, nach Hause kam, habe ich Gott gebeten, mir zu zeigen, wie die Tatsache, dass ich immer seine geliebte Tochter sein werde, sich auf meine Beziehungen auswirkt. Gerade auf meine Beziehungen zu den Menschen, die mich so verletzt haben. Und mir wurde eines ganz klar: Ich bin in Jesus so sicher und so tief geliebt und völlig akzeptiert. Ich muss mich nicht beweisen. Ich brauche auch nicht die Bestätigung anderer, um glücklich zu sein oder mich bestätigt zu fühlen. Ich bin jetzt auch emotional völlig unabhängig von meinen Eltern, von Franz, von allen anderen Menschen! Meine Identität, meine Sicherheit, meine Bedeutung, meine Freude – das alles hängt allein an Jesus! Jeden Tag bekomme ich das alles von meinem himmlischen Vater, der mich viel mehr liebt, als ich jemals erhofft hätte! Und das hat revolutionäre Folgen für mich! Besonders für mich als Tochter einer verbitterten Mutter und eines – wie ich inzwischen erfahren habe – alkoholkranken Vaters. Ich habe immer versucht, mir die

▶▶ „Ich bin in Jesus so sicher und so tief geliebt und völlig akzeptiert. Ich muss mich nicht beweisen."

Liebe und Anerkennung meiner Eltern zu verdienen. Und meine neue Identität in Jesus – ich bin eine geliebte Tochter! – bedeutet, dass Gott mich nicht nach meinen Taten, nicht nach den Taten meines Mannes und auch nicht nach den Taten meines Vaters beurteilt. Gott sieht mich nur durch die Gerechtigkeit Jesu. Ich muss nicht mehr versuchen, die Wunden anderer Menschen zu heilen, damit ich gut dastehe. Ich muss auch nicht Franz in Ordnung bringen. Sein Umgang mit Pornographie ist grundsätzlich sein Problem. Ich bin nicht dafür verantwortlich. Sein Problem hat nichts mit meiner Identität zu tun oder mit meiner Sicherheit oder gar damit, ob ich ein zufriedenes Leben führe. Meine neue Identität in Jesus Christus macht mich unabhängig von dem, was andere Menschen sagen oder tun – oder mir antun!"

▶▶ „Meine neue Identität in Jesus Christus macht mich unabhängig von dem, was andere Menschen sagen oder tun – oder mir antun!"

Die anderen drei waren sprachlos. Susanne erwiderte schließlich mit großen Augen: „Das ist einfach fantastisch! Ich hätte es nicht besser sagen können! Ich habe dieselbe Veränderung vor Jahren selbst erfahren – durch das Evangelium. Aber sag mal, Eva, wie wirkt sich das bisher nun konkret auf deine Beziehung zu Franz aus?"

„Hm, das Wörtchen ‚bisher' ist in diesem Kontext wohl wesentlich ... Ich vermute, dass ich erst die ersten Schritte auf einem sehr langen Weg gegangen bin und noch in vielen Bereichen Veränderung brauche: wie ich denke, wie ich reagiere, wie ich lebe. Aber eines kann ich jetzt schon sagen: Ich glaube, ich liebe Franz einfach besser und tiefer als je zuvor."

„Besser? Was meinst du damit?", wollte Franz wissen.

„Besser. Bedingungsloser. Weil meine Identität und meine Stimmung nichts mehr mit dem zu tun haben, was du tust. Jesus selbst gibt mir diese unglaubliche Sicherheit. Ich habe jetzt nicht mehr das Gefühl, dass ich dich und deine Aktivitäten ständig kontrollieren muss, um mein Image als Ehefrau aufrechtzuerhalten. Das wiederum bedeutet, dass ich nicht mehr nörgeln muss ..."

„Das habe ich gemerkt!", bemerkte Franz begeistert.

„Danke!", erwiderte Eva grinsend und fuhr dann fort: „Weil ich jetzt frei bin, habe ich mir ein neues Ziel gesteckt: Ich will deine Stärken feiern, dich ermutigen, dir entgegenkommen, dir Komplimente machen. Du hast all das immer im Fußball gesucht und jetzt suchst du es in der Arbeit bzw. im Erfolg auf diesem Gebiet. Ich weiß, dass wir beide niemals von Menschen die Anerkennung bekommen werden, nach der wir uns sehnen. Wir werden diese Anerkennung nur bei Gott finden, in seiner bedingungslosen und grenzenlosen Liebe für uns. Und weißt du, ich habe diese Anerkennung bei Gott gefunden: indem ich jeden Tag feiere, dass ich seine kleine Prinzessin bin, dass er mich auf seinen Schoß nimmt und liebevoll umarmt. Und dadurch kann ich frei sein, frei, dir zur Seite zu stehen und das Gute in dir zu feiern. Ich bin nicht länger verzweifelt, weil ich all deine Fehler und deine Schuld sehe – gerade wenn ich an Pornographie denke –, sondern ich habe einen tiefen Frieden. Ich weiß jetzt, dass mich niemand mehr lieben wird, als Gott dies tut!"

Franz war sehr gerührt und hatte Tränen in den Augen. Irgendwie fühlte er sich befreit. Und tief geliebt – von Gott und seiner Ehefrau.

„Wie hat sich all das denn auf euch beide ausgewirkt?", wollte Franz schließlich von dem kanadischen Ehepaar wissen.

Susanne ergriff zuerst das Wort. „Ich war immer ein sehr kritischer Mensch. Ich hatte ja schließlich tolle Eltern und eine gute Erziehung genossen. Andere Menschen zu verurteilen war einfach meine Art, mich zu rechtfertigen und mich besser dastehen zu lassen als andere. Ich verurteilte einfach alle. Nichtchristen für ihre Gottlosigkeit. Andere Denominationen für ihre – meiner Meinung nach – falsche Bibelinterpretation. Meinen Mann wegen liberaler Einstellungen zum Thema Sexualität.

Doch irgendwann erkannte ich dann etwas Wichtiges: Meine eigene Schuld war viel größer, als ich angenommen hatte. Gott machte mir eines klar: Ich beging eine der schlimmsten Sünden – Selbstrechtfertigung. Im Neuen Testament wird doch immer wieder darauf hingewiesen, dass nur Jesus ein vollkommen fehlerloses Leben geführt hat und dass wir uns die Beziehung zu Gott nicht verdienen können, indem wir uns an irgendwelche Regeln halten. Diese Erkenntnis hat mein Leben dann völlig auf den Kopf gestellt."

Jetzt begann Stephan zu erzählen. „Mir hat die Beschäftigung mit dem Evangelium eigentlich auch geholfen, mich selbst ganz ehrlich in aller Sündhaftigkeit wahrzunehmen. Für mich gab es da einen Schlüssel: zugeben, dass man sündiger ist, als man jemals angenommen hätte. Und was auch noch ganz wichtig ist: Das ändert nichts an der Tatsache, dass Gott uns mehr liebt, als wir jemals ermessen können. Je größer die Schuld, desto wunderbarer ist das, was Jesus am Kreuz für uns getan hat. Wenn wir wirklich verstanden haben, worum es bei der Guten Nachricht geht, können wir ganz offen und ehrlich über unsere Sünden sprechen und sie zugeben. Wir müssen unsere Schuldgefühle nicht mehr unterdrücken. Wir müssen kein religiöses Image aufrechterhalten und heucheln, dass in unserem Leben alles in Ordnung sei. Wenn wir erkennen, wie sehr Gott uns liebt, macht uns das frei zu bekennen: Wir tragen viel Schuld mit uns herum – aber bei Gott finden wir immer Gnade und Annahme. Das Evangelium macht uns frei, authentisch zu sein."

„Ich glaube", fügte Susanne noch hinzu, „dass das, was wir beide mit Gott und seiner Guten Nachricht erlebt haben, uns viel näher zusammengebracht hat."

„Genau das wollte ich sagen!", warf Stephan ein.

„Weil wir uns unserer Identität als Kinder Gottes sicher sind, nicht länger bei anderen Bestätigung suchen müssen, konnten wir ganz offen zueinander sein. Ohne einander zu verurteilen –

wir kennen uns jetzt einfach viel besser, und wir akzeptieren, dass wir beide einfach Menschen mit Fehlern sind. Wir haben durch das alles ganz viel emotionale Intimität gewonnen und emotionale Intimität ist das Geheimnis einer tiefen, guten, glücklichen Ehe."

Die vier standen auf. Es war Zeit für das Champions-League-Spiel zwischen Rapid Wien und Steaua Bukarest. Die Männer platzierten sich vor dem Fernseher, um Franz' ehemalige Kollegen anzufeuern.

„Weißt du was?", meinte Franz. „Ich dachte immer, ich brauche Jesus als meinen Retter, damit ich gerettet bin. Aber ich habe erkannt, ich brauche diesen Retter jeden Tag. Ich brauche jeden Tag Rettung ..."

„Genau!" Stephan war froh, dass sein Freund jetzt erkannt hatte, worum es beim Christsein ging. „Da geht es mir auch nicht anders. Das Evangelium ist jeden Tag für mich so wichtig wie am Tag zuvor. Egal, wie lange ich schon Christ bin."

Eva und Susanne brachten währenddessen das Geschirr in die Küche. „Sag mal, Eva, wie bist du eigentlich zum Glauben an Jesus gekommen?" Susanne kannte Eva zwar schon einige Zeit, aber ihre Freundin hatte ihr diese Geschichte noch nie erzählt.

„Das ist eine lange Geschichte", erwiderte Eva. Dann begann sie zu berichten: dass sie wegen der schlechten Beziehung zu ihrem Vater unglücklich gewesen war, weil sie immer den Eindruck hatte, dass er sie nicht wirklich liebte. Dass sie immer das Gefühl gehabt hatte, sie sei nur eine Belastung für ihre Mutter.

Dann erzählte sie auch von drei wichtigen Stationen auf ihrer geistlichen Reise. Die letzte hatte sie vor wenigen Monaten erreicht, als sie mit Susanne über das Evangelium gesprochen hatte. Damals hatte sie verstanden, was es bedeutet, tagtäglich mit dem Evangelium zu leben. Der zweite große Moment lag viele Jahre zurück. Sie war siebzehn Jahre alt, als sie sich entschloss, ihr Leben Jesus ganz anzuvertrauen. Weil sie zutiefst unglücklich gewesen war über ihr Leben, hatte sie damals begonnen, im Johannesevangelium zu lesen. Dabei hatte sie erkannt, dass Jesus tatsächlich Gott war, der sich in Jesus auf den Weg zu den Menschen gemacht hatte, auf den Weg zu ihr, und dass er der einzige Weg zu Gott war. Und sie hatte erkannt, dass sie nur durch ihn wahren Frieden und wahre Zufriedenheit finden würde. In dieser Zeit, so erzählte Eva, habe sie angefangen, Gott zu bitten, dass sie diesem Jesus begegnen würde. Eines Morgens, auf dem Weg zur Schule, betete sie wieder, und in diesem Augenblick spürte sie die tiefe, unerklärliche Zuversicht, dass sie jetzt zu Gott gehörte. Nur wusste Eva damals nicht, was es bedeutet, aus dieser neuen Identität heraus zu leben – als geliebte Tochter Gottes.

Das hatte sie erst kürzlich verstanden.

Susanne war erstaunt. „Sag mal, woher wusstest du denn bei all deiner Suche, dass es hilfreich sein könnte, eine Bibel zur Hand zu nehmen? Und dann gleich das Johannesevangelium zu lesen?"

Jetzt erzählte Eva von ihrer ersten, der wichtigsten, Station ihrer geistlichen Reise. Sie musste wohl etwa zehn Jahre alt gewesen sein, als ihre Großmutter anfing, mit ihr über Gott zu sprechen. Eva hatte damals das Gefühl, dass es für ihre Oma auch etwas Neues war. Sie war jedenfalls wirklich begeistert. Und immer, wenn sie zu Besuch kam, sagte sie zu Eva: „Evi, vergiss eines nie: Der Messias, der Retter, den Gott uns geschickt hat, der ist tatsächlich schon gekommen. Es ist dieser Jesus. Vertrau Jesus dein Leben an, Evi, vertrau Jesus dein Leben." Eva erzählte, wie die Großmutter ihr bestimmte Dinge einprägen wollte: dass nichts anderes wirklich freimachen würde als dieser Jesus. Keine Männer, keine Kinder, keine Religion, kein Geld, keine Popularität. Nichts außer Jesus. Das sei die Gute Nachricht, hatte die Großmutter immer gesagt. Eva kannte ihre Oma nicht wirklich gut. Sie wusste auch nicht viel über ihr Leben, ihre Mutter hatte fast nie von ihr gesprochen. Eva erinnerte sich, dass ihre Oma irgendwann sehr krank wurde und dann nicht mehr zu Besuch kam. Bald darauf starb sie.

„Weißt du, Susanne, ich war damals sehr traurig über den Tod meiner Großmutter. Ich glaube, dass ich deshalb ihrem Rat gefolgt bin und eine Bibel zur Hand genommen habe. Ich wollte wissen, wovon sie immer gesprochen hatte."

„Das ist eine sehr bewegende Geschichte, Eva. Sag mal, wie hieß deine Oma eigentlich?"

„Sie hieß Martha. Martha Goldberg."

Kapitel 7

Gott ist Liebe

„Ich heiße Alberto Herminio Carzola Santa Maria und ich liebe dich von Gottes Herzen!"

> *„Ich bete, dass die Liebe, mit der du mich liebst, in ihnen sei und ich in ihnen."*
>
> **Jesus**
> (ca. 30 n. Chr.; im Evangelium nach Johannes 17,26)

Paul Beckman ist Amerikaner. Das steht zumindest in seinem Personalausweis. Sein bester Freund heißt Alberto Herminio Carzola Santa Maria. Er ist Kubaner, und zwar ein echter! Er spricht Englisch mit einem witzigen kubanischen Akzent und er liebt schwarze Bohnen mit Reis. Paul nennt ihn so, wie alle ihn nennen, für die sein vollständiger kubanischer Name eine Herausforderung darstellt: Alberto. Und Alberto spricht Paul an, wie man seinen besten Freund normalerweise nicht ansprechen würde, und das auch noch mit seinem unvergleichlichen kubanischen Akzent. Er nennt den Amerikaner „Pastor Beekman", mit einem langen, sehr langen „e".

Paul ist Albertos Pastor. Die beiden begegneten sich zum ersten Mal 1983. Es war im Kellergeschoss eines Geschäftshauses, wo sich eine kleine Gemeindegründung Sonntag für Sonntag traf. Die Gruppe suchte einen geeigneten Pastor, der die noch kleine Versammlung von Christen in dieser amerikanischen Provinzstadt leiten sollte, damit aus ihr eine lebendige Gemeinde würde. Paul war an diesem Sonntag im Mai Kandidat und hatte gerade gepredigt, als Alberto auf ihn zukam und ihn in seinem herrlichen kubanischen Akzent ansprach: „Hey, Pastor Beekman, wenn du wieder hierherkommst, dann ruf mich sofort an. Komm mich dann besuchen, bring deine Frau Karolina, lass uns schwarze Bohnen essen und Reis, und dann helfe ich dir, eine Wohnung zu finden." Eigentlich hieß Pauls Frau Carolyn, aber für den Kubaner war sie von Anfang an „Karolina". An diesem Morgen im Mai 1983 wurde der Same gesät für eine tiefe Freundschaft zwischen Alberto Herminio Carzola Santa Maria und Pastor Beekman.

Die Beckmans wurden kurz danach von der kleinen Gruppe als Gemeindegründer berufen und Alberto half dem jungen Ehepaar tatsächlich. Sofort nach der Berufung machte sich Alberto auf die Suche nach dem richtigen Haus für den Pastor und seine Familie. Als er das richtige Haus gefunden hatte, überzeugte er die sehr überraschten Beckmans, das Haus zu kaufen, denn Alberto und seine Frau Alison wollten sich um die Finanzierung kümmern.

Aber nicht nur das. Eines Nachmittags mähte Paul gerade den Rasen in seinem Vorgarten, als Alberto plötzlich mit einem breiten Grinsen neben ihm stand. Was wollte der kleine Kubaner jetzt? Paul stellte den Rasenmäher ab und wartete auf das, was sein Freund Alberto zu sagen hatte. Aber der zeigte nur auf die Straße.

„Eh, Pastor Beekman, siehst du das wunderschöne Auto da?", fragte er.

Natürlich sah er es und ohne zu zögern gratulierte Paul seinem Freund zum neuen Wagen.

„Nein, nein! Das ist *dein* Auto!", entgegnete der Kubaner. „Ich habe es gerade für dich gekauft."

Paul traute seinen Ohren kaum. Der kleine Kubaner hatte dieses Auto offenbar gesehen und war überzeugt, dass die Beckmans genau dieses Auto brauchten. Das dritte Kind der Familie war vor wenigen Wochen geboren worden, aber sie fuhren bis zu diesem Tag einen Kleinwagen, der schon bessere Zeiten gesehen hatte. Jetzt, da die Familie auf fünf Mitglieder angewachsen war, hatte Alberto sich wegen ihrer mobilen Situation große Sorgen um die Familie gemacht. Vor einigen Stunden war er bei einem Autohändler vorbeigefahren und hatte beobachtet, wie dieses Auto von einem Lastwagen abgeladen wurde. Spontan dachte er, dass dieses Auto genau das richtige wäre für seinen Freund. Er war dann auf den Parkplatz des Autohändlers gefahren und hatte sofort begonnen, mit dem Geschäftsführer zu verhandeln: „Ich brauche das Auto für meinen Pastor. Er hat nicht viel Geld, also gib's mir so günstig, wie du kannst, und Gott wird dich belohnen, da bin ich mir sicher."

Paul konnte es kaum fassen. „Du hast das wirklich gesagt?"

„Ja, natürlich habe ich ihm das gesagt!"

„Aber wie konntest du, Alberto? Das klingt doch nach Manipulation ..."

„He, Pastor Beekman, das ist keine Manipulation. So machen wir Kubaner eben Geschäfte. Wir sind da besonders begabt. Vertrau mir! Der Chef hat den Preis wirklich deutlich gesenkt! Ich habe schon mit Alison telefoniert. Sie ist einverstanden. Du und Karolina, ihr bezahlt jeden Monat so viel, wie ihr könnt. Und wir bezahlen den Rest. Okay?"

Dieses Auto war für die Beckmans zum damaligen Zeitpunkt großer Luxus. Platz für fünf Personen, ein großer Kofferraum, neuglänzender Lack und eine Klimaanlage. Und das alles nur, weil Alberto wollte, dass sein Freund Pastor Beekman für seine Familie ein ordentliches und sicheres Auto hatte.

Und so ging es auch weiter. Auch das nächste und das übernächste Auto wurden den Beckmans auf diese oder ähnliche Weise besorgt. Alberto stand seinem Freund und Pastor immer zur Seite, finanziell, beratend, auf vielerlei Art und Weise. Sogar sein Ferienhaus in den Bergen durften die Beckmans jederzeit nutzen.

Alberto hat vielen Menschen geholfen. Da seine Frau und er Spanischlehrer an einer Highschool waren, besaßen sie ausreichend finanzielle Mittel, und sie waren immer gern bereit, davon etwas abzugeben. Für die beiden bedeutete finanzielle Freiheit das Privileg, genug übrig zu haben, um verschiedenen Personen unter die Arme zu greifen.

Doch das war noch nicht alles. Bei den beiden ging der Dienst an ihrem Nächsten immer über das Finanzielle hinaus. Weit hinaus.

Alberto ist von ganzem Herzen ein dienender Mensch, ein echter Helfer. Und genau das macht ihn so glücklich: Wenn er Leuten tatkräftig zur Seite stehen kann, die gerade ein Problem haben. Das fängt bei ihm zu Hause an und damit, wie er mit seiner Frau und seinen Kindern umgeht. Genauso mit seinen Schülern. Besonders gerne hilft er Immigranten, sei es mit Essen oder Unterkunft. Er weiß, was es bedeutet, als Immigrant in Amerika zu leben, denn er war selbst einmal einer. Als Jugendlicher war er mit seinem Vater in einem Boot aus Kuba geflüchtet. Seine Mutter konnte damals nicht mitkommen und starb vor einiger Zeit. Eine Kirchengemeinde in Philadelphia hatte die Kubaner damals aufgenommen und sie in ihrer neugewonnenen Freiheit unterstützt. In dieser Gemeinde hat Alberto gelernt, dass es einen Gott gibt, der die Menschen erschaffen hat und sie zutiefst liebt. Alberto hat auch gelernt, dass Gott aus seiner Dreieinigkeit seinen Sohn Jesus sandte und was es bedeutet, Jesus nachzufolgen. Alberto fing damals auch ein Leben mit Jesus an. Er war so dankbar für das Privileg, nicht nur politisch, sondern auch geistlich frei sein zu dürfen, dass er Gott versprach, seine Liebe in die Welt zu tragen. Jeder, der auf irgendeine Art und Weise Teil von Albertos Leben wurde, sollte die Liebe Gottes, die er persönlich und täglich erfahren hat, ebenfalls spüren.

Bettelarm, aber mit viel Fleiß absolvierte er die Highschool und ging danach aufs College. Dort lernte er seine Frau Alison kennen. Auf der einen Seite war dieses Mädchen für ihn die

> ▶▶ Alberto ist von ganzem Herzen ein dienender Mensch, ein echter Helfer. Und genau das macht ihn so glücklich.

Erfüllung eines Traums, auf der anderen Seite wurde die Beziehung für Alberto zu einem großen Trauma: Alisons Eltern konnten nicht akzeptieren, dass ihre wohlerzogene Tochter sich mit einem Immigranten eingelassen hatte. Dass sie diesen Exil-Kubaner dann auch noch heiratete, war die größte Demütigung. Für sie war die Wahl ihrer Tochter erniedrigend. Dementsprechend unterkühlt war die Beziehung zwischen Alberto und seinen Schwiegereltern von Anfang an, worunter der junge Mann sehr litt.

Als die Schwiegereltern alt und hilfsbedürftig waren, war es aber Alberto, der ihnen vorschlug, das Haus hinter dem seinen zu kaufen, damit sie in der Nähe der Kinder waren und diese für sie sorgen konnten. Alberto mähte seitdem für sie den Rasen, aber nie hörte er ein Dankeschön. Gemeinsam mit Alison besuchte er die alten Leute jeden Tag, aber selten vernahm er von ihnen ein liebevolles Wort. Das macht ihn bis heute sehr traurig. Er sehnt sich danach, dass ihn Alisons Eltern akzeptieren. Aber auch ohne ihre Annahme dient der Schwiegersohn den trotzigen alten Leuten mit viel Liebe. Alberto lebt nämlich mit einer Gewissheit, die ihn über alle Schmerzen und über jede Enttäuschung hinwegträgt: Er ist von Gott geliebt!

Paul und Carolyn saßen vor Jahren mit Alberto und Alison in ihrer Ferienwohnung in den Bergen. Auf einmal kam Paul eine Idee und er warf eine Frage in die Runde: „Wenn du eine Biographie über deinen Ehepartner schreiben würdest – wie würde der Titel lauten?"

Carolyn antwortete wie aus der Pistole geschossen: „Eine Ehe mit einem komplizierten Mann!" Alle lachten.

Paul konterte: „Und ich würde Carolyns Biographie den Titel geben: ‚Klug wie die Eule, langsam wie die Schnecke'." Wieder brüllten alle vor Lachen.

Alison sagte schließlich: „Ich würde die Biographie über meinen Mann folgendermaßen betiteln: ‚Der Mann, der aufrichtig zu lieben wusste'." Daraufhin wurden alle vier recht still.

Als Paul die Stille nicht mehr aushalten konnte, fragte er: „Der aufrichtig zu lieben wusste? Wo hast du das her?"

„Das ist mir so eingefallen", antwortete Alison. „Ich habe schon lange gedacht, wenn ich ein Buch über meinen Mann schreiben würde, dann würde ich diesen Titel wählen."

„Das ist so schön!", pflichtete Carolyn ihr bei.

Alison erklärte: „Ich will ja nicht übertreiben. Alberto ist ein einfacher Mann, der auch seine schlechten Momente hat. Aber das ist gerade der Grund, warum ich ihn so bewundere! Alberto ist von einer so tiefen Liebe erfüllt! Auch denen gegenüber, die schlecht über ihn denken und reden, wie zum Beispiel meine Eltern. Alberto liebt einfach bedingungslos! Ich weiß, dass Albertos Liebe ein Kennzeichen seiner tiefen Beziehung zu Gott und seiner Begeisterung über Jesus ist. Er hat Vergebung erfahren und weiß, was Freiheit ist. Er kämpft erfolgreich gegen das Gefühl der Bitterkeit und der Rache an. Dadurch wird er wirklich frei. Weil er liebt!"

„Sag mal, Alberto, bist du dir bewusst, dass andere dich für einen Menschen halten, der zutiefst liebt?", wollte Paul wissen.

„Vor vielen Jahren - ich hatte diese ganze politische Unterdrückung in Kuba erlebt und den Rassismus in der Schule in Philadelphia - entdeckte ich, dass ich am glücklichsten bin, wenn ich Menschen liebe, so wie Gott mich liebt. Genauer gesagt: mit der Liebe, mit der Gott mich liebt. Der Pastor in Philadelphia hat mal erklärt, warum die Bibel uns auffordert, einander zu lieben: Er hat gesagt, dass die Gebote nicht Gottes Mittel sind, uns zu irgendeinem Verhalten zu zwingen, sondern Gottes liebevolle Hinführung zu dem, was uns wirklich menschlich und frei macht. Gott hat uns geboten, zu lieben, weil wir nur dann wirklich leben, wenn wir andere lieben! Und genau das hat Jesus uns auch gelehrt: zu lieben, wie er liebte. Das heißt, ich will so mit Gottes Liebe angefüllt sein, dass ich frei bin, *übernatürlich* lieben zu können - auch die Menschen, die lieblos und scheinbar nicht liebenswert sind. Und genau so liebt Jesus."

Zu diesem Zeitpunkt wusste Alberto nicht, wie sehr er in der Zukunft herausgefordert werden würde, Menschen zu lieben. Aber es war klar, dass er etwas sehr Wesentliches erkannt hatte: Die vollkommene, tiefste und wahrhaftigste Liebe, mit der man Menschen, auch scheinbar nicht liebenswerte Menschen, lieben kann, ist Gottes Liebe. Alberto selbst würde die Liebe Gottes darum mit folgenden Begriffen beschreiben:

Gottes Liebe wird Mensch

Der biblische Autor Johannes gibt Aufschluss über die Liebe Gottes: „Gottes Liebe zu uns ist für alle sichtbar geworden, als er seinen einzigen Sohn in die Welt sandte, damit wir durch ihn leben können" (1. Johannes 4,9). Daran erkenne ich Gottes Liebe: Er selbst hat seinen Sohn Jesus in die Welt gesandt! Das ist nicht einfach zu verstehen. Wir müssen wissen, dass die Welt für Johannes nicht irgendein neutraler Ort ist. Wenn Johannes von „der Welt" spricht, dann meint er das Universum, das sich gegen Gott gestellt hat, die Menschen, die gegen Gott rebellieren und sich dafür entschieden haben, ihren eigenen Weg zu gehen, weil sie von ihrem Schöpfer unabhängig sein wollen – und darin gehen sie so weit, dass sie seine Existenz leugnen. Genau das ist die Welt, in die Gott seinen eigenen Sohn sandte, um seiner Liebe für die Rebellen Ausdruck zu verleihen. Dieser Vers im 1. Johannesbrief ist im Grunde eine radikale, aber auch sehr gnädige Botschaft für die Welt.

Gott liebt die Menschen im Allgemeinen, aber ganz besonders ...

Gott liebt uns mehr, als dies der beste Vater auf der Welt tun könnte – und seine Liebe gilt allen Menschen! Auch wenn wir nichts mit ihm zu tun haben wollen – Gott hört nicht auf, uns zu lieben! Und er schenkt uns ständig so vieles, um uns seine Liebe zu zeigen: die herrliche Natur, gute Erfahrungen, Freunde, Familienbande. Gott verwöhnt uns, weil er uns, seine Geschöpfe, ausnahmslos unendlich liebt.

Nun gibt es Menschen, die sagen, dass es keinen liebenden Gott gäbe – vielleicht, weil sie in ihrem Leben einmal sehr enttäuscht wurden und sie den Eindruck haben, dass „die Welt" ausgesprochen grausam ist. Es gibt Philosophen, die genau so argumentieren. Doch vielleicht gibt es das Böse gar nicht aus dem Grund, weil Gott nicht existiert oder weil er uns nicht liebt. Das Problem liegt eher bei uns Menschen. Die ursprüngliche Quelle des Bösen sind aber nicht nur ein paar auserwählte Personen, die schlimme Dinge tun; das Böse findet sich im Herzen eines jeden Menschen wieder. Jeder Mensch besitzt ein gutes, von Gott wunderbar erschaffenes Wesen, doch es hat sich auch Bosheit eingeschlichen, mit deren Ursprung Gott nichts zu tun hat. Aber hier liegt die ursprüngliche Quelle von all dem bösen Denken und Tun. Und trotzdem bleibt die Liebe Gottes trotz all der Bosheit und in allen Grausamkeiten offenbar – sonst wäre es noch schlimmer. Dass nicht alles untergeht, ist ein Beweis der gnädigen und geduldigen Anwesenheit Gottes! Dass so viele von uns es so gut haben, genau das meinen Theologen, wenn sie von Gottes allgemeiner Liebe sprechen.

Ganz besonders liebt Gott aber die Menschen, die ihre Rebellion gegen ihn aufgegeben und sich auf eine enge Beziehung zu ihm eingelassen haben. Sie werden seine Söhne und Töchter – und die liebt Gott mit der ganzen Fülle seines Vaterherzens! Und in dieser neuen Beziehung flüstert er täglich diese Worte in unser Herz: „Hab keine Angst, [...] denn ich habe dich erlöst! Ich habe dich bei deinem Namen gerufen, du gehörst zu mir" (Jesaja 43,1).

Die Liebe zwischen Gott und den Menschen, die zu ihm gehören, ist etwas ganz Besonderes!

Gottes Familienliebe: selbstaufopfernd für seine Söhne und Töchter

Aus Liebe zu den Menschen hat Gott sich letztlich auch selbst auf den Opferaltar gelegt, so wie Johannes es in seinem ersten Brief beschreibt: „Gottes Liebe zu uns ist für alle sichtbar geworden, als er seinen einzigen Sohn in die Welt sandte, damit wir durch ihn leben können" (1. Johannes 4,9). Der Apostel Paulus drückt es noch drastischer aus: „Gott hat seinen eigenen Sohn nicht verschont, sondern ihn für uns alle dem Tod ausgeliefert. Sollte er uns da noch etwas vorenthalten?" (Römer 8,32).

Der britische Schriftsteller C. S. Lewis erzählt in seinen „Chroniken von Narnia" die Geschichte des Landes Narnia, dessen wahrer König der Löwe Aslan war. Dieser König war für einige Zeit weggegangen, woraufhin die schreckliche Weiße Königin – eine Hexe in schöner Gestalt – das Land an sich gerissen hatte. Unter ihrer Herrschaft war das ganze Land von Schnee und Eis bedeckt worden: Es herrschte immerwährender Winter! Eines Tages kehrte Aslan zurück und es begann ein erbitterter Kampf um sein Reich. Er und seine Anhänger kämpften gegen die Weiße Königin und ihre Untertanen. Doch um den wahren Sieg zu erringen, musste Aslan sterben und auferstehen, um die Zeit zurückzudrehen und so die Macht der bösen Königin zu brechen. Aslan ließ sich also gefangen nehmen, obwohl er viel mächtiger war als diejenigen, die ihn fesselten. Und er ließ sich zum „steinernen Tisch" führen, wo er sich freiwillig opfern ließ. Die Hexe hob das Messer und erstach den mächtigen Löwen.

Der 2005 gelaufene Kinofilm „Der König von Narnia" erzählt genau diese Geschichte. Wenn man sich den Film anschaut, fällt auf, dass es im Gegensatz zum Buch im Film kein Blut gab. Wenn der Film das Buch richtig wiedergegeben hätte, dann wäre die Szene am steinernen Tisch sehr blutig gewesen: Die Weiße Königin hebt das Messer, sticht es in Aslan hinein, Blut spritzt in alle Richtungen und läuft am steinernen Tisch herunter.

Aber im Film gibt es weder eine Stichwunde noch Blut.

Vermutlich haben die Verantwortlichen zugunsten der Jugendfreigabe auf eine brutalere Darstellung dieser Szene verzichtet, aber trotzdem ist es seltsam, Aslan so blutlos sterben zu sehen, wenn sein Tod im Buch eigentlich schrecklich und das Blut ein wichtiger Teil der Geschichte war.

Für C. S. Lewis war Aslan eine Jesusfigur. Was mit Jesus am Kreuz geschah, ist aber so ganz anders als im Film. Jesus war an zahlreichen Stellen von Nägeln durchbohrt und mit Peitschenspuren übersät – und es floss Blut. Viel Blut.

Und dann war in der Realität noch etwas ganz Wesentliches anders als bei C.S. Lewis: Es war keine teuflische Hexe, die Jesus ans Kreuz gebracht hat, es war Gott selbst. Er selbst hob das Messer und stach zu. Das ist der größte Beweis von Gottes Liebe zu den Menschen: der am Holzkreuz hängende Jesus Christus: Gott selbst, geschlachtet wie ein Opferlamm, damit die Schafe, die eigensinnig ihren eigenen Weg eingeschlagen haben, nicht geschlachtet werden, sondern zu dem Lamm Gottes umkehren und von ihm ewiges Leben empfangen. Gott hat seinen eigenen Sohn für uns Menschen geopfert.

▶▶ **Das ist der größte Beweis von Gottes Liebe zu den Menschen: der am Holzkreuz hängende Jesus Christus.**

Nirgendwo sonst finden wir eine so tiefe Liebe!

Darum: Gott zurücklieben!

Unsere erste Aktion auf dieses Handeln Gottes ist eigentlich eine Reaktion: Wir wollen Gottes Liebe erwidern. Gottes Liebe zu uns hat ein Echo: Wir lieben ihn zurück. Jesus selbst hat beschrieben, wie diese Liebe konkret aussieht: Die Menschen sind Akteure in einer zeit- und weltumspannenden Love Story – wir lieben Jesus von ganzem Herzen, ganzer Seele und mit all unserem Verstand.

Was bedeutet es, Gott mit all unserem Verstand zu lieben? Es bedeutet, dass wir so viel wie möglich über ihn wissen wollen – und da ist uns keine Anstrengung zu groß.

Paul Beckman hat Alberto einmal erzählt, wie es war, als er seine spätere Ehefrau Carolyn zum ersten Mal getroffen hat. Er sah diese junge Frau und wollte sie unbedingt kennenlernen. Er näherte sich ihr, indem er erst einmal ihre Mitbewohnerin kennenlernte. Als er dann näher an Carolyn „dran" war, nahm er all seinen Mut zusammen und fragte sie, ob sie mit ihm spazieren gehen würde. Sie gingen dann mehrere Stunden spazieren und redeten die ganze Zeit über. Paul konnte einfach nicht genug über diese junge Frau erfahren! Er wollte alles von ihr wissen. Dreißig Jahre später hat sich daran nichts geändert. Er weiß zwar schon viel von ihr, aber er will immer noch alles wissen, was es über sie zu wissen gibt.

▶▶ **Wenn wir ihn lieben, wollen wir alles über ihn wissen, was es zu wissen gibt.**

So ist es auch mit Gott: Wenn wir ihn lieben, wollen wir alles über ihn wissen, was es zu wissen gibt. Man will in der Bibel lesen und Predigten hören, denn diese erklären, wie Gott ist und was er tut. Und beides brauchen wir nicht nur ganz am Anfang dieser Romanze, sondern immer – tagtäglich! Und auch noch nach 30 Jahren Christsein!

Gott ist ein so unendlich tiefer und großer Schatz, dass man einfach nicht anders kann, als dranzubleiben und immer tiefer zu graben und immer mehr zu verstehen.

Der Verstand ist also ein wichtiger Teil der menschlichen Liebesgeschichte mit Jesus. Aber er ist nicht der einzige Teil.

Christen lieben Gott auch mit ganzer Seele! Das heißt, sie bemühen sich darum, dass die Beziehung zu Gott nichts von ihrer Tiefe verliert – wie bei einer „normalen" Liebesbeziehung –, damit „Christus durch den Glauben in euch lebt. In seiner Liebe sollt ihr fest verwurzelt sein; auf sie sollt ihr bauen" (Epheser 3,17).

Die Pflege dieser Beziehung hat viel mit Kommunikation zu tun. Genauso wie ein Ehepaar jeden Tag ganz offen und ehrlich über das reden sollte, was in ihm vorgeht, so sollten Christen auch mit Gott reden. Er will von uns hören, wie es uns geht. Darum sollte in der Beziehung zu Gott kein Tag ohne Gebet vergehen, denn Gebet ist das intensive Gespräch mit Gott – wir sollten in dieser engen Beziehung ehrlich sein, sagen, was uns an ihm gefällt, um Verzeihung bitten, wenn es notwendig ist, ihm sagen, was wir brauchen, ihn für Freunde und Familie bitten.

Und wir lieben Gott von ganzem Herzen! Das Herz macht das ganze Wesen des Menschen aus, hat also etwas mit Hingabe zu tun. Wir geben uns Jesus hin mit allem, was in uns ist. Wir lieben ihn mit maximaler Selbstaufopferung, mit aller Kraft, mit Disziplin, mit Treue – und es geht auch darum, nicht das zu tun, was uns dient, sondern das, was dem Bräutigam hilft. Liebe zu Gott hat also mit dem Willen zu tun – wir entscheiden uns aus Liebe zu ihm, ihm nachzufolgen und ihm gehorsam zu sein.

Das Herz ist auch der Ursprung der Gefühle. Wenn man also versucht, das Christsein rein verstandesmäßig zu erfassen, dann hat man etwas falsch verstanden. Als Christ ist man doch ein Bewunderer Jesu, und damit sind untrennbar Emotionen verbunden! Den Gefühlen für Jesus sollte man mit Leidenschaft Ausdruck verleihen – ob man nun auf die Knie fällt, die Hände hebt oder vor ihm tanzt.

So oder ähnlich würde Alberto Herminio Carzola Santa Maria antworten, wenn man ihn fragen würde, was die Liebe Gottes – und unsere Antwort darauf – ist.

Liebe deinen Nächsten!

Der 70-jährige Manuel hatte keine Chance. Es ging alles viel zu schnell. Das Auto, das ihm entgegenkam, schlitterte plötzlich über den Mittelstreifen und prallte gegen die Fahrerseite seines Wagens. Die Wucht des Aufpralls schleuderte sein Auto erst auf den rechten Seitenstreifen, dann rutschte es nach etlichen Überschlägen einen Abhang hinunter und blieb schließlich auf dem Dach liegen. Manuel war sofort tot.

Der Mann, der den Unfall verursacht hatte, war mit zwei gebrochenen Beinen und einigen kleinen Wunden ins Krankenhaus eingeliefert worden. Am Tag nach dem Unfall wurde er wegen Trunkenheit am Steuer und fahrlässiger Tötung verhaftet.

In dieser Nacht klingelte das Telefon von Alberto Carzola. Um zwei Uhr morgens. Es war sein Bruder Roberto.

„Alberto", seufzte der Mann am anderen Ende der Leitung. Seine Stimme klang tränenerstickt. „Alberto ... Papa ist tot!" Alberto Carzolas Vater Manuel war tödlich verunglückt, und das an Heiligabend.

Alberto, seine Frau Alison und die beiden Kindern flogen am 26. Dezember nach Florida. Am 29. Dezember fand der Trauergottesdienst in einer katholischen Kirche in Miami statt.

Als der Augenblick kam, in dem Bekannte und Verwandte einige Worte über den Verstorbenen sagen konnten, erhob Alberto sich und ging zur Kanzel.

„Vor einigen Tagen, an Heiligabend, als mein Vater in seinem Wagen starb, spielte meine Tochter uns gerade ein Lied von Bryan Duncan vor. Es hat einen tollen Text." Alberto begann, mit zitternder Stimme, den Text vorzutragen: „,One day an infant's cry in a troubled land joined the Heavenly Host on high in peace, good will to man. God's thoughts and ways are not our own, I can't understand why he wrapped his love in flesh and blood, and he took the form of man.'"

Alberto machte eine Pause, wischte sich Tränen aus den Augen, bevor er fortfuhr. „Wisst ihr, Gott ist in unser ‚troubled land', in unser aufgewühltes Land gekommen. Gott hat als neugeborenes Kind in einer Krippe gelegen und geschrien. Ich kann es einfach nicht verstehen: Warum hat der allmächtige Gott sich so erniedrigt? Er, der die Welt erschaffen hat, ließ sich in eine Futterkrippe legen, die eigentlich für Tiere gedacht war. Diese Art von Demut kann ich gar nicht fassen. Warum ließ sich der große Gott, der Sünde so sehr hasst, auf unser sündiges Leben ein, machte sich in Fleisch und Blut zu unserem Sündenlamm und ließ sich an ein Kreuz nageln, das Verbrechern vorbehalten war? Warum?"

▶▶ „Gott hat als neugeborenes Kind in einer Krippe gelegen und geschrien. Ich kann es einfach nicht verstehen: Warum hat der allmächtige Gott sich so erniedrigt?"

Alberto musste innehalten, weil die Tränen über sein Gesicht strömten und seine Stimme immer wieder versagte.

„Aus Liebe. Liebe, in Fleisch und Blut gekleidet. Liebe, zu tief, als dass ich sie begreifen könnte. Ein Mann, der von uns so sehr geliebt wurde, ist an Heiligabend von einem Betrunkenen getötet worden. Sein Tod war so sinnlos! Aber mein Vater Manuel Carzola hat sein Leben vor zehn Jahren Jesus Christus anvertraut, diesem Gott, der als Mensch in diese Welt gekommen ist. Weil Manuel diese Beziehung zu Gott hatte, hat sein Leiden irgendwie in Gottes Leiden einen Sinn bekommen. Und in unserem Leiden dürfen wir wissen, dass das Schreien unserer zerbrochenen Herzen sich im Schreien des Kindes in der Krippe – und dann ganz besonders im Schreien und in der Zerbrochenheit Gottes am Kreuz – wiederfindet. Irgendwie vereinen sich unsere Schreie – meiner und eurer – mit dem dieses Kindes, mit dem Gekreuzigten. Ich kann dieses Geheimnis, das uns an Weihnachten offenbart wurde, nicht ganz begreifen. Aber es sagt mir, dass wir die Liebe Gottes sehen können – sie zeigt sich auch in dem Unfall meines Vaters Manuel. Und sie zeigt sich auch im Schicksal und im Schreien eures Lebens. Auch wenn wir dies im Augenblick nicht sehen können. Es ist nicht Gottes Hass, auch nicht seine Abwesenheit, sondern seine Liebe und seine Gegenwart, die in unserem Schreien und in unserer Trauer zum Ausdruck kommen."

Roberto Carzola war entsetzt und hielt auch nicht mit seiner Verärgerung hinter dem Berg. Als die Familienangehörigen und die Freunde sich nach der Trauerfeier in seinem Haus trafen, explodierte er förmlich: „Alberto, wie kannst du behaupten, dass Papas Tod uns zeigt, wie sehr Gott uns liebt?!" Roberto war sichtlich entsetzt und aufgebracht. „Hast du denn die Tatsachen völlig aus den Augen verloren?"

Alberto war über die heftige Reaktion seines Bruders überrascht und versuchte, ihn zu beruhigen. „Roberto, ich wollte dich nicht verletzen, ehrlich! Ich wollte uns allen Hoffnung zusprechen. Ich verstehe ja selbst nicht genau, auf welche Weise Gottes Liebe sich auch in diesem schrecklichen, so schmerzhaften Verlust zeigt, aber wir dürfen vertrauen, dass es so ist! Dass Gott sich selbst in Fleisch und Blut auf diese Erde begeben hat, dass er sich selbst in Fleisch und Blut einem grausamen Tod hingegeben hat, das bedeutet, dass wir auf seine Liebe vertrauen dürfen. Auch wenn wir sie, so wie jetzt, nicht verstehen."

„Alberto, halt deinen Mund! Ich finde deinen Glauben absolut widerlich! Du kannst angesichts einer solchen Tragödie nicht von Gottes Liebe reden! Papa ist getötet worden! Wo ist da Liebe? Und wo bitte ist da dein Gott?" Roberto drehte sich um und lief davon.

1999 geschieht in einer Plattenbausiedlung am Rande von Frankfurt an der Oder das Unfassbare: Eine junge Mutter lässt ihre beiden kleinen Söhne alleine in der Wohnung zurück und geht für zwei Wochen zu ihrem Liebhaber. Sie nimmt an, dass ihre Mutter, die ebenfalls in der Siedlung wohnt, sich schon um die Jungen kümmern wird. Doch die Oma wundert sich nicht darüber, dass ihre Tochter sich mehrere Tage nicht bei ihr meldet. *Ach, die hat wohl mal wieder ihre Depression*, denkt sie tagelang.

Die zwei kleinen Jungen verdursten.

In einer Dokumentation über diesen Vorfall versuchte eine Berliner Regisseurin herauszufinden, was in den Beteiligten vorgegangen war, und interviewte die Gäste einer Kneipe in Frankfurt an der Oder, in der jeder die Geschichte kannte. Jeder. Jeder kannte die Details. Aber niemand sagte etwas. Niemand wollte sich in die Sache einmischen, auch nicht im Nachhinein. Ein Mann sagte das, was alle dachten: „Was hat das mit mir zu tun? Ich kümmere mich um mich selbst, meine Mitmenschen gehen mich nichts an."

▶▶ „Was hat das mit mir zu tun? Ich kümmere mich um mich selbst, meine Mitmenschen gehen mich nichts an."

Der Nächste.

Nachdem Jesus gesagt hatte, dass seine Nachfolger Gott von ganzem Herzen, ganzer Seele und ganzem Verstand lieben sollten, erklärte er auch, dass das zweitwichtigste Gebot ebenso wichtig ist wie das erste: „Liebe deinen Mitmenschen wie dich selbst" (Matthäus 22,39).

Viele haben über die Jahre behauptet, dass Jesus hier dazu auffordere, sich selbst zu lieben, dass man lernen müsse, sich selbst zu lieben, bevor man überhaupt andere lieben könne. Wenn Jesus das gemeint hätte, könnte man dem Mann in der Frankfurter Kneipe recht geben. Man müsste dann auch sagen, dass dieser Mann sich weiter um sich selbst kümmern muss, damit sein Herz irgendwann bereit ist, sich auch den kleinen

Jungs und der Mutter zuzuwenden. Aber irgendwie klingt das nicht richtig.

Es ist auch falsch!

Der Sündenfall am Anfang der Menschheitsgeschichte war eine so heftige geistliche Detonation, dass jedem Menschen der Boden unter den Füßen regelrecht weggesprengt wurde und jeder – nun getrennt von Gott – in ein tiefes, schwarzes Loch stürzte. Und in dem dunklen Loch unserer Existenz ist es so finster, dass man den Nächsten, den Mitmenschen, wirklich nicht mehr klar erkennen kann; nur sich selbst kann man noch wahrnehmen. Und genau daher kommt die weitverbreitete Auffassung, dass wir im Dunkel dieses Grabes selbst im Zentrum stehen. Wir leben schon so lange in dieser Dunkelheit, dass wir begonnen haben, sie „Licht" zu nennen. Aus dieser Täuschung heraus glauben wir außerdem, dass wir uns selbst aus dem Loch herausziehen und dann anderen helfen könnten, auch herauszukommen. Aber wie gesagt, das ist eine Täuschung. Eigenliebe ist eine Täuschung. „Das Ich ist nicht das schönste Paradies, es ist unser größtes Problem", schreibt ein amerikanischer Psychologe treffend.[1]

Jesus meint eigentlich etwas anderes, wenn er das Liebesgebot verdoppelt: Wir sollen unseren Mitmenschen so tief und aufrichtig lieben, wie wir uns selbst schon lieben. Er deutet dabei auf die Intensität unserer Eigenliebe und sagt: „So sehr, wie du dich selbst liebst – genau das ist der Maßstab für deine Liebe dem Nächsten gegenüber."

Aber da gibt es ein Problem. In meiner Eigenliebe will ich mich eigentlich immer über den Nächsten stellen. Ich ziehe meine Person immer den anderen vor. Und meine Eigenliebe kann sogar zu einer so ekelhaften

▶▶ In meiner Eigenliebe will ich mich eigentlich immer über den Nächsten stellen. Ich ziehe meine Person immer den anderen vor. Und meine Eigenliebe kann sogar zu so einer ekelhaften Selbstsucht werden, dass ich bereit bin, zwei Wochen bei meinem Liebhaber zu verbringen und darüber mein eigen Fleisch und Blut vergesse und verdursten lasse.

Selbstsucht werden, dass ich bereit bin, zwei Wochen bei meinem Liebhaber zu verbringen und darüber mein eigenes Kind vergesse und verdursten lasse. Eigenliebe ist nicht die Lösung. Sie ist die Gefangenschaft, aus der ich befreit werden muss, das dunkle Grab, aus dem ich auferstehen muss.

Das Einzige, das mich von dieser durch Eigenliebe verursachten Selbstsucht befreien kann und mich in die Lage versetzt, meinen Nächsten selbstlos zu lieben, ist die Liebe Gottes. Wenn diese bedingungslose, selbstaufopfernde, heilige Liebe Gottes in mein Herz strömt, geschieht etwas sehr Befreiendes: Mein Selbst fühlt sich so tief von Gott geliebt, dass ich mich nicht mehr selbst ins Zentrum meines Lebens stellen will, sondern diese unaussprechlich tiefe Quelle der Liebe. Ich drehe mich nicht mehr um mich selbst, sondern um Gott – und damit auch um andere. Das ist Befreiung.

Es war das Härteste, das Alberto in seinem Leben je getan hatte: Neun Monate nach dem Tod seines Vaters saß er im Gefängnis dem Mann gegenüber, der seinem Vater das Leben genommen hatte, weil er betrunken Auto gefahren war. Es war der einundvierzigjährige Gerald Pontifiko.

Gerald war ein hochgewachsener Mann. Schon zweimal zuvor hatte er im Gefängnis gesessen, einmal wegen Autofahrens in alkoholisiertem Zustand, das andere Mal, weil er seine Frau misshandelt hatte.

„Ich wollte dich unbedingt treffen", erklärte Alberto.

Sein Gegenüber blickte ihn verständnislos an. „Warum solltest du mich treffen wollen?", entgegnete Gerald sarkastisch und hasserfüllt. „Ich sitze doch wegen dieses Anhängers von Fidel Castro hier im Knast!"

Alberto musste schlucken. Alles in ihm wollte über den Tisch springen und den Mann erwürgen. Nur zwei Gedanken hielten ihn davon ab. Erstens: Die Wahrscheinlichkeit, dass Pontifiko Alberto erwürgte, war definitiv größer, da er ganz augenscheinlich der Stärkere war. Und zweitens musste es einen Grund geben, warum dieser Mann so hasserfüllt war. Alberto kannte den Grund nicht, aber er wusste, dass nur Liebe und eben nicht Gewalt diesen Mann wirklich frei machen konnte.

„Den Mann, den du als ‚Anhänger von Fidel Castro' bezeichnest, war mein Vater Manuel Carzola. Und er ist vor Jahren mit mir an der Hand aus Kuba geflohen – *vor* Fidel Castro. Ich bin heute hierher gekommen, um dir zu sagen, dass ich dir vergebe."

Gerald Pontifiko lachte laut heraus. „Du kleine Made willst mir vergeben?" Er konnte es nicht fassen. „Wer sagt denn, dass ich Vergebung haben will? Bist du ein Priester oder was?"

„Nein, ich bin kein Priester, zumindest kein professioneller", entgegnete Alberto. „Ich bin bloß ein ganz einfacher Lehrer. Und ich will dir vergeben. Vergeben bedeutet Loslassen."

„Wie kommt so ein kleiner Kubaner wie du einfach hierher und textet mich mit diesem frommen Unsinn zu?"

„So einfach ist es gar nicht. Vergebung ist unheimlich schwer. Sie widerspricht nämlich unserer menschlichen Natur. Ich habe sogar Angst, hier vor dir zu sitzen und mit dir zu reden. Und ich habe Hass und Bitterkeit gegen dich empfunden, Gerald Pontifiko! Weißt du, eigentlich wollte ich am 26. Dezember mit meiner Familie nach Florida fliegen, um mit meinem Papa einige schöne Tage zu verbringen. Stattdessen flogen wir nach Miami, um ihn zu begraben. Und das alles wegen dir und deiner Trinkerei."

▶▶ „Vergebung ist unheimlich schwer. Sie widerspricht nämlich unserer menschlichen Natur."

„Ja, und wegen deinem alten Herrn muss ich hier im Knast sitzen", erwiderte Gerald ohne ein Anzeichen von Reue.

Alberto versuchte, ruhig zu bleiben und seinem Gegenüber zu erklären, warum er hatte kommen müssen. „Du sitzt im Gefängnis, weil das das menschliche Prinzip ist: Der Schuldige muss für seine Schuld bezahlen. In diesem Fall bist du das und du zahlst auch – zumindest, was unsere Gesellschaft betrifft –, indem du hier im Gefängnis sitzt. Aber was Gott angeht, an dem du dich auch vergangen hast, da kannst du von dir aus gar nichts tun. Da bringt es noch nicht einmal was, dass du im Gefängnis sitzt. Du brauchst Gerechtigkeit, und zwar perfekte Gerechtigkeit. Nur so kann deine Schuld getilgt werden. Und weißt du was? Genau das ist das Wunder, das wir an Weihnachten feiern. An Weihnachten hast du meinem Vater das Leben genommen, aber an Weihnachten ist Gott auch als der vollkommen Schuldlose in die Welt gekommen. Nicht, um uns für unsere Ungerechtigkeit anzuklagen, nein. Er ist gekommen, um für unsere Schuld geradezustehen ... und um dann ein für alle Mal mit seinem schuldlosen Tod für unsere Schuld zu bezahlen."

Gerald Pontifiko unterbrach seine Ausführungen: „Hey, du kleiner Kubaner, ich sitze jetzt nicht hier, damit du mir deinen frommen Quatsch erzählen kannst!"

Alberto schluckte erneut, aber er fasste neuen Mut. „Wie gesagt, ich vergebe dir."

Und wieder kam von seinem Gegenüber nur ein lautes Lachen. „Ich habe dir schon gesagt, kleiner Kubaner, dass ich deine Vergebung gar nicht will!"

„Pontifiko, du verstehst mich nicht. Wenn ich dir vergebe, dann ist das nichts, das du beeinflussen kannst. Es ist ganz allein meine Entscheidung."

▸▸ **„Wenn ich dir vergebe, dann ist das nichts, das du beeinflussen kannst. Es ist ganz allein meine Entscheidung."**

Nun starrte Gerald Alberto wortlos an. Nach einigen Sekunden des Schweigens entgegnete er: „Das ist aber eine komische Religion."

„Sie kommt dir vielleicht nur so komisch vor, weil du noch nie echte Liebe erlebt hast."

„Und woher weißt du das, du dummer Mistkerl?"

„Wenn du Gottes Liebe mal persönlich erlebt hättest, dann wäre dein Herz zerbrochen, und du wärst heute nicht mit so viel Hass erfüllt."

Zum ersten Mal wusste Gerald Pontifiko nicht, was er entgegnen sollte.

„Pontifiko, hör mir zu, nur eine Minute lang. Bitte unterbrich mich nicht. Ich muss etwas loswerden." Gerald blickte ihn nun angespannt an, schwieg aber. „Wie gesagt, ich habe wochenlang mit der Bitterkeit und dem Hass gekämpft, aber dann las ich vor einigen Wochen die folgende Aussage in der Bibel: ‚Liebt eure Feinde und tut denen Gutes, die euch hassen. Segnet die Menschen, die euch Böses wünschen, und betet für alle, die euch beleidigen.' Das waren harte Worte! Aber weil ich Gott gehorsam sein will, fing ich tatsächlich an zu beten. Für *dich* zu beten. Mann, fiel mir das vielleicht schwer! Aber je intensiver ich es tat, desto mehr schenkte Gott mir Mitgefühl für dich. Ich habe herausgefunden, dass du eine Ex-Frau hast und drei Kinder. Ich habe angefangen, auch für sie zu beten, dass Gott sie reich segnen möge und sie viel Gutes aus seiner Hand empfangen würden. Ich habe mit der Zeit gemerkt, dass meine Gebete dem des Mannes ähneln, der vor 2.000 Jahren am Kreuz hing: ‚Vater, vergib ihnen, denn sie wissen nicht, was sie tun.' Und dann geschah etwas mit mir! Ich habe gemerkt, dass ich anfing, dich mit Gottes Liebe zu lieben. Das bedeutet nicht, dass ich dich gern habe, bei weitem nicht. Ehrlich gesagt, mag ich dich gar nicht! Aber ich liebe dich, und das ist etwas völlig anderes. Es heißt, dass ich mich nicht an dir rächen muss. Ich habe angefangen, dir Gutes zu wünschen. Ich habe in mir eine Stärke gespürt, die mich in die Lage versetzt hat, dass ich dir höflich und liebevoll begegnen kann. Ich konnte auf einmal dieses Gefühl loslassen, dass ich dir alles heimzahlen müsste! Und genau darum geht es bei Vergebung!"

„Na, das ist aber nett", spottete Gerald Pontifiko. „Und was bitte bringt mir das?"

„Ehrlich gesagt, weiß ich das nicht ganz genau. Ich weiß nur, was es mir bringt. Was du meiner Familie angetan hast, ist und bleibt schrecklich. Und der Schmerz über den Verlust unseres Vaters wird uns unser Leben lang begleiten. Aber wenn ich dir sage, dass ich dir vergebe, bedeutet das auch, dass ich es Gott überlasse, Recht und Gerechtigkeit zu üben."

„Sind wir jetzt endlich fertig?", fuhr Pontifiko ihn ungeduldig an.

„Nein, da gibt es noch etwas: Hier hast du meine Telefonnummer. Es würde mich freuen, wenn du uns von Zeit zu Zeit anrufen würdest und uns sagst, wie es dir geht."

Pontifiko betrachtete die kleine Karte, die Alberto Carzola ihm gegeben hatte.

„Lass einfach immer mal wieder etwas von dir hören", fügte Alberto hinzu. „Vielleicht kannst du uns auch mal besuchen kommen, wenn du aus dem Gefängnis entlassen wirst. Wir beten regelmäßig für dich und deine Familie. Meine Frau und meine Kinder würden sich auch freuen, dich kennenzulernen. Sie haben dir übrigens auch vergeben."

Einmal mehr war Gerald Pontifiko sprachlos. Er starrte den Kubaner nur noch ungläubig an.

Alberto reichte ihm schließlich die Hand. „Vergiss eines nicht: Ich habe dir vergeben. Das heißt, von mir aus müssen wir nie mehr über diesen Unfall reden. Unsere Beziehung spielt sich jetzt auf einer anderen Ebene ab."

„Was meinst du damit? Welche Ebene meinst du?", wollte Gerald wissen.

„Ich meine die Ebene der Liebe und Gnade Gottes." Dann erhob Alberto sich und ging.

Einige Jahre später waren Paul und Carolyn Beckman bei der Familie Carzola zu Besuch. Vieles hatte sich in der Zwischenzeit geändert. Die Beckmans waren nach Europa umgezogen, wo Paul als Dozent an einer theologischen Hochschule lehrte. Die beiden Ehepaare saßen im Wohnzimmer und ließen die vergangenen Jahre Revue passieren.

„Alison, kannst du dich noch an ein Gespräch vor ungefähr 15 Jahren erinnern?", erkundigte Paul sich. „Bei euch, in eurem Haus in den Bergen. Ich hatte damals gefragt, wie wir die Biographie unseres Ehepartners betiteln würden. Du hattest sofort eine Antwort, weißt du noch? Als hättest du schon häufig über diese Frage nachgedacht. Du hast damals gesagt: ‚Der Mann, der aufrichtig zu lieben wusste‘."

Alison nickte nachdenklich und entgegnete: „Ich kann mich nicht mehr an diese Aussage von damals erinnern, aber ich kann sie heute wahrscheinlich noch mehr als damals bestätigen. Ich kann Albertos Liebe bestätigen. Wenn ich sehe, wie er mit meinen Eltern umgeht, die ihm so viel Schmerz bereiten. Oder wie er so vielen schlechter gestellten Menschen hilft, und das nicht nur finanziell. Wie er mir zur Seite steht. Und wie er Gerald Pontifiko vergeben hat. Wenn ich über all diese Dinge nachdenke, wird mir eines klar: Die übernatürliche Liebe Gottes hat im Herzen meines Mannes ein Zuhause gefunden."

„He, Pastor Beekman", mischte sich Alberto plötzlich ins Gespräch ein, „dieser Gerald Pontifiko hat uns vor zwei Wochen besucht."

Und dann erzählten Alberto und Alison völlig begeistert von diesem Tag.

Kapitel 8

Gott ist heilig

„Ich heiße Orual und ich möchte ein neues Gesicht haben!"

> *„Meine Lieben! Wenn wir schon jetzt Kinder Gottes sind, was werden wir erst sein, wenn Christus kommt! Dann werden wir ihm ähnlich sein, denn wir werden ihn sehen, wie er wirklich ist."*
>
> **Johannes**
> (Ein Jünger von Jesus, der drei Jahre lang sein bester Freund war. Er schrieb diese Aussage – 1. Johannesbrief 3,2 – in Erwartung von dessen Wiederkunft, nachdem Jesus in den Himmel zurückgekehrt war.)

Ein König hatte zwei Töchter, Orual war die ältere, Psyche die jüngere. Letztere war wunderschön und seit ihrer Geburt überall für ihre Schönheit bekannt. Man sagte sogar, das Blut der Götter fließe in ihren Adern. Vor allem Psyches Gesicht war ein Sinnbild für das Ideal von Schönheit. Oruals Gesicht dagegen war hässlich. Es war sogar so hässlich und entstellt, dass Orual nur mit einem Schleier vor ihrem Gesicht aus dem Haus ging. Obwohl sie ihre Schwester liebte und sie bewunderte, spürte sie tief in ihrem Herzen die Sehnsucht, ebenso schön zu sein wie Psyche. Orual wollte ein neues Gesicht haben, ein wunderschönes Gesicht, so wie Psyche es besaß.

Eines Tages befahl die hartherzige Göttin Ungit dem König, seine Tochter Psyche auf einem Altar mitten in der Wüste zu opfern, um auf diese Weise das ganze Land zu retten. Traurig, aber gehorsam, führte der König den Befehl aus. Die größte Schönheit in Menschengestalt wurde auf einem Altar festgebunden und in der heißen Wüstensonne dem Opfertod überlassen.

Orual war so betrübt über die Ereignisse, dass sie sich auf die Suche nach dem Leichnam ihrer Schwester begab. Tatsächlich fand sie den Altar in der Wüste, aber der Körper ihrer Schwester war verschwunden. Orual befürchtete bereits das Schlimmste, aber plötzlich erschien Psyche lebendig vor ihr. Und sie begann, ihrer älteren Schwester begeistert von ihrem neuen Leben zu erzählen: Sie sei von einem wunderschönen Prinzen vom Altar gerettet worden. Er habe sie in sein unsichtbares Königreich mitgenommen und sie dort zu seiner Frau gemacht.

Für Orual begann in diesem Augenblick eine spirituelle Reise. Sie vermutete, dass sie bis dato die Realität völlig falsch wahrgenommen hatte, weil sie nicht an die unsichtbare Welt, an das Reich der Götter, geglaubt hatte. Auch ihr scheinbar hässliches und entstelltes Gesicht hatte sie nur aus der Perspektive der Welt gesehen. Mit der neuen Erkenntnis, dass es eine Welt des Übernatürlichen gab, begab Orual sich auf die Suche nach der Wahrheit. Sie war fest entschlossen, in das Reich des Unsichtbaren einzudringen und den Göttern zu begegnen.

Der Priester des Königreiches – man nannte ihn „Fuchs" – brachte Orual in eine mystische Höhle. Dort begann sie, die Götter wegen ihrer Hässlichkeit anzuklagen. Doch ihr wurde klar, dass kein Gott ihr jemals persönlich begegnen würde, bis sie ein neues Gesicht hatte. Orual musste lernen, dass jedes Gesicht ein Fenster der Seele ist und das Wesen des Menschen widerspiegelt. Völlig verzweifelt schrie sie letztlich: „Wie können uns die Götter von Angesicht zu Angesicht begegnen, solange wir kein Angesicht haben?"[1]

Torsten legte das Buch zur Seite und dachte nach. Er war kein schlechter Mensch, er hatte nie etwas besonders Schlimmes getan. Vor zwei Jahren, kurz nach dem Universitätsabschluss in München, hatte er zum ersten Mal diese Leere gespürt. Er hatte seine Ziele erreicht, sein Studium gut abgeschlossen und war gleich in einen tollen Job als Journalist eingestiegen. Aber etwas fehlte. Torsten begann zum ersten Mal in seinem Leben, sich für spirituelle Fragen zu interessieren, und beschloss, sich näher mit den unterschiedlichen Religionen zu beschäftigen.

Sein Freund Jan hatte ihm von einer christlichen Gemeinde erzählt, die irgendwie cool war.

„Wie meinst du das – ‚cool'?", fragte Torsten ihn eines Nachmittags.

„Na, so wie ich es sage, cool eben! Diese Gemeinde schafft es, ganz modern zu sein und aktuelle Themen anzusprechen, aber gleichzeitig auch traditionelle Rituale und Liturgien in ihre Gottesdienste zu integrieren. Sie lehrt ganz viel über Jesus, steht aber allen Menschen und Religionen offen gegenüber. Also, auf jeden Fall kann man dort seine Fragen loswerden, man kann mit Leuten diskutieren, und niemand nimmt es dir übel, wenn du skeptisch bist."

Zwei Wochen später nahm Torsten seinen ganzen Mut zusammen und begleitete seinen Freund Jan in die Gemeinde. Um mal reinzuschnuppern, wie er sagte. Doch das Schnuppern brauchte etwas mehr Zeit, und so ging Torsten Woche für Woche mit Jan zum Gottesdienst und schaute sich auch immer wieder die Auswahl an Literatur an, die auf dem Büchertisch lag. Er bemerkte, dass an dem Stand mehrere Bücher von C. S. Lewis auslagen.

„Wer ist denn dieser C. S. Lewis?", erkundigte er sich an einem Sonntag.

Die Frau am Bücherstand war freundlich und antwortete nach kurzem Nachdenken. „Mmm, er war Professor an der Universität von Oxford in England. Er war lange Zeit Atheist und dann wurde durch logisches Nachdenken sein Interesse für Spiritualität geweckt. Letztlich ist er dann Christ geworden. Kann ich dir helfen, etwas zu finden, dass die Themen anspricht, die dich besonders interessieren?" Die Frau schien sehr hilfsbereit.

„Na ja, ich bin auch atheistisch aufgewachsen. Aber jetzt interessiert mich das ganze Thema mit Gott und so. Ich würde einfach gerne wissen, welche Gedanken sich andere Menschen gemacht haben."

„Dann versuch es doch einmal mit diesen beiden Büchern von Lewis." Die Frau wies auf die Bücher „Pardon, ich bin Christ" und „Bis wir wirklich werden".

Jetzt, zwei Wochen später, hatte Torsten das zweite Buch „Bis wir wirklich werden" fast komplett gelesen. Vor allem die Geschichte von Orual und Psyche weckte Torstens Interesse. Die eine Frau war wunderschön, die andere wollte genau so werden. Er grübelte: „Eigentlich sind wir alle wie Orual! In unserem Leben gibt es vieles, das hässlich, unvollkommen, enttäuschend ist! Und genauso wie Orual sehnen wir uns zutiefst nach einem neuen Gesicht. Nicht unbedingt nach einem neuen physischen Gesicht, sondern nach einer grundlegenden Veränderung."

▶▶ „In unserem Leben gibt es vieles, das hässlich, unvollkommen, enttäuschend ist! Und genauso wie Orual sehnen wir uns zutiefst nach einem neuen Gesicht."

Unzählige Fragen schwirrten Torsten durch den Kopf, übrig blieb aber nur eine: „Warum sehnen wir uns so sehr danach, körperlich schöner zu sein?" Seine Gedanken gingen wieder zu Orual zurück. Diese Geschichte von C. S. Lewis schien auf etwas Tieferes hinzudeuten, auf etwas viel Tieferes.

Seine Gedanken wandten sich dem hässlichen Ungeheuer zu, der inneren Verzerrung der ursprünglichen Schönheit jeder Seele, namens Sünde. Zumindest Lewis hatte es in dem ersten Buch so genannt: „Sünde". Mit diesem Begriff hatte Torsten noch nie viel anfangen können. Er erkannte natürlich, dass es in der Welt unglaublich viel Böses und große Ungerechtigkeit gibt, was wir Menschen oft gar nicht fassen können. Aber Torsten verstand, warum Lewis das Bild eines Gesichtes gewählt hatte, um diesen Sachverhalt zu verdeutlichen: Das Gesicht der Seele eines Menschen ist ein Spiegelbild von allem Bösen und jeder Ungerechtigkeit. Und genau das war die eigentlich so erschreckende Botschaft an den Menschen: Das Böse in dieser Welt ist nicht auf politische Entscheidungen, Terroranschläge oder andere Ereignisse zurückzuführen. Die Quelle des Bösen liegt im Herzen des Menschen, *jedes* Menschen.

▸▸ **Das Böse in dieser Welt ist nicht auf politische Entscheidungen, Terroranschläge oder andere Ereignisse zurückzuführen. Die Quelle des Bösen liegt im Herzen des Menschen, *jedes* Menschen.**

Torsten begann, an all das zu denken, was in seinem Leben schiefgelaufen war, weil es auch in seinem Leben Sünde gab. Als er zehn Jahre alt war, hatte er begonnen, sich ernsthaft für Mädchen zu interessieren – also grabschte er eines Tages seiner großen Schwester an die Brust und rannte dann so schnell wie möglich davon. Was folgte, waren Angst und ein furchtbar schlechtes Gewissen, weil er sich einer Frau gegenüber so respektlos verhalten hatte.

Mit sieben Jahren hatte Torsten angefangen zu lügen, weil er bei seinen Kumpels Eindruck schinden und besonders gut dastehen wollte.

An anderes konnte Torsten sich nicht mehr erinnern, aber wenn er den Aussagen seiner Eltern Glauben schenken konnte, dann zeigte die Sünde ihr hässliches Gesicht schon, als er noch sehr klein war. Damals gab es wohl häufiger Streit zwischen ihm und seiner älteren Schwester. Der Grund dafür war einfach: Torstens Lieblingswort war „meins". Mit diesem schlichten Besitzanspruch nahm er seiner Schwester das Spielzeug weg. Er war damals zwar erst zwei Jahre alt, aber schon ein großer Dieb.

Neben „meins" liebte er vor allem das Wort „nein", was bei seinen Eltern häufig für finstere Mienen sorgte. In diesem süßen, knuddligen Kleinkind steckte schon ein großer Rebell.

Aber die Sünde hatte sich nicht nur in dem gezeigt, was er tat. Das Ganze schien viel tiefer zu liegen, in einer Neigung. Natürlich tat der Mensch viel Gutes. Doch jetzt stellte Torsten sich die Frage, warum er sich immer so stolz fühlte, wenn er einen großen Bogen um Menschen machte, die Hilfe brauchten. Warum fiel es den Menschen so schwer, ihren Nächsten zur Seite zu stehen? Warum werden viele Menschen nur aktiv, wenn man es ihnen befiehlt? Warum fällt ihnen Liebe so schwer, aber Eigenliebe scheint etwas ganz Normales und Selbstverständliches zu sein? Der menschliche Narzissmus scheint grenzenlos.

Torsten dachte über die Menschen nach, die er so kannte. Sie verhielten sich so, als seien sie das Zentrum des Universums. Alles drehte sich um sie. Und er musste gestehen, dass er auch nicht besser war. Er war eigensinnig, egoistisch. Er sorgte dafür, dass es ihm selbst gut ging, widersetzte sich Autoritäten. Aber irgendetwas stimmte nicht, dachte er während seiner Überlegungen. Es schien, als sollte er ursprünglich anders sein, schöner, doch er – genauso wie alle anderen, die er kannte – war tief in seinem Inneren hässlich.

Psyches Schönheit: die Heiligkeit Gottes

„Ja, genau deswegen wollte ich mit dir reden", sagte Torsten. Er saß mit Jens zusammen, dem Pastor der „coolen" Kirchengemeinde in München. „Ich interessiere mich ja sehr für Rhetorik und Sprache. Ich habe gerade dieses Buch von C. S. Lewis gelesen, der in Oxford Professor für Englische Literatur war. Eigentlich habe ich jetzt schon zwei Bücher von ihm gelesen, darunter ‚Bis wir wirklich werden'. Interessanter Titel und krasse Geschichte."

Der Pastor Jens war überrascht. „Ach, cool, dieses Buch fand ich ziemlich ... hm ... seltsam. Aber es steckt ein interessanter

Mythos drin. Das ist doch diese Geschichte von Orual und Psyche, oder?", wollte er wissen.

„Ja, genau!", bestätigte Torsten. „Es geht da um das neue Gesicht, das wir uns alle wünschen. Ich glaube, ich weiß, was C. S. Lewis eigentlich sagen wollte. Es gibt sie nämlich, die wahre, perfekte Schönheit! In dieser Geschichte kann man sie im Gesicht von Psyche sehen. Lewis meint, dass wir alle – so wie Orual – ein ganz hässliches, deformiertes Gesicht haben, und wir alle sehnen uns danach, unser ursprüngliches, wunderschönes Gesicht wiederzuentdecken. Aber weißt du was? Ich denke, dass Lewis damit nicht meint, dass wir einfach ein neues physisches Gesicht bekommen – das bekommst du ja heute bei jedem Schönheitschirurgen –, ich glaube, dass unsere Seele ein neues Gesicht bekommen kann. Unsere gesamte menschliche Natur kann erneuert werden. Genau das war für mich die zentrale Aussage dieses Buches."

▶▶ „Ich glaube, dass unsere Seele ein neues Gesicht bekommen kann. Unsere gesamte menschliche Natur kann erneuert werden."

„Wow!" Der Pastor war überrascht. Da saß jemand, der mit Kirche eigentlich nichts am Hut hatte, und erzählte ihm Dinge, die für ihn als Christ von zentraler Bedeutung waren. Als Pastor erlebte er ja immer wieder, wie Menschen erneuert wurden. Vielleicht geschah genau das gerade auch bei Torsten.

„Torsten, mir war das Buch anfangs echt ein bisschen zu philosophisch. Genauso wie Lewis' anderes Buch ‚Pardon, ich bin Christ'. Aber ich habe mich durchgekämpft und entdeckt, dass letztlich da so viel Wahres drinsteckt. Lewis fordert meine kleinen grauen Zellen schon sehr heraus. Aber ich habe ähnliche Entdeckungen gemacht wie du. Ich denke auch, dass Lewis eigentlich unsere menschliche Natur beschreibt, etwas, das verloren gegangen ist, oder etwas, das einfach falsch gelaufen ist."

„Ja, genau! Weißt du, ich finde mich" – Torsten machte eine kleine Pause –, „hm, ich habe zum ersten Mal in meinem Leben das Gefühl, dass ich einiges von dem, was ich in meinem Leben so getan habe, bereue. Aber nicht nur Dinge, die ich getan habe. Es ist, als wäre da etwas in mir, das mich dazu treibt, Dinge zu tun, die ich besser lassen sollte. Eine Neigung zum Bösen, wenn man das so sagen kann. Also, versteh mich jetzt nicht falsch! Ich bin kein Serienmörder oder Vergewaltiger oder so! Ich meine eher, dass ich dazu neige, schnell überzogen zu reagieren, Menschen zu verurteilen oder überhaupt immer nur auf mich zu schauen. Ehrlich gesagt, stört mich das!"

Der Pastor war immer noch völlig überrascht und begeistert von dem, was er da hörte. „Hey, ich verstehe dich so gut! Du redest von Sündentaten und von der Sündennatur, die in dir steckt – so würde ich das als Pastor ausdrücken. Ich muss da an eine Aussage des Propheten Jeremia denken: ‚Nichts ist so undurchschaubar wie das menschliche Herz, es ist unheilbar krank. Wer kann es ergründen?'"

Jens hatte in diesem Moment das Gefühl, dass sein Gegenüber verstand, wie es in ihm aussah. Nach einer kurzen Denkpause stellte er die Frage, die ihm auf der Seele brannte: „Aber was ist dieses Schöne, dieses Gesicht von Psyche, wonach wir uns alle sehnen?"

„Keiner weiß so richtig, was es ist. Und wenn man es zu wissen glaubt, dann ist man trotzdem erfahrungsgemäß unzufrieden. Ist es vielleicht für jeden etwas anderes? Ich kenne niemanden, der ehrlich sagen kann, dass er das Allerschönste für sich gefunden habe und jetzt ein für alle Mal total glücklich und zufrieden sei." Der Pastor hielt einen Augenblick inne. „Ich denke, die Unzufriedenheit ist darauf zurückzuführen, dass wir am falschen Ort nach dem allerschönsten ‚Gesicht' suchen – nämlich in uns selbst. Aber wir selbst sind ja sündig, das heißt, das Schöne kann gar nicht in uns sein. Oder wir suchen in der Welt – aber die ist auch von Sünde durchdrungen. Das ist wie bei meinem Hund: Er läuft gerne in den See und genießt die Abkühlung. Dann will er das Wasser abschütteln, versucht das aber, während er noch im Wasser steht ... Man kann eben nicht von etwas loskommen, wenn man noch mittendrin steckt."

„Das klingt stimmig", pflichtete Torsten ihm bei. „Aber was ist dann deiner Ansicht nach das Allerschönste, das Gesicht von Psyche, das wir eigentlich irgendwie alle haben wollen?"

Jens' Antwort kam wie aus der Pistole geschossen: „Es ist die Heiligkeit Gottes."

„Das klingt sehr antiquiert. Was meinst du damit?"

„Ich muss gestehen, ich konnte selbst jahrelang nicht viel mit ‚Gottes Heiligkeit' anfangen. Es hatte irgendwie nichts mit meinem Alltag zu tun. Aber noch weniger konnte ich mit Gottes Forderung anfangen, dass wir Menschen heilig sein sollen, weil er heilig ist. Das steht im Petrusbrief: ‚Ihr sollt heilig sein, denn ich bin heilig', und das klingt irgendwie seltsam. Dann las ich etwas über die Heiligkeit Gottes, das mich auf eine ganz andere Denkschiene brachte. Jonathan Edwards, ein Autor aus dem 18. Jahrhundert, erklärte, dass die Heiligkeit Gottes – und nicht seine Liebe, wie Menschen häufig meinen – die wesentliche Eigenschaft Gottes sei. Auf der einen Seite ist die Heiligkeit Gottes viel schrecklicher, als ich das je gedacht hätte. Es gibt ja Stellen in der Bibel, in denen davon berichtet wird, dass Gott aufgrund seiner Heiligkeit Menschen vernichtet, die seine Gebote missachtet haben – ein sündiger Mensch kann einfach nicht vor Gott bestehen. Auf der anderen Seite habe ich aber auch erlebt, dass Gottes Heiligkeit etwas Positives und Schönes ist.

Weißt du, Torsten, wir Menschen haben ein völlig falsches Bild von Heiligkeit", betonte Jens. „‚Heilig sein' bedeutet, dass etwas richtig ist und fehlerlos. Wenn etwas heilig ist, ist es genau so, wie es eigentlich sein soll."

Torsten blickte ihn nachdenklich an. „Du scheinst ja von diesem Thema völlig begeistert zu sein!"

„Ja, das bin ich!", bestätigte der Pastor. „Die Heiligkeit Gottes ist nicht etwa eine von vielen Eigenschaften, sondern die Eigenschaft, die alle anderen Eigenschaften durchdringt. Damit meine ich Folgendes: Weil Gott heilig ist, hat er eine heilige Gerechtigkeit. Was auch immer er tut, auch das, was ich nicht verstehe – ich kann sicher sein, dass er immer das Richtige tut. Er kann keinen Fehler machen. Er kann keine ungerechten Entscheidungen treffen. Dennoch mache ich auch immer wieder die Erfahrung, dass ich die Gerechtigkeit Gottes nicht logisch nachvollziehen kann. Meine Logik ist eben sehr begrenzt. Meine Frau und ich haben beispielsweise schon häufig die Erfahrung gemacht, dass eine unserer drei Töchter mit Blaulicht ins Krankenhaus gefahren werden musste, weil sie an epileptischen Anfällen litt. Immer wieder kämpfte Rahel um ihr Leben – und meine Frau und ich kämpften mit der Angst, dass sie Hirnschädigungen davontragen könnte. Bis heute verstehe ich nicht, warum Gott so etwas zugelassen hat. Aber ich bin von der Tatsache überzeugt, dass Gott uns nicht schaden möchte, sondern dass er einen Plan verfolgt. Dass Gott heilig ist bedeutet für mich in jeder Situation: Gott kann nicht unfair sein. Ich kann ihm auch dann vertrauen, wenn ich ihn nicht verstehe. Er ist hundertprozentig gerecht.

Oder nimm zum Beispiel Gottes Treue. Weil Gott heilig ist, ist er hundertprozentig treu. Er könnte keines seiner unzähligen Versprechen je brechen. Jede seiner Verheißungen hält er ein. Er kann gar nicht anders, weil sein Wesen heilig ist. Das bedeutet auch, dass er dir nicht auch nur einen einzigen Moment untreu sein könnte. Manchmal sagt mir mein Gefühl, dass ich ganz alleine bin in dieser großen weiten Welt. Niemand versteht mich. Niemand kann mir helfen. Tatsache ist aber, dass mein Gefühl mich täuscht – Gott hat mich nicht verlassen und wird dies auch niemals tun. Er kann es gar nicht, weil er an seine Treue gebunden ist. Es gibt diesen Supervers in der Bibel, in 2. Timotheus 2, Vers 13: ‚Sind wir untreu, bleibt er treu, denn er kann sich selbst nicht untreu werden.‘

Torsten, es ist so schön, dass Gott heilig ist! Er ist so perfekt, wie es nur irgend geht! Und er ist so unbegreiflich schön! Richtig schön! Ich weiß natürlich, wenn wir an Schönheit denken, kommt uns was anderes in den Sinn ..."

„Frauen ...", merkte Torsten an.

„Genau. Oder Kunst. Aber das Urbild aller Schönheit ist Gott. Gott ist unbegreiflich schön. Er ist die Definition von Schönheit. Gottes Schönheit ist wie die Abendsonne, die über einem See untergeht. Sein Gesicht strahlt von seiner Herrlichkeit. Der Verfasser des Hebräerbriefes schreibt in Kapitel 1, Vers 3, dass sich in Jesus ‚die göttliche Herrlichkeit seines Vaters [zeigt], denn er ist ganz und gar Gottes Ebenbild'."

Torsten war unsicher. „Und was ist, wenn ich mich weigere oder davor fürchte, diese Schönheit in mein Leben zu lassen?"

„Dann raubst du dir die Möglichkeit, all das zu werden, wonach dein Herz sich sehnt. Es ist so: Wenn wir uns der Heiligkeit Gottes bewusst aussetzen, erkennen wir, wer wir wirklich sind. Wir reagieren dann oft damit, dass wir vor Gott wegrennen. Oder wir denken uns allerlei Entschuldigungen aus, warum wir mit diesem Gott nichts zu tun haben wollen. Aber es kann auch anders sein. Der Heilige Geist kann dich zu anderen Reaktionen veranlassen: dass du dich eben nicht von der Heiligkeit Gottes abwendest. Und wenn du lange genug vor der Heiligkeit stehst, dann merkst du auf einmal, dass du da das findest, was du eigentlich sein sollst. So etwas wie dein Urbild. Das völlig Unverdorbene, das Heilige. Und genau danach sehnen wir uns in Wirklichkeit: nach der Schönheit, die unser fehlerhaftes Selbst in uns verjagen will! Nach diesem Richtigen, das das Falsche in uns ersetzen will! Gottes Heiligkeit wird zum Paradoxon: Sie verurteilt das Unheilige in dir und entzündet gleichzeitig eine Sehnsucht nach seiner Heiligkeit. Und dann erkennst du, was die Forderung ‚Seid heilig, denn ich bin heilig' *nicht* bedeutet: Gott fordert nicht eigensinnig und bösartig etwas von uns, was unsere

▶▶ „Gott fordert nicht eigensinnig und bösartig etwas von uns, was unsere Freiheit einschränkt. Er will von uns genau das, was uns frei macht!"

207

Freiheit einschränkt. Er will von uns genau das, was uns frei macht! Völlig frei! Das, wonach jeder Mensch sich so sehr sehnt!"

Torsten nickte. Er hatte verstanden: „Genau das ist also das wunderschöne Gesicht. Das Gesicht, das wir alle gerne haben möchten: Bis wir wirklich werden."

Das heilige „Gesicht" – mal ganz praktisch

Stephan saß mit Franz beim Italiener. „Du wolltest doch mit mir über dein Problem mit Pornographie reden, stimmt's?"

Franz war empört: „Was, hier? Jetzt?"

Sein Freund entgegnete: „Ich denke, es ist wichtig, dass du diese Sünde in den Griff bekommst. Du musst dich ihr stellen. Hier und jetzt. Wir müssen wachsam sein und dürfen den Kampf gegen die Sünde nicht auf morgen verschieben.

▶▶ „Wir müssen wachsam sein und dürfen den Kampf gegen die Sünde nicht auf morgen verschieben."

In der Bibel heißt es, dass wir nicht leichtsinnig mit der Sünde umgehen, sondern wachsam sein sollen, denn der Teufel und seine Helfer versuchen immer, uns zum Stolpern zu bringen. Also müssen wir täglich auf der Lauer sein, weil wir wissen, dass der Teufel uns ein Bein stellen will."

Beide dachten einen Moment lang nach. Dann hatte Stephan eine Idee: „Lass es mich anhand eines Beispiels erklären: Ich fahre doch im Sommer immer mal wieder mit meiner Familie nach Kanada in ein Haus an einem See. Ich genieße es, dort in aller Ruhe zu studieren, Bücher zu lesen, auszuruhen. Damit ich fit bleibe, gehe ich auch schwimmen, aber bei jedem Gang in den See muss ich wachsam sein, denn wenige Meter neben unserem Steg liegt der unseres Nachbarn, und ich weiß, dass unter seinem Steg eine große Wasserschlange ihr Nest hat. Und das Ding ist wirklich riesig! Mein Nachbar hat zwar Entwarnung gegeben und gesagt, dass das Tier nicht giftig sei, aber sie könnte mich dennoch beißen. Ich gehe also trotzdem in diesem See schwimmen, paddle mit meiner Luftmatratze herum, tauche, spiele am Ufer mit meinen Kindern und genieße die Sonne – aber die ganze Zeit weiß ich, dass diese Schlange irgendwo ist. Also halte ich die Augen offen und bin wachsam.

Und genau so sollten auch wir Christen unseren Alltag angehen! Wir sind mit vielem beschäftigt und genießen viel – bei allem müssen wir aber wachsam sein. Die Schlange ist immer in der Nähe und versucht, unser Leben zu stören. Sie will uns erst verführen und dann zerstören."

Dann erklärte Stephan seinem Freund Franz, dass man nur heiliger werden könne, wenn man aus der Kraft des Kreuzes Jesu lebe anstatt aus den eigenen Anstrengungen.

„Und wie geht das?", fragte Franz zurück.

Stephan nahm seine Serviette und malte eine schräg nach oben laufende Linie, dann eine schräg nach unten laufende Linie. Über die obere Linie schrieb er „Gottes Heiligkeit". Unter die untere „Meine Sündhaftigkeit". Zwischen den beiden Linien malte er ein Kreuz.

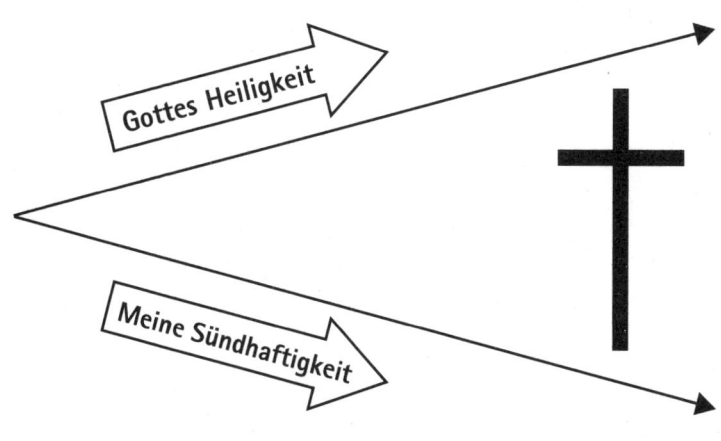

„Die meisten von uns Menschen, auch die meisten Religionen, begehen zwei gravierende Fehler: Zum einen unterschätzen wir die Heiligkeit Gottes. Wir messen dem Ganzen einfach keine Bedeutung bei. Wir denken: ‚Gott ist zwar heilig und so, aber er ist ja auch ganz nett und freundlich, sodass er am Ende schon mit uns allen gnädig sein wird.' Zweitens unterschätzen wir unsere eigene Sündhaftigkeit. Wir beachten sie einfach nicht. Wir sagen gerne: ‚Ich bin doch gar nicht so schlecht. Ich bin auf jeden Fall nicht so schlecht wie die anderen. Ich bin nicht so schlimm dran, dass ich einen Retter bräuchte.'

Und je mehr du das eine oder das andere unterschätzt, desto weniger Bedeutung wird das Kreuz für dein Leben haben. Aber je stärker du dein Augenmerk auf die Heiligkeit Gottes und die Größe deiner Sündhaftigkeit legst, desto mehr Bedeutung hat das Kreuz für dein Leben. Und je größer die Bedeutung des Kreuzes Jesu für dich ist, desto mehr erkennst du, dass du –

▶▶ „Ich dachte immer, ich tue Gott einen Gefallen, wenn ich mich für begangene Sünden verdamme und wenn ich mir selbst so viel Angst einjage, dass ich diese Sünde auch ja nie wieder begehe."

obwohl du ein Sünder bist – von dem gekreuzigten Jesus geliebt wirst. Und je mehr du dich geliebt fühlst, desto sicherer fühlst du dich als Sünder in der Gegenwart des heiligen Gottes. Und je sicherer du dich als Sünder vor Gott fühlst, desto mehr bist du bereit, dich mit deinen Sünden auseinanderzusetzen."

„Das kann sogar ich verstehen …", schmunzelte Franz.

„Ja, und hier noch eine weitere Tatsache über das Kreuz Jesu: Je mehr du für dich annimmst, was Jesus am Kreuz für dich getan hat, desto weniger verdammst du dich selbst, wenn du sündigst. Du weißt, dass Jesus für dich verdammt wurde. Je klarer du erkennst, dass er am Kreuz deine Schuld getragen hat, desto mehr wirst du ihn lieben. Und je mehr du ihn liebst, desto mehr willst du ihm gehorsam sein und nicht sündigen."

Franz war sichtlich beeindruckt von den Erklärungskünsten seines Freundes. „Ich dachte immer, ich tue Gott einen Gefallen, wenn ich mich für begangene Sünden verdamme und wenn ich mir selbst so viel Angst einjage, dass ich diese Sünde auch ja nie wieder begehe. Aber du meinst, dass das, was uns eigentlich motivieren sollte, die Erkenntnis ist, dass sich in der Kreuzigung Jesu und seiner stellvertretenden Verdammnis zeigt, wie sehr Gott uns liebt?"

„Richtig!", stimmte Stephan zu.

Franz nahm einen Schluck von seinem Bier und biss dann noch einmal in seine Pizza.

Dann kam Stephan auf einen weiteren Punkt zu sprechen. Er erklärte Franz, dass er nur dann erfolgreich gegen Sünde und Versuchung in seinem Leben kämpfen könne, wenn er lerne, Gott mehr zu lieben als die Sünde. „Ich weiß nicht, ob du jemals einem Ehemann gegenüber gesessen hast, der seinen gerade begangenen Ehebruch sehr bereut. Ein solcher Mann jubelt nicht über seine Untreue. Er sitzt mit hängendem Kopf da, das Gesicht in den Händen vergraben, und fragt sich, wie er nur so blöd sein konnte, dass er so etwas getan hat. Er liebt seine Frau doch. Die Liebe zwischen zwei Menschen ist einzigartig und intim. In einer solchen Beziehung ist kein Platz für Konkurrenz. Genau so ist es, wenn wir der Schlange trauen und uns auf sie einlassen. Es ist im Grunde wie Ehebruch: Wir entscheiden uns, die Schlange mehr zu lieben als Jesus. Aber Jesus hat deutlich gemacht: ‚Wenn ihr mich liebt, werdet ihr so leben, wie ich es euch gesagt habe.' Mir hilft diese Aussage, wenn ich merke, wie die Schlange mich auf die Probe stellt und versucht, mir etwas schmackhaft zu machen, das Gottes Geboten zuwiderläuft. In

▶▶ „Will ich Jesus von ganzem Herzen lieben, indem ich ihm Treue zeige, oder will ich lieber mit der Schlange ins Bett steigen?"

einer solchen Situation muss ich dann eine Entscheidung treffen: Will ich Jesus von ganzem Herzen lieben, indem ich ihm

Treue zeige, oder will ich lieber mit der Schlange ins Bett steigen?

Jesus möchte ja nicht, dass wir ihm nur aus Pflichtbewusstsein oder aus Zwang gehorsam sind. Er wünscht sich eine Liebesbeziehung mit uns. Eine Beziehung, in der die Liebe Gottes unsere Herzen erst bricht, dann heilt und dann füllt, sodass wir seine Liebe wirklich erwidern. Diese Liebe soll, so Gott, die Motivation sein, aus der wir dann ‚nein‘ zur Sünde sagen."

Nach einer kurzen Denkpause fuhr Stephan fort: „Es gibt noch ein anderes wichtiges Prinzip im Kampf gegen Sünde und für mehr Heiligkeit. Konzentriere dich nicht einfach auf die sündige Tat, die du nicht mehr begehen willst, sondern auf dein wahres Wesen."

„Aber Sünde ist doch etwas, das ich tue!", warf Franz ein.

Stephan begann einmal mehr zu erklären: „Ja, aber wir begehen häufig den Fehler, Sünde nur als äußerliche Handlung zu sehen. Sünde geht viel tiefer, fängt viel tiefer an. Sünde beginnt in unserem Inneren, und das bedeutet wiederum, wir müssen den Wurzeln einer Tat nachspüren, wenn wir etwas ändern wollen.

Nehmen wir mal an, du verspürst die Versuchung, deinen Computer anzuschalten, ins Internet zu gehen und nackte Frauen zu bewundern. Was heißt das? Das heißt, dass die Wurzel dieser Tat Begierde ist. Um deine Begierde nicht in die Tat umzusetzen, brauchst du Selbstkontrolle. Und damit sind wir beim Thema Charakter angelangt. Du brauchst aber auch Treue – was ebenfalls ein Charakterzug ist. Beim Gehorsam auf Gottes Gebote geht es um viel mehr, als nur sagen zu können: ‚Ich war ein guter Mensch.‘ Es geht darum, Charakter zu entwickeln und Jesus ähnlicher zu werden. In der Bibel wird dieser Charakter Jesu als Frucht des Heiligen Geistes bezeichnet, weil er quasi die Auswirkung des Heiligen Geistes ist, der nach deiner Entscheidung für Jesus in dir lebt."

„Und was ist, wenn ich trotzdem sündige?"

„Dann solltest du deinen Blick auf die Sünde hinter der Sünde richten – genauso wie du auf den Charakter schaust, der einer Handlung zugrunde liegt."

„Sünde hinter der Sünde?"

„Ja, Gott geht es doch letztendlich um unsere Herzenshaltung. Wenn du eine Sünde begehst, dann solltest du dich fragen, welche halbherzigen Gefühle, welches falsche Denken oder welche selbstsüchtigen Motive dich dazu getrieben haben. Das ist die Sünde hinter der Sünde."

„Und was dann?", wollte Franz wissen.

„Dann bittest du Gott, dir die Gnade zu schenken, dich von der Sünde hinter der Sünde abzuwenden und dich dabei zu unterstützen, Jesus ähnlicher zu werden."

„Wird der Kampf gegen diese Schlangen eigentlich irgendwann aufhören?", erkundigte sich Franz. „Ich meine, die Sache mit der Pornographie zum Beispiel: Wird der Teufel mich immer in diesem Bereich angreifen?"

„Ja, du kannst dich vermutlich darauf verlassen, dass diese Schlange dich wahrscheinlich immer wieder angreifen wird. Besonders in den Bereichen deines Lebens, wo sie dich schon öfter zum Ungehorsam gegen Gott angestiftet hat. Deswegen finden wir ja überall in der Bibel die Aufforderung zur Selbstdisziplin. Die Schlange muss getötet werden. Um im Bild zu bleiben: Du schlägst der Schlange mit einem Stock namens ‚Gehorsam' auf den Kopf. Du sagst nein zur Versuchung und ja zu Gott."

Stephan warf einen kurzen Blick auf seine Uhr: „Franz, ich muss gehen! Ich habe Sarah und Hannah versprochen, dass ihr Papa ihnen eine Geschichte vorliest, bevor sie schlafen gehen!"

„Komm, ich fahre dich nach Hause. Wir können ja unterwegs noch weitersprechen." Franz signalisierte der Kellnerin, dass er zahlen wollte. Fünf Minuten später saßen die beiden Männer in dem roten BMW von Franz.

„Hör mal, Franz", fuhr Stephan fort, „hinter unserer Neigung, Jesus nicht zu vertrauen und zu lieben, steht der Teufel mit seiner Dämonenwelt. Es ist so, als würden in uns allen diese kleinen Flammen brennen – unser sündiges Wesen. Und der Teufel hat nichts Besseres zu tun, als immer wieder in diese Glut zu pusten und das Feuer von Neuem anzufachen. Der Kerl ist einfach unser größter Feind, daher ist es wichtig, dass wir ihn nicht unterschätzen. Aber es ist auch wichtig, dass wir ihn nicht *über*schätzen! Wir müssen uns die Macht von Jesus vor Augen halten! Er hat den Teufel ein für alle Mal besiegt – am Kreuz! Indem er von den Toten auferstanden ist! Er hat dem Teufel endgültig die Hände gebunden, damit er die Menschen, die zu Jesus gehören, nicht zerstören kann. Vergiss das nicht, Franz!"

Dieser lenkte indes das Auto in eine Seitenstraße, in der Stephan und Susanne wohnten. Die beiden Männer blieben noch einen Augenblick im Auto vor der Wohnung sitzen, und Stephan schlug seinem Freund vor, dass sie gemeinsam diese Sache im Gebet vor Gott bringen sollten.

„Hier im Auto? Wo Fußgänger uns sehen können?" Franz war über diesen Vorschlag sichtlich empört.

„Warum nicht?", antwortete Stephan ganz entspannt. „Wenn zwei Männer mit Gott reden, ist das genauso normal, wie wenn jemand über den Gehweg geht."

Er begann zu beten. „Jesus, du bist unser Herr und wir beide sind nichts anderes als deine Nachfolger und Kinder des himmlischen Vaters. Ich bitte dich, dass du meinem Bruder Franz hilfst, von der Pornographie freizukommen. Aber nicht, indem er sich nur auf seine eigene Kraft verlässt, nicht durch pflichtbewusstes Einhalten von Regeln, was ja nur zu Selbstrechtfertigung führt. Herr, hilf ihm, diese Sache mit deiner Kraft und aus Liebe zu dir zu besiegen. Herr, weil auch ich ein Mann bin, weiß ich, dass Frauen soooo schön sind. Du hast sie so schön gemacht und deshalb schauen wir uns die Frauen soooo gerne an."

214

Franz warf seinem Freund einen Blick zu und unterbrach diesen: „Sag mal, hast du nicht mehr alle Tassen im Schrank? So kannst du doch nicht mit Gott reden!"

Auch Stephan hob seinen Kopf, lächelte nur und sagte: „Natürlich kann ich so mit Gott reden. Hab ich ja gerade. Wenn ich mit Gott rede, bin ich immer ganz ehrlich."

Er fuhr mit seinem Gebet fort: „Herr, wir haben heute über die Heiligung unseres Verstandes gesprochen: dass unser Verstand verändert werden muss und dass wir lernen wollen, an Dinge zu denken und unseren Verstand mit Dingen zu füllen, die dir Ehre bringen. Jetzt haben wir gerade daran gedacht, wie schön der Körper einer Frau ist. Und, Herr, das ist ein Gedanke, der dir Freude bringt. Denn du hast die Frau mit ihrem schönen Körper geschaffen und möchtest, dass wir uns über die Schönheit deiner Schöpfung freuen."

Franz schüttelte den Kopf und lachte. Er konnte nicht glauben, wie sein Freund mit Gott sprach.

„Ich bitte dich, Herr, dass du Franz jetzt die Gnade und die Kraft gibst, seine Gedanken über den Frauenkörper in die richtige Richtung zu lenken, damit er die richtige Einstellung dazu bekommt. Du hast ja gesagt, Herr, dass wir uns an dem orientieren sollen, was wahrhaftig, gut und gerecht, was redlich und liebenswert ist und einen guten Ruf hat. Bitte hilf jetzt meinem Freund, der Schlange kraftvoll auf den Kopf zu schlagen, indem er all die guten Gedanken über den weiblichen Körper ausschließlich auf seine Frau lenkt und nicht auf die Frauen auf dem Computerbildschirm. Und bitte schenke, dass Eva seine Leidenschaft für sie und für ihren schönen, liebenswerten Körper genießt und sich geliebt fühlt."

Franz unterbrach ein weiteres Mal, sichtlich empört: „Sag mal, wie kannst du mit Gott über solche Dinge reden!?"

Stephan hob zum zweiten Mal seinen Kopf und blickte zu seinem Freund hinüber. „Hey, ich sage es Gott genau so, wie es mir auf dem Herzen liegt! Als Söhne des himmlischen Papas dürfen wir ganz offen und ehrlich mit ihm reden – auch über unsere Sexualität!"

„Aber musst du mit Gott unbedingt über mein Sexleben reden?"

Stephan ließ sich nicht stören und betete einfach weiter, während Franz seinen Kopf schüttelte. „Herr, tu etwas ganz Tolles im Leben von Franz. Bitte hilf ihm, dass er deine himmlische Kraftquelle anzapfen kann, wenn er die Versuchung verspürt, sich einen Porno anzuschauen. Hilf ihm, dass er sich aus Liebe zu dir und aus Dankbarkeit für das, was Jesus am Kreuz für ihn getan hat, dafür entscheidet, an seinem Charakter zu arbeiten."

Stephans Stimme wurde immer lauter und leidenschaftlicher, sodass Franz ihn ein weiteres Mal unterbrach: „Ähm, Stephan, denkst du daran, dass du deinen Kindern versprochen hattest, ihnen vor dem Einschlafen eine Geschichte vorzulesen?" Langsam wurde ihm das Ganze so richtig peinlich.

Stephan begann, seine Sachen zusammenzusuchen. Er lächelte, weil ihm dieses Hin und Her mit Franz viel Spaß machte. „Na gut, dann werden wir ein andermal mit Gott darüber sprechen."

Oruals neues Gesicht: heilige Schönheit!

„Vor zwei Jahren war das Gespräch mit Jens, dem Pastor, für mich der Durchbruch!" Torsten saß in einem Café, ihm gegenüber die Frau, die seit einigen Wochen Teil seines Lebens war. Da man ihm eine sehr gut dotierte Stelle bei einer Berliner Zeitung angeboten hatte, war er vor wenigen Monaten von München nach Berlin gezogen. Für den passionierten Journalisten war dies eine Riesenchance. Kurz nach seiner Ankunft in der Hauptstadt war er auf die „Er-lebt"-Gemeinde aufmerksam geworden, und dort hatte er auch die Frau getroffen, die vom ersten Augenblick an sein Herz erobert hatte.

„Weißt du, Angelika, ich hatte auf einmal erkannt, dass ich ein Sünder bin. Die Geschichte von C. S. Lewis hatte mich tief getroffen. Orual, die sich so sehr nach dem schönen, perfekten Gesicht ihrer Schwester Psyche sehnte. Das hat mich zum Nachdenken gebracht. Zum ersten Mal nahm ich diese Sache mit der Sünde in meinem Leben ernst. Mein Gewissen fing an, das zu erleben, was in Jeremia 14, Vers 7 beschrieben wird: ‚unsere Sünden klagen uns an‘. Das machte mir auch zum ersten Mal überhaupt bewusst, dass ich mich nach einem anderen Ich sehne. Jens, der Pastor, hat mir dann dabei geholfen zu verstehen, was dieses neue Gesicht ist, das ich mir da wünsche. Es ist Gottes Heiligkeit. So wie Orual ein neues Gesicht haben wollte, will auch ich eines haben! Und das hat viel mit Gottes Heiligkeit zu tun."

„Ich hätte ja gedacht, dass die Heiligkeit Gottes dich eher abgeschreckt als angezogen hätte", warf Angelika ein.

„Ja, aber Jens hat mir anhand der Bibel gezeigt, dass Jesus Christus das vollkommene Abbild der Heiligkeit Gottes ist. Er ist das Gesicht Gottes, das seine Heiligkeit ausstrahlt und widerspiegelt. Jesus, sein vollkommener Charakter, seine Sündlosigkeit – das alles ist das Gesicht, nach dem sich mein entstelltes Ich sehnt. Ich habe das damals zum ersten Mal kapiert. Jens hat es ‚den Dreh- und Angelpunkt der christlichen Spiritualität‘ genannt. Beim Leben geht es darum, weniger der Sünder zu bleiben, der ich heute bin, und mehr zu dem zu werden, was Jesus in seiner Heiligkeit als Gott ist. So fing für mich die Nachfolge Jesu an. Ich bin immer noch ein Sünder, aber gleichzeitig geliebter Sohn des himmlischen Vaters. Und dieser Sünder ist auf dem Weg, als Sohn dem Bild des Sohnes Gottes ähnlicher zu werden."

▶▶ „Jesus, sein vollkommener Charakter, seine Sündlosigkeit – das alles ist das Gesicht, nach dem sich mein entstelltes Ich sehnt."

„Das klingt so schön!", strahlte Angelika. Das Gespräch wurde kurz unterbrochen, als beide einen Schluck von ihrem Kaffee tranken.

„Sag mal, Torsten, wie geht die Geschichte von Orual eigentlich zu Ende?", erkundigte Angelika sich. Also begann Torsten zu erzählen:

Orual war Königin geworden. Je älter sie wurde, desto mehr merkte sie, dass die böse Göttin Ungit, die die Schuld daran trug, dass ihre schöne Schwester Psyche vor vielen Jahren geopfert werden sollte, auch in ihr wohnte. Vierzig Jahre lang war Orual Königin und vierzig Jahre lang versteckte sie voller Scham ihr hässliches Gesicht. Eines Tages beschloss sie, frei werden zu wollen.

Mit ihrem bedeckten Gesicht ging sie in einer Vision in die Wüste. Als sie durch den Sand wanderte, flog ein Adler zu ihr und fragte sie, was sie denn in der Wüste tue.

„Ich will mich bei den Göttern beklagen", entgegnete Orual. Kurz nachdem sie das gesagt hatte, kamen von überall her Geister, die sie davontrugen. Nach einiger Zeit fand sich Orual in einer Höhle wieder. Plötzlich wurde ihr klar: Sie stand vor dem Gericht der Götter.

„Reißt ihr ihre Kleider vom Leib!", forderte der oberste Richter. „Wir gehen jetzt ins Gericht." Plötzlich stand Orual nackt und entblößt da. „Auch den Schleier!", befahl der Richter. Orual war entsetzt und zutiefst verängstigt. Jeder würde ihr hässliches Gesicht sehen können, das zu einem Abbild des grausamen Gesichts von Ungit geworden war. Langsam und sehr zögerlich nahm sie ihren Schleier ab. Die Götter lachten. Das Gesicht, mit dem Orual da vor ihnen stand, war schrecklich. Entblößt und entwürdigt begann diese, die Götter anzuklagen. Sie wollte von ihrer Hässlichkeit ablenken und die Aufmerksamkeit auf die Untaten der Götter lenken. Sie schrie voller Wut, die Götter hätten ihr ihre Schwester Psyche genommen.

„Sei still!", befahl ihr daraufhin der Richter.

Es war still. Eine sehr lange Zeit war es still.

Schließlich fuhr der oberste Richter fort: „Du hast die Klage gegen uns vorgebracht, jetzt werden wir die Klage gegen dich vorbringen!"

Orual fürchtete sich sehr. Sie konnte es nicht aushalten und beschloss in ihrer Panik, sich in den Abgrund zu stürzen. Sie rannte aus der Höhle, doch gerade, als sie springen wollte, hielt sie jemand am Arm fest. Es war der Fuchs, der Priester, den sie „Großvater" nannte. Er stand neben ihr und schaute der verängstigten Orual liebevoll in die Augen.

„Komm mit mir!", sagte er mit ruhiger Stimme und nahm Orual an der Hand. Er wollte ihr etwas zeigen. Die beiden kamen in eine andere Höhle, wo beide die Wand anschauten. Plötzlich sahen sie Psyche, Oruals jüngere Schwester, in all ihrer Schönheit. Sie sahen, wie Psyche einen Weg entlangging, immer weiter bergab, in Richtung des Todeslandes. Dann geschah etwas sehr Mystisches: Während Orual vor der Höhlenwand die Szene betrachtete, sah sie sich selbst an Psyches Seite. Sie verfolgte ihre Schwester. Eigentlich war es Ungit in Orual, die Psyche zum Todesland trieb. Orual sah zunächst, wie sie ihre Schwester verfluchte und den Weg entlangtrieb, immer weiter in den Tod. Dann plötzlich wurde der Orual in der Wand bewusst, welche Bedeutung der Tod von Psyche haben würde. Jetzt versuchte sie, Psyche zurückzuhalten. Sie flehte ihre Schwester an, die schreckliche Liebestat nicht zu begehen. Psyche weinte, weil dieser Gang ihr so schwer fiel und sie alles kostete. Sie biss immer wieder auf ihre Lippen, sodass diese bluteten. Dennoch ging sie weiter, immer weiter. Irgendwann verschwand sie in den Tod.

Orual fiel zu Boden. „War es wirklich ich, die Psyche in den Tod getrieben hat?", wollte sie vom Fuchs wissen. „Hab ich meine eigene Schwester verflucht, getrieben, getötet?"

„Ja", antwortete dieser mit ruhiger Stimme. Orual wollte am liebsten sterben, war sie doch nicht nur hässlich – sie hatte auch die schlimmste Tat begangen, die ein Mensch begehen konnte. Sie weinte bitterlich.

Plötzlich geschah das Unerwartete: Psyche erschien. Sie war dieselbe und doch auf irgendeine Weise verändert. Sie war schöner als je zuvor.

Orual begann mit tränenerstickter Stimme zu schreien: „Oh, Psyche, es tut mir so leid! Ich habe dich in den Tod getrieben!"

Psyche nahm ihre Schwester Orual bei der Hand, doch obwohl die Hand wie Feuer brannte, empfand Orual keine Schmerzen. Es war ein mystisches Brennen, ein Feuer, das Psyche aus ihrer Auferstehung mitgebracht hatte. Es durchdrang Oruals Körper wie eine lodernde Flamme, gelangte in jeden Teil ihres Wesens. Es brannte alles Alte weg, nichts blieb zurück, das noch an Ungit erinnerte. Alles in Orual war neu und das Neue breitete sich von innen nach außen aus. Jetzt spürte Orual, wie ihr Gesicht zu brennen begann. Haut und Narben und alles, das hässlich gewesen war, fiel zu Boden und lag als Erinnerung an ihre Vergangenheit zu ihren Füßen.

Orual war neu geworden. Auch ihr Gesicht.

Plötzlich erklangen laute Stimmen und Posaunen: „Er kommt. Der Gott kommt in sein Haus!"

Er kam tatsächlich. In Majestät und Macht erschien Psyches Bräutigam vor Orual. Sie spürte, dass er sie voller Bewunderung und Liebe anschaute. Sie wagte kaum, etwas zu sagen.

Der Gott ergriff Oruals Hand. „Meine Liebe, du bist genau so schön wie Psyche. Du hast ihr Gesicht, und deshalb hast du jetzt mich, und ich habe dich. Komm, sei auch du für immer meine Braut!"

Das, was Orual sich ihr ganzes Leben lang ersehnt hatte, war Wirklichkeit geworden. Sie war wirklich geworden!

▶▶ Und das hat das alles mit dir zu tun!

In diesem letzten Teil des Buches möchten wir Ihnen die Möglichkeit geben, die Geschichten und die Ausführungen, die Sie gelesen haben, für sich selbst weiterzuverarbeiten – denn die Geschichten haben eine Menge mit Ihnen zu tun! Wir sind uns sicher, dass Sie sich immer irgendwo in den Geschichten wiederfinden können.

Uns war sehr wichtig, deutlich zu machen, wie Sie mit Gott auf den Geschmack kommen können. Wir haben viele Erlebnisse von Menschen wie Truman, Stephan, Angelika und anderen geschildert, die Gott begegnet sind und die Gott verändert hat. Alle diese Menschen haben Antworten auf viele ihrer Fragen bekommen. Diese Antworten fassen wir im Anhang des Buches jetzt noch einmal kapitelweise zusammen. Damit Sie tiefer in den Text einsteigen können, geben wir Ihnen auch weiterführende Fragen und hilfreiche Bibeltexte an die Hand.

Deshalb hier unsere Einladung: Beginnen Sie damit, Ihre eigene Geschichte zu gestalten. Viel Spaß – es gibt vieles zu erleben, wenn der unbekannte Gott Ihnen persönlich begegnet!

Unsere Spiritualität wird aus Gottes Spiritualität gestaltet.

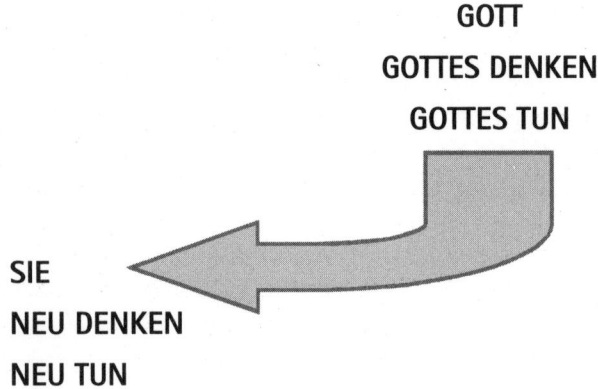

GOTT
GOTTES DENKEN
GOTTES TUN

SIE
NEU DENKEN
NEU TUN

Kapitel 1

Gott ist der Schöpfer

„Ich heiße Truman und ich steige aus dieser Show aus!"

Zusammenfassung

▷ Es gibt eine ganz grundsätzliche und wesentliche Unterscheidung, die wir Menschen nicht aus den Augen verlieren sollten: die zwischen Schöpfer und Geschöpf. Wenn Sie sich dessen nicht bewusst sind oder sich darüber hinwegsetzen, wird es Ihnen schwerfallen, Ihre Stellung in dieser Welt zu bestimmen und sich selbst richtig einzuordnen.

▷ Unser Schöpfer hat uns „Scheinwerfer" vor die Füße geworfen, um uns die Illusion zu rauben, in der wir uns jahrhundertelang gewiegt haben – wir Menschen seien allein im Weltall:
   - Jeder Mensch glaubt an etwas – und das nicht nur mit dem Verstand. Menschen haben ein Gespür dafür, dass es neben dem Natürlichen etwas Übernatürliches gibt.
   - Jeder Mensch ist sich bewusst, dass es einen Unterschied zwischen Gut und Böse gibt.
   - Jeder Mensch glaubt an die absolute Wahrheit, auch wenn (besonders wenn!) er oder sie mit absoluter Sicherheit behauptet, dass es keine absolute Wahrheit gäbe.
   - Jeder Mensch glaubt, dass jeder Wirkung irgendeine Ursache vorausgeht. Und irgendwann muss es eine erste „unverursachte" Ursache gegeben haben.
   - Jeder Mensch glaubt an das Konzept von Persönlichkeit. Aber Persönlichkeit kann nicht aus etwas Unpersönlichem entspringen. Es muss also eine Ursache aller Persönlichkeit geben – und zwar eine übernatürliche Per-

sönlichkeit, die die Vielfalt von Persönlichkeiten erschaffen hat.

▷ Wir Menschen haben nun zwei Möglichkeiten: Wir können diese „Scheinwerfer" ernst nehmen und uns wie Truman Burbank aus dieser Show in die Realität verabschieden. Oder wir streichen das ganze Thema „Gott" aus unserem Denken und tun so, als wäre die Show Realität.

▷ Gott offenbart uns in der Bibel einige wesentliche Punkte zum Thema „Schöpfung" – hier ein Auszug:
  – Gott ist ewig. Er hatte nie einen Anfang. Er existierte schon, bevor irgendetwas anderes existierte.
  – Gott hat alles erschaffen.
  – Die Krönung der Schöpfung ist der Mensch – also wir!
  – Wir Menschen wurden in zwei „Arten" erschaffen: als Mann und als Frau. Beide tragen das Ebenbild ihres Schöpfers in sich – und das macht uns im Vergleich zum Rest der Schöpfung zu etwas so Besonderem!
  – Wir Menschen sind Gottes Ebenbild, was bedeutet, dass grundsätzliche Wesenszüge Gottes in uns zu finden sind: Gott ist rational (genauso haben wir einen Verstand), emotional (wir haben auch Gefühle), geistlich (wir können eine Verbindung zur geistlichen Welt aufbauen), moralisch (wir wurden mit einem Gewissen geboren) und unsterblich (wir haben eine Seele, die niemals vergehen wird)!

▷ Wenn Sie Ihr Vertrauen auf den allmächtigen Schöpfergott setzen, wird Ihre erste Reaktion in tiefer Demut bestehen. Sie lernen, auf Gott zu antworten, anstatt sich autoritär über ihn zu stellen. Diese Ordnung – erst Gott, dann Sie – wirkt sich auch auf alle Ihre Beziehungen aus. Sie lernen, mit allen Menschen demütig umzugehen.

▷ Ihr Glaube, dass der persönliche Schöpfergott uns Menschen und alles andere erschaffen hat, wirkt sich auf Ihr Denken und Ihre Einstellungen aus:

– Sie erkennen, dass Sie selbst überaus wertvoll sind und Würde besitzen.

– Sie erkennen, dass die Natur herrlich ist, weil die Natur die Herrlichkeit Gottes widerspiegelt.

– Sie erkennen, dass menschliches Leben wertvoll ist – egal, zu welcher Nation oder kulturellen oder sozialen Schicht jemand gehört, welchen Hintergrund er hat oder welche Leistung er bringen kann.

– Sie erkennen, dass jeder Teil des menschlichen Lebens ein würdiges Echo des Schöpfergottes ist, das Leben in jeder Form.

– Sie erkennen, dass das andere Geschlecht den gleichen Respekt verdient wie Ihr eigenes.

Und was hat das nun mit Ihnen zu tun?

▷ Wo oder wie finden Sie sich in Stephans bzw. Trumans Geschichte wieder?

▷ Es gibt verschiedene Arten von Atheismus – der Theorie, dass es keinen Gott gibt. Stephan vertrat die Theorie des klassischen Atheisten anfangs vehement und lehnte die Existenz des Übernatürlichen aus philosophischen Gründen ab. Nachdem sein Bruder, der Philosoph, ihm die „Scheinwerfer", die von der Existenz Gottes zeugen, vor die Füße geworfen hatte, wurde Stephan zu einem „funktionalen Atheist". Diese Ansicht ist stark von fernöstlichen Religionen beeinflusst. Sie vertritt die Auffassung, dass es ein undefinierbares Gotteswesen gäbe, das in jedem Menschen zu finden sei; durch tiefes Forschen in der eigenen Seele könne man dieses Gotteswesen offenbaren. Susanne stellte diese von Stephan propagierte Form des Atheismus in Frage.

- Wie denken Sie über die Einwände von Susanne und Stephans Bruder?

▷ Der deutsche Geologe Martin Ernst sagte 2008 in einem Vortrag, dass die Ursprungsfrage des Menschen („Woher komme ich?") so wichtig sei, weil sie die Sinnfrage („Warum bin ich hier?") und die Zukunftsfrage („Wohin gehe ich?") gleich mit beantworte.

- Wie würden Sie die Sinn- und Zukunftsfrage beantworten, wenn Sie davon ausgehen, dass die Evolutionstheorie recht hat und wir Menschen nur ein Zufallsprodukt sind, weil wir eben besonders gut an bestimmte Umweltbedingungen angepasst sind?
- Und wie würden Sie diese Fragen beantworten, wenn Sie davon ausgehen, dass das Christentum recht und wir alles einem persönlichen Schöpfergott zu verdanken haben, der wirklich Teil unserer Geschichte wäre?

Zur Meditation

„Am Anfang schuf Gott Himmel und Erde" (1. Mose 1,1).

„Durch unseren Glauben verstehen wir, dass die ganze Welt durch Gottes Wort geschaffen wurde; dass alles Sichtbare aus Unsichtbarem entstanden ist. [...] Denn Gott hat nur an den Menschen Gefallen, die ihm fest vertrauen. Ohne Glauben ist das unmöglich. Wer nämlich zu Gott kommen will, muss darauf vertrauen, dass es ihn gibt und dass er alle belohnen wird, die ihn suchen" (Hebräer 11,3.6).

Kapitel 2

Gott ist Jesus

„Ich heiße George und mir ist Jesus begegnet!"

Zusammenfassung

▷ Jesus ist der Sohn Gottes. Das bedeutet aber nicht, dass er in irgendeiner Form von Gott abstammt. Es heißt vielmehr, dass er in seiner Göttlichkeit untrennbar mit Gott verbunden, aber als Person von Gott, dem Vater, und Gott, dem Heiligen Geist, zu unterscheiden ist. Die Dreieinigkeit ist eben ein Mysterium, das unseren Verstand übersteigt.

▷ Jesus ist Gott, der Mensch wurde und in diese Welt kam. Er war einer von uns!

▷ Jesus ist der einzige Weg, wenn wir uns nach einer engen Beziehung zu Gott sehnen. Wie kann man wissen, dass diese steile Aussage stimmt?
  – Jesus selbst hat diese Behauptung aufgestellt. Wenn sie falsch ist, ist Jesus entweder ein großer Lügner oder ein armer Irrer. Andere Möglichkeiten hat er uns nicht gelassen ...
  – Jesus selbst hat den Menschen Dinge versprochen, die nur Gott versprechen oder gar tun kann – zum Beispiel Sündenvergebung!
  – Jesus selbst hat sich für alles, was wir angestellt haben – für alle unsere Vergehen gegen Gott, die den Tod verdienen –, hinrichten lassen. Er hat für unsere gesamte Schuld, die wir vor Gott angehäuft haben, durch seinen Tod am Kreuz bezahlt.
  – Jesus ist von den Toten auferstanden. Damit bestätigt er

alle Aussagen, die er vorher gemacht hat – und das wiederum bestätigt, dass er Gott ist. Das sollte auch uns überzeugen!

▷ Sie müssen Ihren Verstand nicht ausschalten, um daran zu glauben, dass Jesus von den Toten auferstanden ist. Hier einige historische Belege:

- Jesus wurde, noch während er am Kreuz hing, medizinisch für tot erklärt (vgl. Johannes 19,33–34).
- Es war genau markiert, wo und in welches Grab Jesus gelegt wurde. Es war das Grab, das Joseph von Arimathäa gekauft hatte. Jesus wurde, nach jüdischer Sitte, in Leichentücher gewickelt, in das bis dato unbenutzte Grab gelegt (vgl. Matthäus 27,57–61).
- Die jüdischen Führer befürchteten, dass Jesu Leichnam von seinen Jüngern aus dem Grab gestohlen werden könnte und dass diese dann behaupten würden, Jesus sei von den Toten auferstanden. Darum hatten die religiösen Führer der Juden die römische Regierung gebeten, das Grab von bewaffneten Wächtern bewachen zu lassen. Dies wurde dann auch getan (vgl. Matthäus 27,62–66).
- Ein großer Felsblock wurde – wie es damals üblich war – vor dem Grabeingang platziert. Dieser sollte zusätzlich einen Grabraub verhindern (vgl. Matthäus 27,66).
- Einige Frauen gingen am Morgen des dritten Tages nach Jesu Kreuzigung zum Grab (vgl. Matthäus 28,1). Das Letzte, das sie erwarteten, war eine Auferstehung. Sie wollten den Körper Jesu, wie nach jüdischer Sitte üblich, mit kostbaren Ölen einbalsamieren – um den Toten zu ehren. An diesem Morgen fanden die Frauen das Grab aber offen – und die Soldaten waren verschwunden (vgl. Lukas 24,1–3). Die Frauen rannten daraufhin zu den Jüngern von Jesus, die sich in der Nähe aufhielten. Das, was die Frauen gesehen hatten, fassten sie in die folgenden Worte: „Wir

wissen nicht, was sie mit dem Körper getan haben." Mit einer Auferstehung Jesu von den Toten hatten sie nun wirklich nicht gerechnet (vgl. Johannes 20,1-2).

- Maria Magdalena und die Jünger Petrus und Johannes rannten daraufhin zum Grab. Sie gingen in die Gruft hinein und sahen die Leintücher, in die Jesus gewickelt worden war, wohlgeordnet auf dem Boden liegen. Es waren keine Indizien zu finden, die auf einen Grabraub schließen ließen. Johannes und Petrus liefen dann zu den anderen Jüngern zurück (vgl. Johannes 20,3-9).

- Derselbe Johannes berichtet später schriftlich (vgl. Johannes 20,15), dass Maria Magdalena in der Nähe des Grabes geblieben war und über den scheinbaren Diebstahl trauerte. Sie wollte den Toten ehren, doch dieser war verschwunden! Plötzlich stand dann ein Mann vor ihr, der sie bei Namen nannte und in dem sie – so berichtete sie – schließlich Jesus erkannte. Es ist seltsam, dass Johannes diesen Bericht in sein Evangelium aufnahm, denn im 1. Jahrhundert hatte die Aussage jüdischer Frauen vor Gericht keine Beweiskraft. Johannes musste also fest davon überzeugt gewesen sein, dass Maria die Wahrheit berichtet hatte.

- Zehn der Jünger Jesu behaupten, dass Jesus ihnen gemeinsam erschienen sei (vgl. Johannes 20,19-20). Dem Jünger, Thomas, der nicht dabei gewesen war, begegnete Jesus später ebenfalls noch in Anwesenheit der anderen – er hatte an Jesu Auferstehung gezweifelt und wollte ihn persönlich treffen (vgl. Johannes 20,24-29). Zwei anderen Nachfolgern erschien Jesus, als sie von Jerusalem nach Emmaus wanderten (vgl. Lukas 24,13 ff.). Insgesamt bezeugten etwa 500 Menschen, dass Jesus ihnen nach seinem Tod leibhaftig begegnet sei (vgl. 1. Korinther 15,6).

- Die elf Jünger bezeugten außerdem, dass Jesus in der Gegenwart von anderen in den Himmel hinauffuhr. Kurz zuvor hatte er ihnen gesagt, dass er seinen Heiligen Geist auf die Menschen senden und selbst eines Tages zurückkommen würde (vgl. Apostelgeschichte 1,8–11).

- Die elf Jünger von Jesus suchten sich einen zwölften Zeugen der Auferstehung. Als die Zwölf Apostel verbrachten sie den Rest ihres Lebens damit, die Lehre von Jesus weiterzuverbreiten, und zwar im gesamten römischen Reich und darüber hinaus. Sie alle mussten für ihren Glauben sterben. Auch der große Gegner dieser Bewegung, der Jude Saulus, begegnete dem auferstandenen Jesus leibhaftig, was sein Leben völlig auf den Kopf stellte. Von da an war er als Apostel mit dem Namen Paulus unterwegs und lud Menschen ein, ihr Vertrauen auf Jesus zu setzen (vgl. Apostelgeschichte 1,15–28,31).

▷ Wenn diese historischen Indizien Sie davon überzeugt haben, dass Jesus wirklich auferstanden ist, dann werden Sie erkennen, dass diese objektive Wahrheit auch ein Fixpunkt für Ihr Leben sein kann. Von diesem Punkt aus wird vieles klar: Jesus ist Gott, er ist die Wahrheit, er ist der Weg zu Gott, er ist der Herrscher über alles! Ihnen bleibt keine andere logische und gute Alternative, als Jesus Ihr Leben anzuvertrauen. Das heißt, Ihr Leben dreht sich jetzt um Jesus – etwa so, wie sich die Erde um die Sonne dreht.

▷ An Jesus zu glauben ist mehr, als nur verstandesmäßig die Fakten über ihn und seine Lehre zu akzeptieren. Es ist die Bereitschaft, Ihre innere Einstellung, Ihr Denken, Ihre Prioritätenordnung, Ihre Werte und Ihren Lebensstil auf Jesus und seine Lehre auszurichten.

Und was hat das nun mit Ihnen zu tun?

▷ Wo oder in wem finden Sie sich in dieser Geschichte wieder?

▷ Merjem zitierte C. S. Lewis, der gesagt hat, dass die Auffassung anderer Religionen und vieler Menschen weltweit, Jesus sei nur ein guter und moralischer Lehrer, aber eben nicht mehr, unhaltbar sei. Warum sagte der Brite so etwas? Und was denken Sie darüber?

▷ Wie kann man anderen tolerant gegenüberstehen und trotzdem daran festhalten, dass Jesus der einzige Weg zu Gott ist?

Zur Meditation

„Also hat Gott die Welt geliebt, dass er seinen eingeborenen Sohn gab, sodass alle, die an ihn glauben, nicht verloren gehen, sondern das ewige Leben haben. Denn Gott hat nicht seinen Sohn in die Welt gesandt, dass er die Welt richte, sondern dass die Welt gerettet werde" (Johannes 3,16; Luther).

„Ich bin der Weg, die Wahrheit und das Leben, niemand kommt zum Vater denn durch mich" (Johannes 14,6; Luther).

„Ich und der Vater sind eins" (Johannes 10,30; Luther).

„Nur Jesus kann den Menschen Rettung bringen. Nichts und niemand sonst auf der ganzen Welt rettet sie" (Apostelgeschichte 4,12).

Kapitel 3

Gott ist Jesus

„Ich heiße George und ich geh mit Gott durchs Leben!"

Zusammenfassung

▷ **Jesus vertrauen – egal, was es kostet!** Jesus nachzufolgen kann Sie alles kosten – Ihre Freunde, Ihren Job, Ihre Zukunft, sogar Ihr Leben. Wenn Sie sich für ein Leben mit Jesus entscheiden, tun Sie das, weil Sie überzeugt sind, dass er die Wahrheit ist. Und Sie werden merken: Es lohnt sich, dieser Wahrheit zu folgen, anstatt sie zu leugnen!

▷ **Bei Jesus bleiben – ob ich ihn spüre oder nicht!** Eine Beziehung zu Jesus bringt nicht immer große Gefühle oder sagenhafte Erlebnisse mit sich. Eine solche Erwartungshaltung ist nicht nur falsch, sondern auch gefährlich. Ja, wir leben heute in einer Erlebniskultur, aber unsere Beziehung zu Jesus sollten wir – wie alle anderen Beziehungen übrigens auch! – anders angehen. Sie muss vom täglichen Vertrauen geprägt sein. Sie darf eben nicht von einem dramatischen Erlebnis, von einem emotionalen Hoch oder einem Wunder Gottes abhängig sein. Es wird auch in Ihrem Leben mit Jesus Zeiten ohne große Dramatik geben. Aber selbst in diesen Zeiten bleibt er die Wahrheit, der Auferstandene und der, der Ihnen mit seinem Heiligen Geist nahe ist!

▷ **Jesus öffentlich bekennen – egal, was andere denken!** Christsein ist nicht nur etwas für Ihr Privatleben, Christsein sollte genauso öffentlich gelebt werden, wie Gott sich in Jesus allen Menschen offenbart hat. Deshalb gehört zum Christsein auch das bereitwillige Bekenntnis – und das mit viel Sensibilität und Klugheit! Es bringt nichts, andere vor den Kopf zu stoßen ... das wäre kein demütiges Miteinander!

▷ **Anderen dienen – egal, was sie glauben!** Wenn Gottes Liebe durch Jesus Ihr Herz erobert hat, dann bewirkt das eine Demut, die dazu führt, dass Ihnen andere wichtiger sind als Sie selbst. Sie dienen und kehren ihnen nicht den Rücken zu. Genauso wie Jesus seine größten Feinde geliebt und ihnen gedient hat, so wird die Liebe Gottes durch Sie als Nachfolger Jesu in dieser Welt sichtbar – auch bei denen, die Ihnen Schaden zufügen wollen.

Und was hat das nun mit Ihnen zu tun?

▷ Wie würden Sie Norberts Schritte auf seiner geistlichen Reise beschreiben?

▷ Wie würden Sie Georges Schritte auf seiner geistlichen Reise beschreiben?

▷ Mit welchem der beiden können Sie sich zurzeit am besten identifizieren?

▷ Warum musste Jesus als Gott-Mensch einen blutigen Tod sterben?

▷ Was George versucht, Norbert zu sagen, könnte am besten folgendermaßen zusammengefasst werden: Egal, was! Egal, was es dich kostet, egal, was deine Gefühle dir sagen, egal, was andere über dich denken, egal, egal, egal ... Folge Jesus, er ist die vollkommene Wahrheit!
  – Ist diese Haltung nicht gedankenloser Fanatismus? Oder würden Sie es anders bezeichnen?

- Warum scheint es eigentlich so hart, Jesus nachzufolgen?
- Was ist mit den Menschen los: Warum können sich viele mit der Wahrheit über Jesus, seinen Tod für die Menschen, seine Auferstehung, seine Liebe, seine gute Lehre beschäftigen und dann doch beschließen, ihren eigenen Weg zu gehen?

Zur Meditation

„Aus seinem göttlichen Reichtum hat er uns immer und immer wieder mit seiner grenzenlosen Liebe beschenkt. Durch Mose gab uns Gott das Gesetz mit seinen Forderungen. Aber durch Jesus Christus schenkte er uns seine vergebende Liebe und Treue" (Johannes 1,16–17).

„Denn wenn du mit deinem Mund bekennst: ,Jesus ist der Herr!',und wenn du von ganzem Herzen glaubst, dass Gott ihn von den Toten auferweckt hat, dann wirst du gerettet werden. Wer also von Herzen glaubt, wird von Gott angenommen; und wer seinen Glauben auch bekennt, der findet Rettung" (Römer 10,9–10).

„Gehört jemand zu Christus, dann ist er ein neuer Mensch. Was vorher war, ist vergangen, etwas Neues hat begonnen" (2. Korinther 5,17).

Kapitel 4

Gott ist Gemeinschaft

„Ich heiße Ellie und ich fand mein wahres Ich in einer Mammutherde"

Zusammenfassung

▷ Gott ist die absolute Urquelle jeglicher Gemeinschaft. Er ist das geselligste Wesen überhaupt – innerhalb seiner Drei-einigkeit besteht eine sehr enge Beziehung zwischen den dreien: Gott, dem Vater, Gott, dem Sohn, und Gott, dem Heiligen Geist.

▷ Gott hat uns Menschen als seine Ebenbilder erschaffen. Weil Gott als gemeinschaftliches Wesen auch uns Menschen zur Gemeinschaft erschaffen hat, sehnen wir uns von Geburt an danach, bedeutungsvolle Beziehungen zu anderen Menschen zu haben. Wir wünschen uns, auch für andere Menschen wertvoll zu sein!

▷ „Kirche" ist ein Wort, das eine klare Bedeutung hat: Es bezeichnet die Gemeinschaft von Menschen, die sich durch Jesus Christus auf eine Beziehung zu Gott eingelassen haben. Kirche ist also im eigentlichen Sinn weder ein Gebäude noch eine Institution. Kirche ist das Volk Gottes – und zwar überall auf der ganzen Welt: Menschen mit ganz unterschiedlichen Hintergründen, aus allen möglichen Kulturen, Ländern und sozialen Schichten. Für sie alle hat Jesus durch seinen Tod am Kreuz bezahlt und sie gehören nun zu ihm. Als Gemein-schaft von Menschen trifft sich die Kirche in Gemeinden vor Ort, um Gott als den Lebendigen zu erleben und voneinander im Glauben ermutigt zu werden. Das ist Kirche!

▷ Es gibt viele verschiedene Arten von Kirchengemeinschaften; diese bezeichnet man als Denominationen. Sie alle haben durch die Geschichte hindurch ihre eigene Entwicklung vollzogen und legen meist unterschiedliche Schwerpunkte oder vertreten unterschiedliche Ansichten in bestimmten Glaubensfragen.

▷ Es ist wichtig, dass Sie Gott in einem Gottesdienst in seiner Größe, Schönheit und Herrlichkeit erleben können – durch Anbetung, die Predigt (Erklärung eines Bibeltextes mit praktischer Anwendung) und durch die Feier des Abendmahls.

Und was hat das nun mit Ihnen zu tun?

▷ Wo finden Sie sich in dieser Geschichte wieder?

▷ Was ist so besonders an christlicher Gemeinschaft – gerade im Vergleich zu anderen Versammlungen von Menschen?

▷ Warum ist ...
  – ... die Predigt auf der Grundlage der Bibel für Ihr Leben mit Gott so wichtig?
  – ... die Anbetung Gottes im Gottesdienst für Ihr Leben mit Gott so wichtig?
  – ... das Abendmahl als regelmäßiges Erlebnis so wichtig?

▷ Dieses Kapitel beschreibt, wie Angelika die zwei wichtigsten rituellen Elemente der Kirche selbst erlebt: die Taufe als das äußere Bekenntnis ihres Glaubens und das Abendmahl, mit dem sie von Gott immer wieder ihrer Gerechtsprechung durch Jesu Tod am Kreuz versichert wird. Konnten Sie Angelikas Erlebnis der Taufe und des Abendmahls nachempfinden? Falls ja, was bedeuten Ihnen diese beiden Feiern?

▷ Was fanden Sie an Professor Blums Kurzfassung der Kirchengeschichte besonders interessant? Warum?

▷ Der Pastor der „Er-lebt"-Gemeinde Berlin beschrieb einige wesentliche Punkte zum Gemeindeleben. Welcher Gedanke hat sich Ihnen am meisten eingeprägt und warum?

Zur Meditation

„Darum lebe nicht mehr ich, sondern Christus lebt in mir! Mein vergängliches Leben auf dieser Erde lebe ich im Glauben an Jesus Christus, den Sohn Gottes, der mich geliebt und sein Leben für mich gegeben hat" (Galater 2,20).

„Der Körper des Menschen ist einer und besteht doch aus vielen Teilen. Aber all die vielen Teile gehören zusammen und bilden einen unteilbaren Organismus. So ist es auch mit Christus: mit der Gemeinde, die sein Leib ist. Denn wir alle [...] sind in der Taufe durch denselben Geist in den einen Leib, in Christus, eingegliedert und auch alle mit demselben Geist erfüllt worden" (1. Korinther 12,12–13; Gute Nachricht Bibel).

Kapitel 5

Gott ist das Wort

„Ich heiße Emile, und es gibt ein Buch, das mich kennt!"

Zusammenfassung

▷ Die wichtigsten Fakten zum Buch der Bücher – der Bibel:
  – Sie ist eine Bibliothek von 66 Büchern, die von 40 verschiedenen Autoren verfasst wurden.

- Die meisten davon waren angesehene Propheten Gottes oder Gesandte – sogenannte Apostel – von Jesus.
- Die Bücher wurden über einen Zeitraum von 1.500 Jahren innerhalb unterschiedlicher Kulturen und für unterschiedliche Zielgruppen verfasst: die 39 Bücher des Alten Testaments zwischen 1450 und 450 vor Christus, die 27 Bücher des Neuen Testaments zwischen 55 und 95 nach Christus.

▷ Die biblischen Autoren sagen, dass sie nicht ihre eigene Meinung über Gott aufgeschrieben haben, sondern dass jede ihrer Zeilen Gottes Offenbarung an uns Menschen ist. Die Autoren sind dabei das Werkzeug, um diese Selbstoffenbarung Gottes in menschlicher Sprache auszudrücken.

▷ Die Bibel ist die Offenbarung Gottes – und zwar in allem, was sie sagt. Nicht nur in den Aussagen, die mit unserem Leben und Glauben zu tun haben, sondern gerade auch in denen, die beispielsweise Naturwissenschaft, Geschichte und Geographie betreffen.

▷ Den roten Faden der Bibel kann man leicht beschreiben: Es geht in allen 66 Kapiteln um die Beziehung Gottes zu den Menschen. Gott, unser Schöpfer, den wir aus den Augen verloren haben, will eine Beziehung zu uns haben. In der Bibel wird der Begriff „Bund" verwendet, um diese Beziehung zu beschreiben. Gott ist bereit, aus seiner Gnade heraus alles Notwendige zu tun, um die Beziehung für uns wieder möglich zu machen. Dass Jesus am Kreuz gestorben ist, ist die endgültige Tat Gottes, die den Weg zu Gott ein für alle Mal ebnet.

▷ Es gibt viele Gründe, warum man die Bibel durchaus als fehlerlose und zuverlässige Offenbarung Gottes an uns Menschen für wahr halten kann:

- Jesus selbst behauptet dies. Seine Integrität hängt nicht nur davon ab, ob seine Behauptung, Gott zu sein, wahr ist. Sie hängt auch davon ab, ob seine Behauptung wahr ist, dass die Bibel – der er sich übrigens selbst untergeordnet hat – Gottes wahres Wort für uns Menschen sei.
- In der Bibel wird mehrfach behauptet, dass sie Gottes Wort ist. Die Bibel verwendet hier ein Wort, das wir mit „inspiriert" übersetzen können – im eigentlichen Sinn meint es, dass der Heilige Geist die Inhalte der Bibel förmlich „ausgeatmet" hat (vgl. 2. Timotheus 3,16–17; 2. Petrus 1,21).
- Es gibt in der Bibel Abschnitte, in denen die Autoren bezeugen, dass sie alles mit akribischer Genauigkeit und historischer Integrität aufgeschrieben haben (vgl. Lukas 1,1–4; 2. Petrus 1,16–20).
- Die große Vielfalt der Autoren aus verschiedenen Zeiten und in unterschiedlichen literarischen Stilrichtungen, die faszinierende Harmonie durch die ganzen 66 Bücher hindurch und kein wesentlicher Widerspruch zwischen den Büchern zeugen von der Wahrhaftigkeit der Bibel.
- Viele hundert Prophezeiungen im Alten Testament wurden einige hundert Jahre später erfüllt (wovon man im Neuen Testament lesen kann).

▷ Unsere Tipps rund ums Bibellesen:
- Sie sollten eine Bibel besitzen. Die „klassische" Bibelausgabe ist die revidierte Lutherbibel von 1984. Andere Bibelübersetzungen wie „Gute Nachricht Bibel" und „Hoffnung für alle" sind in einer moderneren Sprache verfasst.
- Lesen Sie die Bibel „andächtig", möglichst jeden Tag, und hören Sie, was Gott Ihnen zu sagen hat. Sprechen Sie auch während des Bibellesens mit Gott – beten Sie! Diese Zeit des Bibellesens, manchmal mit Disziplin verbunden, bringt Ihnen geistliche Nahrung, Stärke und Weisheit für jede Lebenssituation.

– Wenn Sie noch nie in einer Bibel gelesen haben, dann fangen Sie am besten mit den vier Evangelien im Neuen Testament an: Matthäus, Markus, Lukas und Johannes. Diese vier Bücher sind eine Art Biographie von Jesus, die von verschiedenen Personen verfasst wurden, die ihn gekannt haben. Dort erfahren Sie viel über das Leben Jesu, seine Lehre und seinen Umgang mit Menschen. Im Anschluss könnten Sie vier von den Briefen des Paulus lesen: Galater, Epheser, Philipper und Kolosser. Danach könnten Sie die Apostelgeschichte lesen, dann den Römerbrief. Zwischendurch könnten Sie im Alten Testament lesen: Im 1. Buch Mose erfahren Sie viel über Ursprünge, im 2. Buch Mose geht es um die Geschichte Israels. Im Prophetenbuch Jesaja, ganz besonders in den Kapiteln 40–66, werden Gottes wunderbares Wesen und Wirken beschrieben. Besonderen Trost können Ihnen die Psalmen schenken. Es gibt viel zu entdecken!

Und was hat das nun mit Ihnen zu tun?

▷ In dieser Geschichte gibt es unterschiedliche handelnde Charaktere: Einer ist völlig gegen die Bibel als Gottes schriftliche Offenbarung an uns Menschen, einer ist völlig dafür, einer ist skeptisch – mit wem identifizieren Sie sich am meisten und warum?

▷ Die Haltung von einigen Personen in dieser Geschichte, aber auch von vielen Theologen und christlichen Leitern, lautet ungefähr folgendermaßen: Die Bibel ist Gottes schriftliche Offenbarung an uns Menschen, weil die Bibel das zu sein behauptet – und die Bibel kann nicht lügen, weil sie von Gott stammt, und Gott kann ja nicht lügen und so weiter ...

– Ist das ein Trugschluss? Bestätigt oder widerlegt es die Behauptung der Bibel, dass sie Gottes Selbstoffenbarung an uns Menschen ist? Warum?

▷ Hannes und Jennifer Klemschke haben erlebt, was Millionen von Menschen ebenso erfahren haben und was wir in 2. Timotheus 3, Verse 16 und 17 nachlesen können: dass die Bibel uns für jede Lebenssituation und für jede Entscheidung anwendbare Prinzipien an die Hand gibt, die uns in jeder Herausforderung und Niedergeschlagenheit Kraft und Trost schenken.
– Können Sie das glauben? Warum oder warum nicht?

Zur Meditation

„Denn die ganze Heilige Schrift ist von Gott eingegeben. Sie soll uns unterweisen; sie hilft uns, unsere Schuld einzusehen, wieder auf den richtigen Weg zu kommen und so zu leben, wie es Gott gefällt. So werden wir reife Christen und als Diener Gottes fähig, in jeder Beziehung Gutes zu tun" (2. Timotheus 3,16–17).

„Meint nur nicht, ich sei gekommen, das Gesetz und die Worte der Propheten aufzuheben. Ich werde vielmehr beides bekräftigen und erfüllen. Denn das sage ich euch: Auch der kleinste Buchstabe im Gesetz Gottes behält seine Gültigkeit, solange Himmel und Erde bestehen" (Jesus; Matthäus 5,17–18).

„Ihr lest die Heilige Schrift gründlich, um ewiges Leben zu finden. Und tatsächlich weist sie auf mich hin" (Jesus; Johannes 5,39).

Kapitel 6

Gott ist das Evangelium

„Ich heiße Martha Goldberg und ein roter Faden zieht sich durch das Leben meiner Familie!"

Zusammenfassung

▷ Das Evangelium fordert Sie mit einer wunderbaren Aussage heraus: „In mir selbst bin ich sündiger, als ich jemals geglaubt hätte, aber weil ich zu Jesus Christus gehöre, werde ich mehr geliebt, als ich jemals erhofft hätte." Das sind die zwei Säulen Ihrer Identität, die Ihnen in jeder Situation Halt geben!

▷ Die Gerechtigkeit von Jesus wird Ihnen angerechnet, wenn Sie ihm Ihr Leben anvertrauen. Damit ist die Sache für Gott ein für alle Mal klar: Er behandelt Sie so, als wären Sie nie als Sünder von ihm getrennt gewesen und als hätten Sie überhaupt nie gegen ihn gesündigt. Und das alles aus dem einen Grund: In dem Augenblick, in dem Sie für sich in Anspruch nehmen, was Jesus für Sie getan hat, laden Sie alle Ihre Schuld auf Jesus, der die Schuld für Sie am Kreuz trägt. Und die Gerechtigkeit Jesu, die er mit seinem Tod am Kreuz erwirkt, geht auf Sie über! Fortan betrachtet Gott Sie nicht mehr als Sünder, sondern als jemanden, der mit weißer Weste vor ihm steht – gerecht gesprochen. Und das, obwohl Sie aufgrund Ihrer alten Natur bis zu Ihrem Lebensende ein Sünder bleiben werden. Aber wegen Ihrer neuen Identität als Nachfolger Jesu sind Sie ein von Gott leidenschaftlich geliebtes und bedingungslos angenommenes Kind! Sie können eben nichts tun, dass Gott Sie weniger liebt!

▷ Christsein hat nicht primär etwas mit Gut-Sein zu tun – es hat mit Kind-Sein zu tun. Nicht mit Aktivität, sondern mit Identität. Nicht mit Moralität, sondern mit Vertrautheit.

▷ Gute Werke und Gehorsam gegenüber Gott sind nichts, womit Sie Gottes Liebe verdienen können, sondern ein Ausdruck Ihrer Liebe und Dankbarkeit für die Gnade Gottes, die Jesus für Sie erworben hat. Sie können eben auch nichts tun, damit Gott Sie mehr liebt!

▷ Sie müssen neu denken lernen: Ihr Selbstwert hängt in keinster Weise davon ab, was andere über Sie denken, sondern in erster Linie davon, was Gott, Ihr Schöpfer, über Sie denkt. Er hängt nicht davon ab, wie viel Sie für Gott oder andere leisten, sondern was Jesus, Ihr Erlöser, an Ihrer Stelle geleistet hat. Er hängt auch nicht davon ab, was andere Ihnen antun, sondern was Gott Ihnen im Moment Ihres Glaubens zugerechnet hat – nämlich die perfekte Gerechtigkeit Jesu!

▷ Wenn Sie Gottes Liebe zu Ihnen auf der einen Seite und Ihre eigene Sündhaftigkeit auf der anderen Seite wahrnehmen, bewirkt das in Ihrem Herzen Gebrochenheit und Demut. Das wiederum zerstört Selbstgerechtigkeit und Selbstrechtfertigung. Sie werden nicht länger Entschuldigungen und Ausreden vorschieben; Sie werden offen und ehrlich über Ihre Sündhaftigkeit reden, denn Sie sind bei jedem Bekenntnis Ihrer Sünde von der Wahrheit geschützt: „Weil ich zu Jesus Christus gehöre, werde ich mehr geliebt, als ich jemals erhofft hätte." Das ist die Grundlage für tiefe Veränderungen in Ihrem Leben und für emotionale Vertrautheit mit anderen!

Und was hat das nun mit Ihnen zu tun?

▷ Finden Sie sich in dieser Geschichte wieder? Wenn ja, wo?

▷ Stephan erklärte Franz, dass Christsein nichts mit Gut-Sein zu tun hat, sondern eher mit Vollkommenheit. Wie meinte er das? Und was verstehen Sie darunter?

▷ Wie würden Sie „Gnade" definieren? Und wie sieht Gottes Gnade in Ihrem Leben tagtäglich aus?

▷ Susanne sagte: „Was Jesus dem Vater wert ist, bist auch du dem Vater wert! Und Jesus bedeutet dem Vater eine Menge!" Wie überträgt sich Jesu Wert auf die Personen, die im Glauben mit ihm verbunden sind? (Lassen Sie sich auf diese Frage ein und klammern Sie auch Ihre Gefühle nicht aus!)

▷ Eva erklärte Susanne, inwiefern ihr familiärer Hintergrund ihre Sicht des Lebens beeinflusst hat. Was hat Susanne gemeint, als sie Eva gegenüber angedeutet hat, sie hätte sich selbst durch die Brille bestimmter Lügen interpretiert? Und was meinte Susanne damit, dass nur die Wahrheit Gottes Evas Identität und ihre inneren Wunden heilen könne?

▷ In welchen Bereichen Ihres Lebens haben sich negative Verhaltensmuster und stereotype Reaktionen herausgebildet, weil Sie Lügen Glauben geschenkt haben? Welche Wahrheiten Gottes sollten diesen Lügen gegenübergestellt werden und Ihre Wunden heilen?

Zur Meditation

„Wir alle irrten umher wie Schafe, die sich verlaufen haben; jeder ging seinen eigenen Weg. Der Herr aber lud alle unsere Schuld auf ihn" (Jesaja 53,6).

„Nur der wird Gottes Anerkennung finden und leben, der ihm vertraut" (Römer 1,17).

„Denn Gott hat Christus, der ohne jede Sünde war, mit all unserer Schuld beladen und verurteilt, damit wir freigesprochen sind und Menschen werden, die Gott gefallen" (2. Korinther 5,21).

Kapitel 7

Gott ist Liebe

„Ich heiße Alberto Herminio Carzola Santa Maria und ich liebe dich von Gottes Herzen!"

Zusammenfassung

▷ Hier das Fundament, auf das Sie Ihr ganzes Leben und Ihre ganze Identität bauen können: Gott liebt Sie mehr, als Sie sich das jemals vorstellen können!

▷ Eine wichtige Unterscheidung muss man treffen zwischen Gottes „allgemeiner" Liebe und Gottes „Familienliebe". Warum eigentlich – und was bedeutet das genau?
  – Gott liebt seine ganze Schöpfung mit einer ganz allgemeinen Liebe. Alles, was Gott erschaffen hat, segnet und beschenkt er – auch wenn ihm dafür keine Liebe entgegengebracht wird bzw. wir Menschen keine Beziehung zu ihm haben wollen.
  – Mit einer sehr besonderen Liebe liebt Gott die Menschen, die sich auf eine innige Beziehung zu ihm eingelassen haben: die Liebe des perfekten Papas zu seinem Kind.
  – Diese Familienliebe hat ganz besondere Eigenschaften: *Gott hat die Initiative ergriffen* und hat seine Liebe durch Jesus bewiesen – er wurde als Mensch einer von uns!

Gottes Liebe ist selbstaufopfernd – Jesus Christus ging für Sie ans Kreuz!

Gottes Liebe gilt Ihnen immer, und zwar bedingungslos. In jeder Sekunde Ihres Lebens liebt Gott Sie mit all seiner Liebe – egal, was Sie tun!

Gottes Liebe ist heilig. Sie kommt an Ihnen perfekt zum Ausdruck und irrt nicht!

Gottes Liebe ist erlebbar. Durch den Heiligen Geist können Sie sie persönlich erleben und auch spüren (vgl. Römer 5,5)!

▷ Das alttestamentliche Gesetz kann in einem Wort zusammengefasst werden: Liebe. In jedem der Zehn Gebote geht es genau darum, und das drückt sich in zwei Richtungen aus:
  – vertikal: Gott lieben (das erste bis vierte Gebot)
  – horizontal: Mitmenschen lieben (das fünfte bis zehnte Gebot)

▷ Ihre erste Reaktion auf die Liebe Gottes sollte sein, dass Sie diese Liebe erwidern. Lieben Sie Gott mit all Ihrem Verstand (Gott rein verstandesmäßig kennen), mit Ihrer Seele (Ihr tägliches geistliches Leben und die Kommunikation mit Gott) und mit Ihrem Herzen (Hingabe an Gott und Gehorsam ihm gegenüber)?

▷ Ihre zweite Reaktion sollte sein, dass Sie – mit der Liebe Gottes ausgestattet – Ihre Mitmenschen lieben. Das heißt, dass Sie Ihrem Mitmenschen in seiner Bedürftigkeit mit Gottes Liebe begegnen.

▷ Nächstenliebe kommt besonders zum Ausdruck, wenn Sie:
  – Personen in konkreter Weise helfen.
  – Menschen mit Meinungen und religiösen Ansichten respektieren, die von Ihren Ansichten und Meinungen abweichen.
  – Mitgefühl spüren und es ehrlich zum Ausdruck bringen.
  – Menschen vergeben, die an Ihnen schuldig geworden sind.

▷ Die Nachfolger Jesu lieben sogar ihre Feinde! Der große „Meisterliebende" hat gesagt: „Liebt eure Feinde und tut denen Gutes, die euch hassen. Segnet die Menschen, die euch Böses wünschen, und betet für alle, die euch beleidigen" (Lukas 6,27–28). Im Matthäusevangelium werden noch zusätzliche Worte von Jesus angefügt: „Liebt eure Feinde und betet für alle, die euch verfolgen! So erweist ihr euch als Kinder eures Vaters im Himmel" (Matthäus 5,44). Jesus macht klar, dass die Liebe, die wir unseren Feinden entgegenbringen, eine direkte Umsetzung des alttestamentlichen Gebotes „Liebe deinen Mitmenschen" ist (3. Mose 19,18)!

Und was hat das nun mit Ihnen zu tun?

▷ Wo finden Sie sich in dieser Geschichte wieder?

▷ Die Bibel beschreibt Leid als etwas, das ursprünglich nicht sein sollte und das eines Tages auch nicht mehr sein wird. Als Jesus als Mensch auf der Erde lebte, bewegte ihn das Leid der Menschen zutiefst. Er weinte häufig wegen dieses grausamen Stachels, der uns alle irgendwie, irgendwann durchbohrt. Letztlich ist der ganze Kosmos von diesem Stachel durchdrungen. Jesus selbst erlebte alles Leid dieser Welt während seiner Zeit auf der Erde – ganz besonders aber, als er unseretwegen am Kreuz hing und starb.
Während der Trauerfeier für seinen tödlich verunglückten Vater spricht Alberto die Versammelten an und beschreibt das Leiden Jesu am Kreuz als etwas, das unserem Leiden einen Sinn gibt. Gerade in diesem Ausdruck von Gottes Liebe findet der kleine Kubaner Trost in allem Leid. Alberto sieht also im Leiden seines Vaters und in seinem eigenen Leiden die Liebe Gottes – und nicht die Abwesenheit Gottes oder gar seine Hartherzigkeit.

Was denken Sie über Albertos Haltung zum menschlichen Leiden, zum Leiden Gottes in der Person Jesus und zum Bezug zwischen dem Leiden Jesu und dem der Menschen, die seine Nachfolger sind?

▷ Welche Prinzipien für Vergebung können Sie Albertos Ausführungen über Vergebung gegenüber Pontifiko entnehmen?

▷ In welcher Weise könnte Ihnen das Gelesene dabei helfen, jemandem zu vergeben, der sich seiner Schuld gar nicht bewusst ist oder sie nicht bereut?

▷ Wie kann Ihnen 2. Korinther 1,3-5 dabei helfen, den Bezug zwischen menschlichem Leid und Gottes Liebe zu verstehen?

Zur Meditation

„Gottes Liebe zu uns ist für alle sichtbar geworden, als er seinen einzigen Sohn in die Welt sandte, damit wir durch ihn leben können. Das Einzigartige an dieser Liebe ist: Nicht wir haben Gott geliebt, sondern er hat uns seine Liebe geschenkt. Er gab uns seinen Sohn, der alle Schuld auf sich nahm, um uns von unserer Schuld freizusprechen" (1. Johannes 4,9-10).

„Denn uns ist der Heilige Geist geschenkt, und durch ihn hat Gott unsere Herzen mit seiner Liebe erfüllt" (Römer 5,5).

„‚Du sollst den Herrn, deinen Gott, lieben von ganzem Herzen, mit ganzer Hingabe und mit deinem ganzen Verstand!' Das ist das erste und wichtigste Gebot. Ebenso wichtig ist aber das zweite: ‚Liebe deinen Mitmenschen wie dich selbst!'" (Matthäus 22,37-39).

Kapitel 8

Gott ist heilig

„Ich heiße Orual und ich möchte ein neues Gesicht haben!"

Zusammenfassung

▷ Das Böse in dieser Welt ist nicht auf politische Entscheidungen, Terroranschläge oder andere Ereignisse zurückzuführen. Die Quelle des Bösen liegt im Herzen des Menschen, *jedes* Menschen! Auch in Ihrem Herzen.

▷ Christsein hängt nicht damit zusammen, dass wir unser Verhalten bessern oder gute Dinge tun. Es hat mit der Veränderung unseres Wesens und unseres Charakters zu tun. Diese Veränderung vollzieht sich von innen nach außen.

▷ Heiligkeit ist die wesentlichste Eigenschaft Gottes, weil sie alle seine anderen Charaktereigenschaften durchdringt. In allem, was er ist, denkt, fühlt und tut, ist er heilig. Heiligkeit Gottes bedeutet, dass Gott vollkommen schön ist. Diese heilige Schönheit Gottes ist das, wonach sich das Universum – und auch die Menschen! – sehnt. Das ist das neue Gesicht!

▷ Wenn eine sündige Person vor Gott steht, ist das erst einmal vernichtend. Die Seele kann es nicht aushalten – so wie Augen, die wochenlang im Dunkeln waren und plötzlich das helle Tageslicht sehen. Man ist geblendet! Die Reaktion unserer sündigen Seele besteht darin, sich vor dem heiligen Gott verstecken zu wollen: Wir versuchen, seine Heiligkeit herabzusetzen (z. B.: „Kein Problem, Gott wird am Ende schon mit allen barmherzig sein."), oder unterschätzen unsere Sündhaftigkeit (z. B.: „Na, so schlecht bin ich nun auch wieder nicht!"). Oder wir behaupten ganz einfach, es gebe keinen Gott ...

▷ In Jesus zeigt sich die Heiligkeit Gottes. Er kam als Gott in unsere Unheiligkeit hinein und bezahlte für unsere Unheiligkeit am Kreuz. Anstatt uns wegen unserer Unheiligkeit zu vernichten, rechnet er uns seine Heiligkeit zu – genau in dem Augenblick, in dem wir uns auf eine Beziehung mit ihm einlassen, indem wir unser Vertrauen auf ihn setzen. Im Glauben mit Jesus vereint, vollkommen rein und bekleidet mit der Heiligkeit des Sohnes Gottes, haben wir vor Gott eine neue Position: Kind Gottes, bedingungslos vom Vater angenommen!

▷ In der Praxis sieht es aber ganz anders aus: nicht rein, sondern durch und durch sündig. Unser Auftrag besteht also darin, im alltäglichen Handeln heiliger zu werden – oder anders gesagt: unser Handeln mit unserer Stellung vor Gott in Übereinstimmung zu bringen. Das Ziel des Lebens besteht darin, weniger so zu sein, was Sie waren, und mehr zu werden, was Jesus ist. Und dies wirkt sich auf alle Bereiche aus: auf Ihr Denken, Ihr Tun, Ihre Reaktionen, auf Ihre Werte und Prioritäten im Leben.

▷ Ein Christ ist jemand, der lernt, die Heiligkeit Gottes zu lieben. In Jesu Gerechtigkeit gekleidet und leidenschaftlich von Gott akzeptiert, stellt Gottes Heiligkeit keine Bedrohung mehr dar. Sie ist das Perfekte, nach dem sich die menschliche Seele sehnt. Sie ist das Ziel des Lebens, wofür wir geboren wurden. Deshalb fordert Gott uns auf: „Seid heilig, denn ich bin heilig."

▷ Heiliger zu werden bedeutet, mit Gottes Kraft gegen alle Unheiligkeit in Ihrem Selbst anzukämpfen, um immer mehr so zu werden, wie Jesus war. Ganz praktisch bedeutet das für jeden Tag Ihres Lebens:

- *Wachsamkeit*: Erkennen Sie, dass Ihr großer Feind Satan versucht, Ihnen bei jeder Gelegenheit ein Bein zu stellen, Sie zu verlocken, zu täuschen, gefangen zu nehmen oder zu zerstören. Halten Sie also Ihre geistlichen Augen offen!
- *Liebe*: Bitten Sie Gott, seine Liebe so in Sie hineinzugießen, dass Sie ihn mehr lieben als die Sünde. Das ist die einzig wahre Motivation, nicht zu sündigen: weil Sie Jesus so sehr lieben!
- *Charakter*: Versuchen Sie, sündige Muster durch die Frucht des Heiligen Geistes zu ersetzen. Das heißt: Bitten Sie Gott, Sie Jesus ähnlicher zu machen, damit Sie durch das Wirken des Heiligen Geistes Liebe, Freude, Friede, Geduld, Güte, Freundlichkeit, Treue, Demut und Selbstkontrolle erlangen.
- *Vergebung*: Wenn Sie Gottes Gebote übertreten, sollten Sie Ihren Blick auf das Kreuz Jesu richten. Dass Jesus für Sie am Kreuz gestorben ist bedeutet, dass er für jede Sünde gestorben ist, die Sie begehen. Seine Vergebung anzunehmen bedeutet, Jesu Liebe am Kreuz zu feiern. Sie geben Jesus also die Ehre, wenn Sie seine Vergebung annehmen!
- *Evangelium*: Sie werden nicht heiliger, wenn Sie sich mehr anstrengen, bestimmte Regeln einzuhalten, um so wie ein „guter Christ" dazustehen. Das ist nichts anderes als Stolz und Selbstgerechtigkeit ... Die Gute Nachricht Gottes – dass Sie durch das, was Jesus für Sie getan hat, mehr geliebt werden, als Sie sich das jemals vorstellen können – gibt Ihnen die Sicherheit, wirklich in sich hineinzuhorchen und zu sehen, was in Ihnen ist, das Sie dazu verleitet, ungehorsam zu sein. Stellen Sie sich beispielsweise folgende Fragen: „Welche Sünde liegt meinem Ungehorsam wirklich zugrunde? Was motiviert mich zu einem bestimmten Handeln? Was treibt mich dazu, etwas zu tun oder zu lassen?

Vertraue ich einem unsichtbaren Götzen – Geld, Eitelkeit, Stolz, Karriere etc. – mehr, als ich Jesus vertraue?"

- *Umkehr:* Wenn Sie erkannt haben, was grundsätzlich falsch läuft, sollten Sie Gott bitten, Ihnen zu helfen, sich davon abzukehren und sich erneut an die Versprechen von Jesus zu wenden und ihm zu vertrauen.

- *Veränderung*: Diese fängt mit einem neuen Verstand an. Sie füllen sich so mit biblischer Wahrheit, dass Sie lernen, alles aus der Perspektive Gottes zu betrachten.

- *Ausdauer*: Bitten Sie Gott, Ihnen die Kraft zu geben, im Kampf gegen die Sünde nicht so müde zu werden, dass Sie aufgeben. Geben Sie niemals auf, auch wenn Sie an einer Sache tausendmal scheitern! Mit manchen Dingen ringt man eben sein ganzes Leben lang ... Das schenkt Ihnen aber vielleicht die notwendige Demut, die Selbstgerechtigkeit zerstört – und das ist gut! Auch lernen Sie auf diese Weise, tagtäglich für Gottes Gnade dankbar zu sein – und das ist auch gut! Beim Kampf gegen Fehlverhalten ermutigt Paulus Sie: „Sind wir untreu, bleibt er treu, denn er kann sich selbst nicht untreu werden" (2. Timotheus 2,13).

- *Gebet*: Der Schlüssel zu allem! Wo auch immer Sie in Ihrem Leben ringen und kämpfen – bleiben Sie tagtäglich mit Gott darüber im Gespräch. Er gibt Ihnen alles, was Sie brauchen, um die Schwierigkeiten und Probleme zu bewältigen – und letztendlich auch ans Ziel zu kommen. Sie müssen ihn nur darum bitten, manchmal sogar eine Zeitlang mit ihm ringen.

Und was hat das nun mit Ihnen zu tun?

▷ Orual und Psyche, Torsten und Jens, Stephan und Franz – welche Person oder Figur in diesem Kapitel beeindruckt Sie am meisten? Warum?

▷ Was ist Sünde? In seinen Überlegungen kam Torsten zu dem Schluss, dass Sünde etwas anderes ist als nur falsche Taten, die wir tun (oder die richtigen Taten, die wir nicht tun) – und dass die Neigung zum Übertreten von Gottes Geboten irgendwo im Menschen angelegt sein muss. Wie denken Sie?

▷ Jens spricht ganz begeistert von der „furchtbaren Heiligkeit" Gottes. Warum?

▷ Jens behauptet, Gott fordere nicht eigensinnig und bösartig etwas von uns, das unsere Freiheit einschränke. Er wolle von uns genau das, was uns frei macht. Wie begründet er seine Auffassung? Und wie sehen Sie das?

▷ Erzählen Sie Ihre Geschichte anhand der Geschichte von Orual und Psyche. Inwiefern finden Sie sich in Orual wieder? Welche Elemente der Geschichte deuten auf die Gute Nachricht Gottes hin? Welche auf den Zustand und die Sehnsüchte des menschlichen Herzens? Welche auf Ihre eigene Situation?

▷ Denken Sie doch zum Abschluss des Buches einmal ganz ehrlich über Ihre Sündhaftigkeit, Gottes Heiligkeit und Jesu vollkommenes Werk am Kreuz nach:
  - Merken Sie in der letzten Zeit, dass Sie Dinge bereuen, die Sie getan haben?
  - Was motiviert Sie zur Umkehr? Bereuen Sie Ihr Fehlverhalten, weil Sie Schuldgefühle haben und kein Versager sein wollen? Oder weil Gott Ihnen vergeben hat, weil er Sie so sehr liebt und Sie für seine Gnade dankbar sind?
  - Haben Sie in letzter Zeit etwas getan, einfach nur, weil Sie Jesus lieben?
  - Haben Sie in letzter Zeit aufgehört, etwas zu tun, einfach nur, weil Sie Jesus lieben?

- Denken Sie, dass Sie dem Charakter Jesu ähnlicher werden? Wächst in Ihnen die sogenannte Frucht des Heiligen Geistes: Liebe, Freude, Friede, Geduld, Güte, Freundlichkeit, Treue, Demut und Selbstkontrolle? Welche Beweise dieses Wachstums können Sie sehen?

Zum Meditieren

„Wenn wir schon jetzt Kinder Gottes sind, was werden wir erst sein, wenn Christus kommt! Dann werden wir ihm ähnlich sein, denn wir werden ihn sehen, wie er wirklich ist" (1. Johannes 3,2).

„Passt euch nicht dieser Welt an, sondern ändert euch, indem ihr euch von Gott völlig neu ausrichten lasst. Nur dann könnt ihr beurteilen, was Gottes Wille ist, was gut und vollkommen ist und was ihm gefällt" (Römer 12,2).

„Wenn wir behaupten, sündlos zu sein, betrügen wir uns selbst. Dann ist kein Fünkchen Wahrheit in uns. Wenn wir aber unsere Sünden bekennen, dann erfüllt Gott seine Zusage treu und gerecht: Er wird unsere Sünden vergeben und uns von allem Bösen reinigen" (1. Johannes 1,8–9).

Anmerkungen

Kapitel 1: **Gott ist der Schöpfer**

[1] Sofia Cavaletti: „Das religiöse Potential des Kindes". Herder Verlag, 1979, S. 10.

[2] Ebd., S. 22–24.

[3] Ebd., S. 27–28.

[4] Francis Collins: *The Language of God: A Scientiest Presents Evidence For Belief.* Free Press, 2006.

[5] Lee Strobel: „Indizien für einen Schöpfer". Gerth Medien, 2005.

[6] Peter Hahne: „Schluss mit lustig". Johannis Verlag, 2004. S. 86.

Kapitel 2: **Gott ist Jesus**

[1] C. S. Lewis: „Pardon, ich bin Christ". Brunnen Verlag, 2004, S. 57.

Kapitel 3: **Gott ist Jesus**

[1] Interview mit Professor Dr. Rainer Riesner, Universität Dortmund, in: Welt und Kirche 17, 2007, S. 17. Riesner deutet immer wieder auf andere gegenwärtige Professoren der neutestamentlichen Wissenschaft, dessen Forschung dieselben Resultate hervorbrachten: Larry W. Hurtado, Professor für Neues Testament an der Universität Edinburgh, Schottland, in: *Lord Jesus Christ: Devotion to Jesus in Earliest Christianity* (2003), und Richard Bauckham, Professor für Neues Testament an der Universität von St. Andrews, Schottland, in: *Jesus and the Eyewitnesses: The Gospels as Eyewitness Testimony* (2006). So auch der promovierte Forscher für Neues Testament von der Universität Kampen, Holland, Dr. Armin Baum in: „Steht Jesus dem Glauben im Weg? Glaube und intellektuelle Redlichkeit." Hrsg. von Thomas Mayer und Karl-Heinz Vanheiden. Edition Bibelbund. Nürnberg: VTR, 2001.

[2] Philip Yancey: *The Jesus I never knew.* Zondervan, 1995, S. 264–265.

Kapitel 4: **Gott ist Gemeinschaft**

[1] Ursula Nuber: „Kirche statt stilles Kämmerlein". In: Psychologie heute, März 2005, Heft 3, S. 23: Sie schreibt über den Psychologen Michael McCullough und seine Metaanalyse vorliegender Studien: „Der Psychologe fand heraus, dass Religiosität nur dann eine messbare positive Wirkung auf die Lebensdauer hatte, wenn sie in der Öffentlichkeit gelebt wurde (Gottesdienstbesuche). Kaum positive Effekte auf die Gesundheit hatten dagegen private religiöse Handlungen wie Beten im stillen Kämmerlein oder Meditation. Offensichtlich, so Michael McCullough, fördert nicht der Glaube an sich die Gesundheit, sondern von Einfluss sind vielmehr die mit der Ausübung der Religion verbundenen Kontakte und Aktivitäten." Frau Nuber gibt drei Gründe an, warum regelmäßige Kirchenbesuche gesundheitsfördernd seien. Sie stützt ihre Schlussfolgerung mit einer weitere Forschung: Christian Zwingmann und Helfried Moosbrugger (Hg.): „Religiosität: Messverfahren und Studien zu Gesundheit und Lebensbewältigung". Waxmann, 2004.

[2] Johannes Calvin: Institutio IV.1.4.

[3] Dietrich Bonhoeffer: „Gemeinsames Leben". Gütersloher Verlagshaus, 2001, S. 22–23.

Kapitel 5: **Gott ist das Wort**

[1] James Montgomery Boice: *The Sovereign God.* InterVarsity Press, 1978, S. 56 ff.

[2] James Montgomery Boice: *Foundations of the Christian Faith.* InterVarsity Press, 2. Auflage 1986.

[3] Peter Hahne: „Schluss mit lustig". Johannis Verlag, 2004, S. 123–128.

[4] Markus Spieker: „Mehrwert: Glauben in heftigen Zeiten". Johannis Verlag, 2007, S. 113–117.

[5] Dietrich Bonhoeffer: „Gemeinsames Leben". Brunnen Verlag 1977, S. 17–19.

Kapitel 6: **Gott ist das Evangelium**

[1] Thomas Keneally: *Schindler's List.* New York: Touchstone, 1982, S. 264–269.

[2] Johannes Calvin, Die Akten des Konzils zu Trent mit der Antidote, 6. Sitzung, zu Kanon 11. Vgl. Institutio Christianae religionis, Buch III, Kapitel XI, Paragraph 13–21.

[3] Philip Yancey: *What's so amazing about grace?* Zondervan, 1997, S. 70.

Kapitel 7: **Gott ist Liebe**

[1] Paul Vitz: „Der Kult ums eigene Ich". Brunnen Verlag, 1995.

Kapitel 8: **Gott ist heilig**

[1] Bei der Wiedergabe der Geschichte von Orual und Psyche handelt es sich um eine Nacherzählung von: C. S. Lewis: „Du selbst bist die Antwort". Brendow Verlag, 1999.